总第80集

行政执法与行政审判

中华人民共和国最高人民法院
行政审判庭 编

中国法制出版社
CHINA LEGAL PUBLISHING HOUSE

目　录

高端论坛

论行政协议的界定标准

——以行政协议司法解释第一条规定为参照

梁凤云*

行政协议，实际上就是长期以来行政法学界所称的“行政合同”。行政协议是近现代国家基于民主法治理念，行政机关与行政相对人之间关系从“权力服从关系”到“平等合作关系”的重要体现，也是从干涉行政等强制性行政法律关系到合作行政等平等协商式行政法律关系转变的重要领域。行政机关采取以强制性为特点的单方行政行为方式，与行政机关和行政相对人之间达成合意，自愿履行行政法律义务等，在效果上存在巨大差异。

一、问题的提出

从世界范围来看，一般认为，除非法律明确禁止，行政协议几乎可以适用到所有的行政管理领域。与传统的行政处罚、行政强制等单方性、高权性、处分性的行政管理行为相比，行政协议具有突出优势：第一，保障行政相对人权利更加充分。通过行政协议的缔结，行政相对人可以通过招标投标、询价等公开、公平、公正的行政程序，参与到行政管理、公私合作的过程中，保障其合法权益在协议中得到充分体现。第二，补充替代高权性、处分性的行政行为。高权性、处分性的行政行为体现的往往是行政主体单方的意志，

* 梁凤云，最高人民法院行政审判庭副庭长，第二巡回法庭分党组成员。

并不介入行政相对人意愿的考量。因此，在执行过程中，行政相对人处于被动地位。目前，行政协议已经成为行政机关用以代替行政行为的重要方式。例如，为了确保国有土地上房屋征收补偿的顺利进行，行政机关首先要选择签订征收补偿协议，达不成协议的，再行采取征收补偿决定的方式。行政协议在一定程度上体现了柔性执法的优势。第三，实质预防争议。与单方性、高权性、处分性的行政行为相比，行政协议内容具有可磋商性、可选择性。在行政协议中更多体现了当事人的意愿，协商一致意味着矛盾的减少，也有利于行政管理目标和协议目标的达成。行政协议也成为现代行政法学研究的重要领域。多年来，行政法学界比较一致的意见是，为了规范行政机关的行政优益权，有力地保障行政相对人在协议中的合法权益，应当将行政协议纳入行政诉讼法的规制范围。

对于行政协议是否纳入行政诉讼受案范围，在修改行政诉讼法的过程中争议比较大。有的意见认为，这类协议属于特殊的民事合同，应当遵守合同法的规定，发生争议应当按照民事争议受理并适用民事诉讼法的程序。也有意见认为，这类协议是公共管理和公共服务的一种方式，行政机关签订协议有行使公权力的属性，实践中，行政机关违约的情况比较多，按照行政案件受理，有利于法院的监督，保护作为协议一方的行政相对人的合法权益。在修改行政诉讼法的过程中，比较一致的意见是，随着政府职能转变，行政协议的应用越来越广泛。由于目前没有统一规定，有的法院按照民事案件受理，有的法院按照行政案件受理，导致审理的依据、适用的规则和审判结果不一致，不利于化解矛盾。考虑到行政协议争议中往往伴随着行政行为争议，将其纳入行政诉讼受案范围，有利于争议的一并解决。因此，行政诉讼法将行政协议争议纳入行政诉讼中解决。[①] 据此，《行政诉讼法》第十二条第一款规定："人民法院受理公民、法人或者其他组织提起的下列诉讼……（十一）认为行政机关不依法履行、未按照约定履行或者违法变更、解除政府特许经营协议、土地房屋征收补偿协议等协议的……"但是，该条没有对行政协议作出界定，也没有对行政协议的范围作出比较全面的列举。《最高人民法院关于审理行政协议案件若干问题的规定》对此作了规定。

① 全国人大常委会法制工作委员会行政法室编著：《中华人民共和国行政诉讼法解读》，中国法制出版社2014年版，第44页。

二、关于是否要对行政协议进行定义的讨论

对行政协议进行界定的目的，就在于厘清行政协议与民事合同之间的不同。在民法学界，有的观点认为行政合同（协议）是一种特殊的民事合同，只能受合同法等民事法律规范的调整。例如，梁慧星认为，中国现实中没有行政合同，“如果有所谓行政合同的话，只能存在于行政权力作用领域，属于行政法律关系，例如，改革过程中实行的中央财政与地方财政之间的财政包干合同、行政机关与财政之间关于规定罚没款上缴、留用比例的合同。按照我的理解，所谓行政合同的双方当事人都必须是行政机关或者被授权行政权的团体（如中介机构、行业协会），合同内容必须属于行政权力的行使行为。本质上属于市场交易的行为，即使一方当事人为行政机关（如政府采购合同），即使法律规定实行强制签约（如粮食定购），也仍然属于民事合同，而与所谓的行政合同有本质区别……国家通过行政机关对某些市场交易行为进行适度干预，并不改变这些市场交易行为的性质，当然不可能使这些市场交易关系变成所谓的行政合同”①。王利明则认为：“行政合同究竟如何定义，其规范的对象是什么，恐怕仍是个有待讨论的问题，即便存在行政合同，也要由合同法调整。”②

在行政法学界比较一致的观点是，行政协议（合同）与民事合同之间存在较大差别，只有区别对待，才有利于这两类合同纠纷的处理。特别是随着单方行政向契约化行政的转变，难以为私法原理和规范所调整的行政合同在行政管理中的实际应用已是不争的事实。③“如果合同法不能明确规定行政合同及其性质和特点，就不能充分发挥行政合同在市场经济中的作用，这将关系到国家巨额投资能否得到正确合法地使用、国有资产能否增值、公共利益能否得到充分保证、国家必要的计划能否得到落实等重大问题，因此，建议在起草的合同法中单列行政合同一章，作为合同的特殊形态加以规定。”④ 为

---

① 梁慧星：《讨论合同法草案征求意见稿专家会议上的争论》，载《法学前沿》1998 年第 2 辑；梁慧星：《中国统一合同法的起草》，载《民商法论丛》1997 年第 9 卷。

② 王利明：《合同的概念与合同法的规范对象》，载《法学前沿》1998 年第 2 辑。

③ 江必新：《浅谈中国行政合同法律制度——体系、内容及其构建》，载《中外法学》2012 年第 6 期。

④ 中国法学会行政法学研究会：《建议把行政合同列入合同法》，载《法学研究动态》第 7 期；应松年：《行政合同不可忽视》，载《法制日报》1997 年 6 月 9 日第 1 版。

了更加清晰地阐述行政协议所具有的特征、不同于民事合同的要素，2015 年《最高人民法院关于适用〈中华人民共和国行政诉讼法〉若干问题的解释》对行政协议作了一个界定。2015 年《最高人民法院关于适用〈中华人民共和国行政诉讼法〉若干问题的解释》第十一条第一款规定："行政机关为实现公共利益或者行政管理目标，在法定职责范围内，与公民、法人或者其他组织协商订立的具有行政法上权利义务内容的协议，属于行政诉讼法第十二条第一款第十一项规定的行政协议。"这是最高人民法院的司法解释第一次明确了行政协议的要素，包括主体要素（行政机关与行政相对人）、职责要素（在法定职责范围内）、目的要素（实现公共利益或者行政管理目标）、意思要素（协商订立）、内容要素（具有行政法上权利义务内容）五个方面。

在《最高人民法院关于审理行政协议案件若干问题的规定》起草过程中，对于行政协议是否要进行定义，以及如何进行定义，仍然存在一些讨论。大多数意见认为，为了准确识别行政协议，应当对行政协议进行适当定义。此外，还存在其他不同意见，主要是以下两种：

第一种意见认为，不应当对行政协议进行定义。理由是，目前行政协议理论和实务尚不成熟，应当继续研究有关区别要素。对于哪些要素属于核心要素，哪些要素属于一般要素等，学术界、实务界还存在不同观点。待条件成熟时再作界定。

第二种意见认为，应当删除行政协议要素中的"职责要素"。理由是，2015 年《最高人民法院关于适用〈中华人民共和国行政诉讼法〉若干问题的解释》中的职责要素，即"在法定职责范围内"，只是对合法行政协议的界定，并非对行政协议的界定。行政协议是否超越职责范围，是法院进一步审理的内容。在特定情况下，行政机关签订行政协议可能并非在法定职责范围内。例如，公民甲在城市规划区内农用地上违法建房，公民乙进京信访，要求当地镇政府予以拆除。按照土地管理法和城乡规划法的规定，有权查处的是国土资源部门和城市规划部门，但镇政府没有查处职责。后镇政府为了平息信访，经协商，与公民甲达成协议，协议约定甲拆除违法建房，镇政府支付相关费用。该协议在履行过程中发生了争议。该份协议应当属于行政协议，但是并非"在法定职责范围内"签订的。如果拘泥于"法定职责范围内"，可能将很多行政协议排除在外，同时，行政机关也很可能以此为由拒绝司法审查。

对于行政协议进行定义，是审理行政协议案件首先应当明确的问题，同时也有助于规范行政机关订立和履行行政协议。此外，在司法实践中，行政协议与单方行政行为，特别是须经相对人同意协力的行政行为（例如行政许可、行政登记等）在程序上、内容及其效力上也有一些雷同之处，需要通过定义方式予以区别。因此，笔者认为，应当继续沿用2015年《最高人民法院关于适用〈中华人民共和国行政诉讼法〉若干问题的解释》的做法，采取对行政协议进行定义的方式。对于行政协议的职责要素，2015年《最高人民法院关于适用〈中华人民共和国行政诉讼法〉若干问题的解释》将其列为行政协议要素，当时规定的目的也在于强调行政机关在订立行政协议时，需要具备法定的职责和资格。

由于行政协议本身承担的行政管理或者公共服务目标存在一定差异，是否必须严格遵循“依法行政”“法律保留”原则还存在一些不同意见。例如，在我国台湾地区，对于行政契约是否应严格遵守“法律保留”原则存在两种意见。一种意见认为，行政契约应当遵守法律保留原则。理由是，行政契约既然是以创设或者变更行政关系为标的，且产生的目的在于取代行政处分的“独揽地位”，而行政处分必须以法律保留为合法性的前提。如果行政契约可以免除法律保留原则的拘束，则行政权可以通过缔结行政契约，规避法律保留的实现，产生“公法遁入私法”的弊病。另一种意见认为，行政契约无须遵守法律保留原则。理由是，行政契约无须以法律明确许可，只要服从法律优越原则，法律不明确排斥的，行政机关即可决定是否缔结行政契约。[①] 也有的观点认为，行政契约并非一定以法律规定为必需条件，据此可以分为四种情形：征收契约（法律十分乐见缔结）、开发契约（法律乐见缔结）、停车场代金契约（法律无明文规定，但不禁止缔结）和计划契约（法律不乐见其缔结）。[②] 可见，对于行政协议是否必须经由法律规定，是否必然须以法律规定为要素尚有进一步商榷的必要。据此，结合域外的经验和做法，根据各方讨论的意见，最终删除了“在法定职责范围内”的表述。参考2015年《最高人民法院关于适用〈中华人民共和国行政诉讼法〉若干问题的解释》第十一条第一款的规定，《最高人民法院关于审理行政协议案件若干问题的规定》

---

① 陈新民：《行政法学总论》，三民书局股份有限公司2015年版，第334—335页。

② 林明锵：《行政契约法研究》，翰芦图书出版有限公司2006年版，第20—21页。

采取描述要素的方式对行政协议作了一个界定。2015 年《最高人民法院关于适用〈中华人民共和国行政诉讼法〉若干问题的解释》第十一条第一款规定："行政机关为实现公共利益或者行政管理目标，与公民、法人或者其他组织协商订立的具有行政法上权利义务内容的协议，属于行政诉讼法第十二条第一款第十一项规定的行政协议。"

三、关于行政协议的界定标准

作为概念界定，行政协议的定义主要是从不同于民事合同的特点方面进行的。对于行政协议属性的判断，一般采取综合判断。例如，我国台湾地区采取了综合标准来进行判断：契约的一方为行政机关；契约的内容系行政机关一方负有作出行政处分或者高权行为之义务；执行法规规定原本应作出行政处分，以契约代替；涉及人民公法上权利义务关系；约定事项中列有显然偏袒行政机关一方之条款，使行政机关享有特权或优势之约定。[①] "判断协议是否属于行政契约，应通过契约主体、契约标的及契约目的进行综合判断。申言之，若契约主体一方为行政机关，契约目的为公法上的法律关系，契约目的是增进公共利益时，此项协议即具有行政契约之性质。"[②] 与民事合同相比，行政协议主要包括以下四个方面的要素：

（一）目的要素

行政协议与民事合同最大的不同首先就在于目的不同。2015 年《最高人民法院关于适用〈中华人民共和国行政诉讼法〉若干问题的解释》曾经将"为实现公共利益或者行政管理目标"作为目的要素，即行政协议的目的是实现公共利益或者行政管理目标，是实现公法上的目的。正因如此，在有的国家，例如德国，这类合同并不称为行政协议，而是称为公法合同。"为实现公共利益或者行政管理目标"是为了体现其公法性。例如，在土地房屋征收补偿领域，相关法律规定行政机关的征收行为必须"为了公共利益"。例如，《城市房地产管理法》第六条规定，为了公共利益的需要，国家可以征收国有土地上单位和个人的房屋，并依法给予拆迁补偿，维护被征收人的合法权

① 陈新民：《行政法学总论》，三民书局股份有限公司 2015 年版，第 343 页。
② 林明锵：《行政契约法研究》，翰芦图书出版有限公司 2006 年版，第 271 页。

益；征收个人住宅的，还应当保障被征收人的居住条件。《土地管理法》第二条第四款规定，国家为了公共利益的需要，可以依法对土地实行征收或者征用并给予补偿。而民事合同则是为了实现自身权益，是为了实现私法上的目的。例如，《合同法》第二条第一款规定，本法所称合同是平等主体的自然人、法人或者其他组织之间设立、变更、终止民事权利义务关系的协议。可见，民事合同签订的目的就在于自然人、法人或者其他组织基于意思自治实现自身的、私人的权益。

在《最高人民法院关于审理行政协议案件若干问题的规定》起草过程中，有的意见认为，行政机关订立行政协议的目的在于实现行政管理或者公共服务目标，应当删除“实现公共利益”的表述。理由是，第一，行政机关和行政相对人之间协商订立行政协议的目的，除了实现行政管理目标之外，还可能是提供公共服务。例如在政府特许经营协议中，其协议的目的往往是保障行政协议当事人能够提供供水、供电、供暖的公共服务。例如《城市管道燃气特许经营协议（示范文本）》（GF－2004－2502）中，规定特许经营的原则是“使用户获得优质服务，公平和价格合理的燃气供应”。因此，行政机关订立协议的目标，还包括“实现公共服务目标”。第二，行政机关是否属于“实现公共利益”应当是法院判断的问题，不能假设行政机关订立行政协议都是为了“公共利益”，特别是在土地房屋征收补偿协议中，是否为了“公共利益”，属于法院进一步审理的实体问题。同时，“任何一个行政目的都很容易与公共利益相结合，这就会使任何行政机关所为的行为意图，可以挂上行政目的的名义。使得一个行政行为的公私法属性界分更显得模糊”[①]。据此，《最高人民法院关于审理行政协议案件若干问题的规定》规定，目的要素是“为了实现行政管理或者公共服务目标”。

当然，在大多数情况下，由于行政机关既具有行政管理的职能，也具有提供公共服务的职能，所以，“实现行政管理目标”与“实现公共服务目标”存在重合。一般来讲，行政机关实现行政管理目标的主要方式是其作出单方的行政行为。在特定情况下，行政机关可以为了“实现行政管理目标”而将原本属于单方行政行为的事项转换为行政协议。例如，德国《行政法院法》第54条规定：“公法范畴的法律关系可以通过合同设立、变更或撤销（公法

① 陈新民：《行政法学总论》，三民书局股份有限公司2015年版，第340页。

合同)，但以法规无相反规定为限。行政机关尤其可以与拟作出行政行为的相对人，以签订公法合同代替行政行为的作出。”还有的法律规定，行政协议必须具有“行政目的”。例如，德国《行政程序法》第 55 条规定：“经明智考虑事实内容或法律状况，对存在的不确定性可通过相互让步（和解）消除时，可以签订第 54 条第 2 句意义上的公法合同，但以行政机关按义务裁量认为达成和解符合目的者为限。”我国台湾地区“行政程序法”第 136 条规定：“行政机关对于行政处分所依据之事实或法律关系，经依职权调查仍不能确定者，为有效达成行政目的，并解决争执，得与人民和解，缔结行政契约，以代替行政处分。”这种行政协议，也被称为替换协议。我国行政执法中也有这种实践。例如，《行政和解试点实施办法》第六条规定，签订行政和解协议的条件之一为“采取行政和解方式执法有利于实现监管目的，减少争议，稳定和明确市场预期，恢复市场秩序，保护投资者合法权益”。这实际上是在表述行政协议的目的要素。这种协议在大陆法系国家称为“和解协议”。“行政机关为了调查不明了之事实或者法律状态一方面可能旷日费时、耗财不资，另一方面以行政处分确定此一不明确之状态时，又可能因当事人对结果不服而引发漫长之行政争讼，而行政机关若与当事人各互相退让一步，将可节省相当之时间、劳力、费用，而且也较易使相对人信服”,[①] 我国执法实践中也有类似规定。[②]

有的观点认为，目的标准难以成为行政协议的认定标准。理由是：第一，该标准可能会不当扩张行政协议的范围，导致大量的民事合同认定为行政协议。公共利益是一个内涵极为宽泛的概念，国有企业以国有资产为基础所从事的交易，一定程度上都具有公共利益的性质。行政机关订立的办公设备采购合同等，在一定程度上也体现了公共利益。第二，“行政管理或者公共服务目标”的内涵较为宽泛，外延非常模糊，难以为行政协议的认定提供明确具体的认定标准。第三，从实践来看，以公共利益为由，单方解除合同的行为

---

① 林明锵：《行政契约法研究》，翰芦图书出版有限公司 2006 年版，第 13 页。

② 《行政和解试点实施办法》第六条规定：“行政相对人涉嫌实施虚假陈述、内幕交易、操纵市场或者欺诈客户等违反证券期货法律、行政法规和相关监管规定的行为，案件符合下列情形的，可以适用行政和解程序：（一）中国证监会已经正式立案，且经过了必要调查程序，但案件事实或者法律关系尚难完全明确；（二）采取行政和解方式执法有利于实现监管目的，减少争议，稳定和明确市场预期，恢复市场秩序，保护投资者合法权益；（三）行政相对人愿意采取有效措施补偿因其涉嫌违法行为受到损失的投资者；（四）以行政和解方式结案不违反法律、行政法规的禁止性规定，不损害社会公共利益和他人合法权益……”

经常出现，因此在不少案例中，法院都认为，行政机关不得以行使行政优益权、维护公共利益为由，单方解除合同。这也从反面表明，不宜简单地以是否具有“实现行政管理或者公共服务目标”作为行政协议的判断标准。[①] 这一观点是对于行政协议目的标准的错误理解。理由有四：第一，界定行政协议需要四个要素齐备，单纯否定一个标准并不能得出正确结论。第二，由于“公共利益”标准的不确定性，以及法院才是“公共利益”的判断者，《最高人民法院关于审理行政协议案件若干问题的规定》将其改为“行政管理或者公共服务目标”。《最高人民法院关于审理行政协议案件若干问题的规定》中已经没有“公共利益”标准。第三，行政机关以民事主体身份签订的办公设备采购合同等，显然属于民事合同。行政协议定义中关于主体要素，即一方为行政主体的要素已经将该类协议排除在行政协议范围之外。第四，从域外的司法实践来看，目的标准是最重要的标准。例如，我国台湾地区学者吴庚认为：“若因给付内容属于中性，无证据以判断契约之属性时，则应就契约整体目的及给付之目的为断，如行政机关所负之给付义务，目的在执行其法定职权，或人民之提供给付目的在促使他造之行政机关承诺依法作成特定之职务上行为者，均属行政契约。至于缔约双方主观愿望，并不能作为识别契约属性之依据。”可见，认为目的标准不是识别行政协议标准的观点是站不住脚的。

在司法实践中，需要注意以下两个问题：一是并非行政机关与公民签订的任何协议都属于行政协议。如果行政机关并非为了公共利益或者行政管理目标而签订的协议，应当认定为民事合同。例如行政机关购买办公用品、签订办公用房租赁合同、单位职工宿舍楼建设合同等，均属于民事合同。二是目的要素并非要求行政主体的协议完全符合“为实现行政管理目标”或者“公共服务目标”。有些行政协议在满足行政管理或者公共服务目标的同时，也会使行政相对人得到利益，这种协议仍然符合行政协议的目的要素。这种目的要素是指引和规范行政主体的签约行为，相对人不能认为行政主体签订协议是为了“增加财政收入”等就认为这种协议不是行政协议，从而向法院提起民事诉讼。

---

① 王利明：《论行政协议的范围——兼评〈关于审理行政协议案件若干问题的规定〉第 1 条、第 2 条》，载《环球法律评论》2020 年第 1 期。

（二）主体要素

合同法等民事法律规范规定民事合同的主体是平等主体的自然人、法人或者其他组织。行政协议的主体则是行政主体和行政相对人，其中行政主体是不可缺少的主体。在法国，行政合同的当事人中，最少必须一方是公法人（行政主体），只有国家、地方团体和公务法人才能签订行政合同。行政合同的当事人必须有一方是行政主体，这是一切行政合同所必须具备的条件。[①]行政主体与行政相对人的地位并不完全对等，双方属于行政法律关系，在行政协议的履行过程中，为了实现行政管理目标，行政主体始终处于主导地位。

行政主体的主导性主要体现在行政协议中的优益权（或者称行政特权）。在法国，行政合同中的优益权无须法律规定，行政机关当然具有这种特权。这种特权主要是：要求对方当事人本人履行义务权，没有行政主体的同意，不能由他人代为履行；对合同履行的指挥权（民事合同只有检查质量数量权利）；单方面变更合同标的权（民事合同中，没有双方当事人同意合同条款不能变更）；单方面解除合同权；制裁权（该制裁权不依照合同约定，行政机关具有当然的制裁权）。[②] 我国的一些法律法规也规定了行政协议中行政主体的优益权：（1）指挥权、监督权。例如，在国有土地使用权出让合同订立过程中，国土部门可以根据国有土地使用权出让方式的不同选择程序，如编制国有土地使用权出让计划；拟订出让地块的用途、年限、出让方式、时间和其他条件等方案，报市、县政府批准后实施；编制招标拍卖挂牌出让文件；发布招标、拍卖和挂牌公告；确定标底或低价；编制并公布国有土地使用权出让计划，报市、县政府批准后实施；需要使用土地的单位和个人向市、县政府土地行政主管部门提出用地申请意向。《城镇国有土地使用权出让和转让暂行条例》中规定，土地主管部门对已经出让土地的转让、出租和抵押等活动行使监督检查的权力。《全民所有制小型工业企业租赁经营暂行条例》第二十三条第一项规定，出租方有权监督承租方遵守国家方针政策、法律法规，完成国家下达的计划。《政府采购法》第五十九条规定，政府采购监督管理部门应当加强对政府采购活动及集中采购机构的监督检查等。《湖南省行政程序规定》第九十七条规定，行政机关有权对行政合同的履行进行指导和监督，

---

① 王名扬：《法国行政法》，中国政法大学出版社 1988 年版，第 187 页。

② 王名扬：《法国行政法》，中国政法大学出版社 1988 年版，第 194—197 页。

但是不得对当事人履行合同造成妨碍。(2) 单方变更解除权。例如,《全民所有制工业企业承包经营责任制暂行条例》第二十条规定,由于承包方经营管理不善完不成承包经营合同任务时,发包方有权提出解除承包经营合同。(3) 制裁权。例如,《城镇国有土地使用权出让和转让暂行条例》第十七条规定,土地使用者未按合同规定的期限和条件开发利用土地的,土地管理部门应当予以纠正,并根据情况给予警告、罚款,直到无偿收回土地使用权。《深圳经济特区土地使用权出让条例》第五十六条规定,土地使用者未按出让合同规定的用途和条件开发利用土地的,土地管理部门应予限期改正,并可处以土地使用权出让金总额20%的罚款。拒不改正的,土地管理部门无偿收回土地使用权,没收地上建筑物、附着物。土地使用者逾期未完成地上建筑物的,土地管理部门自出让合同规定的项目竣工提交验收之日起处以罚款。逾期六个月以内的,处以土地使用权出让金总额5%的罚款;逾期六个月以上一年以内的,处以土地使用权出让金总额10%的罚款;逾期一年以上二年以内的,处以土地使用权出让金总额15%的罚款;逾期二年仍未完成地上建筑物的,土地管理部门无偿收回土地使用权,没收地上建筑物、附着物。土地使用者自出让合同生效之日起二年内未开发利用土地的,土地部门无偿收回土地使用权。这些优益权是法律法规规章的规定,是行政机关享有行政优益权的法律依据。

有的观点认为,主体标准难以成为行政协议的认定标准,不宜将行政机关参与订立的协议都认定为行政协议。理由有二:第一,这与民法上关于国家机关法人作为特殊民事主体的规定是相矛盾的。行政机关与行政相对人是单向的行政管理关系,而行政机关参与民事活动时与对方当事人形成的是平等的民事主体关系。例如行政机关购买文具等,双方处于完全平等的民事法律关系。第二,如果将这些本属于民事合同的合同关系均纳入行政协议的范畴,并承认政府在这些协议中享有行政优益权(如单方定价权、单方变更合同的权利、单方解除合同的权利、监督权以及惩罚权等),将导致合同能否有效以及能否履行等完全取决于政府的意愿,显然难以有效保障相对人的合法权益。[①] 我们认为,第一,这个观点中,"不宜将行政机关参与订立的协议都

---

① 王利明:《论行政协议的范围——兼评〈关于审理行政协议案件若干问题的规定〉第1条、第2条》,载《环球法律评论》2020年第1期。

认定为行政协议”的判断是正确的，事实上，《最高人民法院关于审理行政协议案件若干问题的规定》并没有规定只要行政机关参与订立的协议都是行政协议。这个假设的条件并不存在。第二，行政机关与行政相对人是单向度的行政管理关系并不符合行政管理的实际。从19世纪开始，关于行政法律关系的范围，就不再局限于单方行政行为，而是包括单方行政行为、双方行政行为甚至多方行政行为。行政协议就是行政主体与行政相对人之间基于平等自愿原则签订协议，进而形成行政法律关系。第三，承认行政优益权将导致合同效力和履行完全取决于政府，意愿的判断有失偏颇。在民事审判中，由于缺乏对行政机关行使优益权的行政行为的合法性监督职责，导致行政机关在协议中行使优益权的行为得不到有效监督。《最高人民法院关于审理行政协议案件若干问题的规定》中规定行政机关行使优益权并非赋予行政机关优益权，而是行政机关在行使优益权的情况下，法院要进行合法性审查予以监督。正如刑法规定了侵害公私财产罪并非赋予罪犯侵害公私财产的权利一样。第四，行政协议的四个要素必须同时具备才能判断其属于行政协议，并非只要具备其中一个要素就能判断为行政协议。例如，汽车由轮胎、发动机、车身等构成，如果单独提出轮胎不仅适用于汽车，也适用于摩托车，进而论证轮胎不是汽车的要素，显然是不成立的。这四个要素需要同时具备。

还有的观点认为，有的协议是国有企业和行政相对人订立的，其性质属于民事合同。例如关于公房租赁协议，有的观点认为公房租赁协议体现的是平等民事主体间的法律关系，是由经营管理机构（有的是国有企业）和承租居民依照租赁的凭证签订的协议。虽然协议的个别条款某种程度上体现了行政机关维护承租权人的公共利益。但房屋基本情况、租赁期限、房屋维护、协议解除、违约责任、争议解决方法等协议的内容，均体现了公房经营管理单位是以民事主体的身份，而不是以行政主体的身份与相对人订立协议。行政协议的主体要素是指行政机关或者法律法规规章授权的组织。如果法律法规规章授权国有企业与行政相对人订立公房租赁协议，则该协议应当认定为行政协议。特别是对于使用财政性资金的公房，为了保障国家利益监督经营管理机构的行为，该协议不宜认定为是国有企业具有自主处分权的民事合同。

此外，行政相对人是行政协议的另一方主体。因此，《行政协议解释》表述为“行政机关”与“公民、法人或者其他组织”。对于行政机关与行政机关签订的协议，并非基于外部行政法律关系，不属于行政诉讼法意义上的行政协议。

（三）意思要素

意思要素是指行政主体与行政相对人签订行政协议必须经过协商，意思表示一致。行政协议虽然属于广义上的行政行为，行政协议中行政主体也有一些行政优益权，但是，这并不妨碍行政协议“合意性”“契约性”的一面。行政协议的签订必须尊重相对人的签约意愿，行政主体不得强迫行政相对人签订行政协议。从这个意义上讲，民法上的一些基本原则，例如诚实信用、平等、自愿、有偿等原则也同样适用于行政协议。行政协议签订后，行政主体和行政相对人都要受到行政协议的约束，双方都要遵守和履行行政协议约定的义务，否则应当承担相应的违约责任。例如，《行政和解试点实施办法》第四条规定：“实施行政和解，应当遵循公平、自愿、协商、效能原则。中国证监会不得向行政相对人主动或者变相主动提出行政和解建议，或者强制行政相对人进行行政和解。”《湖南省行政程序规定》第九十三条规定，行政合同是指行政机关为了实现行政管理目的，与公民、法人或者其他组织之间，经“双方意思表示一致”所达成的协议。《最高人民法院关于审理行政协议案件若干问题的规定》明确规定，行政协议应当“协商订立”。

（四）内容要素

内容要素是指行政主体与行政相对人之间签订合同的内容是行政法上的权利义务。行政协议的内容是涉及行政主体和行政相对人行政法上的权利和义务，这也是与民事合同的重要区别。在行政协议中，既要规定行政主体的权利和权力（例如前述行政主体的优益权），也要规定行政相对人的权利。下文以政府特许经营协议为例说明。

行政相对人的权利主要包括：（1）取得报酬权。例如《基础设施和公用事业特许经营管理办法》第十九条规定，特许经营协议根据有关法律、行政法规和国家规定，可以约定特许经营者通过向用户收费等方式取得收益。（2）损害赔偿请求权。《基础设施和公用事业特许经营管理办法》第二十六条规定，特许经营协议各方当事人应当遵循诚实信用原则，按照约定全面履行义务。除法律、行政法规另有规定外，实施机构和特许经营者任何一方不履行特许经营协议约定义务或者履行义务不符合约定要求的，应当根据协议继续履行、采取补救措施或者赔偿损失。第二十七条规定，依法保护特许经营者合法权益。任何单位或者个人不得违反法律、行政法规和本办法规定，干涉特许经营者合法经营活动。（3）必要的和有益的额外费用偿还请求权。《基础设施和公用事业特许经营管理办法》第十八条第三款第十四项规定，特许经营协议应当约定“变更、提前终止及补偿”等事项。第三十八条规定，在特许经营期限内，因特许经营协议一方严重违约或不可抗力等原因，导致特许经营者无法继续履行协议约定义务，或者出现特许经营协议约定的提前终止协议情形的，在与债权人协商一致后，可以提前终止协议。特许经营协议提前终止的，政府应当收回特许经营项目，并根据实际情况和协议约定给予原特许经营者相应补偿。（4）不能预见的物质困难的补偿权。《基础设施和公用事业特许经营管理办法》第十八条第三款第十二项规定特许经营协议应当约定“应急预案和临时接管预案”，其中包括相应的补偿内容。（5）因政治行为、国家行为、政策行为造成损害的补偿权。《基础设施和公用事业特许经营管理办法》第三十六条规定，因法律、行政法规修改，或者政策调整损害特许经营者预期利益，或者根据公共利益需要，要求特许经营者提供协议约定以外的产品或服务的，应当给予特许经营者相应补偿。

此外，行政协议的内容要素还要求协议内容必须是合法的，行政协议的订立和履行，不得损害国家和社会公共利益，不得损害他人合法权益。例如，《行政复议法实施条例》第四十条规定，和解内容不损害社会公共利益和他人合法权益的，行政复议机关应当准许。《行政和解试点实施办法》第五条规定，行政和解协议的订立和履行，不得损害国家和社会公共利益，不得损害他人合法权益。第六条规定，行政相对人涉嫌实施虚假陈述、内幕交易、操纵市场或者欺诈客户等违反证券期货法律、行政法规和相关监管规定的行为，案件符合下列情形的，可以适用行政和解程序：（1）中国证监会已经正式立案，且经过了必要调查程序，但案件事实或者法律关系尚难完全明确；（2）采取行政和解方式执法有利于实现监管目的，减少争议，稳定和明确市场预期，恢复市场秩序，保护投资者合法权益；（3）行政相对人愿意采取有效措施补偿因其涉嫌违法行为受到损失的投资者；（4）以行政和解方式结案不违反法律、行政法规的禁止性规定，不损害社会公共利益和他人合法权益。

对于内容要素，有观点认为，行政法上的权利义务关系的内涵较为宽泛，无法成为识别行政协议的判断标准。主要理由是：第一，查找我国现行法律规定，对行政协议中行政机关优益权的规定极少，也就是说，根据现行法律规定，行政机关无法享有普遍的行政优益权。《城镇国有土地使用权出让和转让暂行规定》第十七条规定的“无偿收回”等行政优益权的内容，现行立法中规定极少。第二，即使法律规定行政机关在一定条件下享有变更、解除合同的权利，同时法律也要求此类协议的签订和履行应当遵循民法的平等、自愿、有偿等原则。这也意味着，不能仅从行政机关是否享有变更解除合同的权利而认定该协议是否为行政协议。一些法院认为，行政机关不得以行使行政优益权为由随意解除合同，而必须出于维护社会公共利益等目的。第三，行政法上的权利义务并不等同于行政权的具体行使。如果某协议只是涉及行政机关与相对人的权利义务关系，而不涉及行政权的行使，则不应当将其认定为行政协议。[①] 这种观点的论证基础也是《最高人民法院关于审理行政协议案件若干问题的规定》的论证基础，包括我国目前关于行政机关优益权的法律规定极少、行政机关与行政相对人之间必须遵守平等自愿原则、行政法上的权利义务并不等同于行政权的具体行使。可见，虽然论证基础一致也不能保证结论的一致性。第一，目前我国法律中对于行政优益权的规定较少，主要在法规规章层次规定。特别是在规章层面较多。相关规定是判断行政机关是否有权行使优益权的法律依据。第二，行政机关与行政相对人在签订行政协议时遵循的平等、自愿、有偿等原则。这些原则是法律原则，在公法上也有适用。签订协议的主体，不论是民事主体之间还是行政主体与相对人之间，都处于平等的法律地位；都必须遵循自愿原则，违反自愿原则的行政协议亦属于效力有瑕疵的协议；都必须遵循有偿原则，特别是对于行政相对人一方，之所以愿意签订行政协议，目的就在于获得相应的经济利益。可见，行政协议的签订与上述原则并不矛盾。第三，行政法上的权利义务不仅包括行政机关与相对人之间因行政行为形成的行政法律关系，还包括因双方签订行政协议而形成的行政法律关系。那种认为只有行政权具体行使的，才属于行政法上的权利义务，是片面和不正确的。第四，对于行政协议的内容要素，是许多国家和地区用以区别于民事合同的重要方面，且已出现扩张适用的趋势。以德国学者的观点为例，他们一般认为，协议的属性由协议客观方面判

---

① 王利明：《论行政协议的范围——兼评〈关于审理行政协议案件若干问题的规定〉第 1 条、第 2 条》，载《环球法律评论》2020 年第 1 期。

断；协议双方的主观意思并不能作为判断标准，客观化的协议就是协议的标的，即协议所确定的权利义务。至于签订协议双方是不是行政机关与行政相对人，原则上并不具有重要性。对于协议标的中既包括公法上的权利义务，又包括私法上的权利义务，德国学界并不将其视为“混合协议”，分由普通法院和行政法院管辖，而是一并认定为行政协议，由行政法院按照行政程序一并审理。这一学说意味着，德国对于行政契约标的采取宽松官方的标准，对于一些中性的协议（例如金钱给付协议），考诸其是否具有公法上目的，将其纳入行政协议的范围。采用此种方法扩大行政协议的范围，并未引起学术界和实务界的反对，原因主要是德国行政法院救济渠道畅通，[①] 可见行政法上的权利义务作为行政协议内容要素的重要性。

行政协议的界定标准，反映了当下学术界和实务界对于行政协议属性和特征的认识。随着司法实践的不断丰富，行政协议的标准将更加科学和完善。对于行政协议认识的不断深入，有助于行政行为的研究，也有助于诉讼类型的探讨，今后将在行政法学和行政诉讼法学研究中发挥越来越重要的作用。

（作者单位：最高人民法院）

① 林明锵：《行政契约法研究》，翰芦图书出版有限公司2006年版，第105—108页。

热点聚焦：
政府信息公开条例修改后的行政执法与审判

《政府信息公开条例》修订的主旨脉络

后向东

新修订的《政府信息公开条例》于2019年4月3日颁布，5月15日正式施行。这是《政府信息公开条例》自2007年4月5日颁布、2008年5月1日施行以来的首次修订，中央高度重视，社会广泛关注。此次修订，条文总数从原来的38条增加至56条，新的56条中，完全未作修改或者仅作文字性修改的只有9条，其余47条均作了重大实质性修改。具体参见表1（灰色为修改内容，白色为未实质修改内容）：

表1 《政府信息公开条例》新修订条数

第1条	第15条	第29条	第43条
第2条	第16条	第30条	第44条
第3条	第17条	第31条	第45条
第4条	第18条	第32条	第46条
第5条	第19条	第33条	第47条
第6条	第20条	第34条	第48条
第7条	第21条	第35条	第49条
第8条	第22条	第36条	第50条
第9条	第23条	第37条	第51条
第10条	第24条	第38条	第52条

续表

第 11 条	第 25 条	第 39 条	第 53 条
第 12 条	第 26 条	第 40 条	第 54 条
第 13 条	第 27 条	第 41 条	第 55 条
第 14 条	第 28 条	第 42 条	第 56 条

由此观之，此次修订可称为重构式修订。由于修订过程中最大限度地考虑了新法对旧法的延续性，尽可能地使用了人们所熟悉的概念体系、充分照顾到人们已经形成的认知框架等，更重要的是，许多新内容本身就是对客观实践的总结提炼和制度表达，因此，虽然修订幅度如此之大，但让人初看上去并不感到十分陌生，甚至有虽未谋面但却早已相知的感觉。

面对这种重构式修订，如何全面地理解把握《政府信息公开条例》的修订情况呢？关键是抓主要矛盾和矛盾的主要方面，也就是把握《政府信息公开条例》修订的主旨脉络。通过对比新《政府信息公开条例》与原《政府信息公开条例》，此次修订的主旨脉络，可以归结为以下九个方面。

一、制度定位的调整

新《政府信息公开条例》对制度定位作了重大调整，这种调整体现在文字上可能并不起眼，如果不做专门提示，甚至不容易被人们注意到。

制度定位，也就是功能设定，或是立法目的。通俗地讲，就是立法者希望《政府信息公开条例》发挥什么作用。原《政府信息公开条例》对制度定位的设定，具体表现为四个立法目的，一是保障公民、法人和其他组织依法获取政府信息，二是提高政府工作的透明度，三是促进依法行政，四是充分发挥政府信息对人民群众生产、生活和经济社会活动的服务作用。新《政府信息公开条例》将第三个立法目的“促进依法行政”修改为“建设法治政府”。这一修改，从字面上看变化似乎很细微，但其内涵实质，是对政府信息公开制度定位的重大调整。

将政府信息公开制度定位为“促进依法行政”，在实践和理论两方面都暴露出一些问题。

实践中，把“促进依法行政”作为立法目的之一，给社会释放出的强烈信号是，可以通过政府信息公开来直接质疑、挑战甚至对抗行政机关的具体行政行为。这种有意或无意的导向，一定程度上导致了大量以质疑行政行为合法性为目的的政府信息公开申请，即要求行政机关公开某决策的法律依据、事实依据等，甚至有一些申请人把政府信息公开作为信访维权的新渠道，造成了行政机关反映强烈的“政府信息公开信访化”问题。在一些行政机关，这类以质疑合法性、促进依法行政为目的的申请，甚至超过申请总量的半数。过度强调政府信息公开对依法行政的促进甚至所谓“倒逼”作用，对社会预期产生了过度刺激，一定程度上影响了政府信息公开制度的正常运行。

理论上，政府信息公开与依法行政之间的关系，究竟是政府信息公开促进依法行政，还是依法行政要求政府信息公开，也就是何为主、何为次的问题，存在一定的模糊认识。从逻辑上来讲，《政府信息公开条例》属于行政法，执行《政府信息公开条例》，就是执行行政法，也就是依法行政本身。政府信息公开属于依法行政的内在组成部分，而不是外在的促进甚至倒逼因素。促进依法行政，更有力的手段是加强执法监督和行政诉讼、行政复议监督，而不能主要依赖政府信息公开的监督。十八届四中全会决议把政府信息公开作为“推进依法行政、建设法治政府”的六项要求之一，明确了政府信息公开与依法行政之间的逻辑关系，即政府信息公开是推进依法行政、建设法治政府的内在要求，而不是外在于依法行政的促进乃至倒逼因素。据此，新《政府信息公开条例》正本清源，将第三个立法目的作了相应修改。

社会各方在看待新《政府信息公开条例》时，要准确把握这一制度定位的重大调整，不宜再过多强调以政府信息公开促进甚至倒逼依法行政。

二、主动公开与依申请公开的分立

原《政府信息公开条例》由五个部分组成，分别是：总则、公开的范围、公开的方式和程序、监督和保障、附则。新《政府信息公开条例》重新安排了体例结构，由六个部分组成，分别是：总则、公开的主体和范围、主动公开、依申请公开、监督和保障、附则。其中最核心的变化，是主动公开和依申请公开分立。主动公开和依申请公开分立的根本原因，是由于它们是两种完全不同的公开类型，需要相应地作出完全不同的制度安排。二者之间的差别，远比人们通常所认知的字面意义差别要大。

从全球范围的信息公开制度发展历程来看，信息公开制度以依申请公开为核心，主动公开处于次要或从属性地位。目前，全球有110多个国家出台了信息公开法，如果以是否设立主动公开专章为标准来衡量，则在信息公开法中确立主动公开制度的国家很少。如果标准放宽泛一些，以是否包含主动公开的相关要求来衡量，则大约有一半的信息公开法包含主动公开制度。

主动公开之所以要与依申请公开相互独立，并不只是出于形式上的考量，根本原因在于，主动公开与依申请公开的内在要求不同，相应的外在规制逻辑也就不同。比如，主动公开重在明确必须公开什么的问题，因此，确定相应内容并确保其全面有效地公开，是主动公开制度的核心。依申请公开则与之完全不同，在申请人提出申请之前，根本无法确定需要公开什么信息，因此，在依申请公开中，内容本身不是关键，也无法确定。依申请公开所关注的核心问题，一是如何规范申请人和行政机关的行为，因此需要构建从信息公开申请的接收到最终处理这样一个全链条的程序，二是权利和责任的边界，因此需要明确豁免条款，即明确在什么条件下行政机关有权拒绝公众请求。简而言之，主动公开与依申请公开的程序构建不同，前者着眼于公开什么，后者着眼于不公开什么，前者着眼于公开的最终结果，后者着眼于过程的程序控制。二者差异如此巨大，以至于完全不具有制度上的相通性，不能机械地捏在一起。

原《政府信息公开条例》存在的种种问题之中，一个重要方面就在于，没有从制度安排上对主动公开和依申请公开的内在差别做足够的区分，以至于引发不少误解误读。最典型的是对原《政府信息公开条例》第十七条的解读，这本来是适用于主动公开的关于公开权限的规定，但是在实践中被误解误读为适用于依申请公开的所谓“谁制作谁公开”规则，该条文的问题在于，一是逻辑不周延，原条文本身并不能得出行政机关从其他行政机关处获取的信息如何公开的结论，二是操作不便民，几乎是鼓励行政机关之间相互“踢皮球”，这不仅有悖于人民政府的政治本色，也与绝大多数国家信息公开法的做法相背离。80余个能获取英文文本国家的信息公开法中，没有一个在立法上确立所谓的“谁制作谁公开”规则。行政机关从其他行政机关处获取的政府信息，世界通行规则包括两点，一是行政机关之间相互协商解决获取信息的公开问题，二是协商所需时间从法定处理期限中扣除。这只是主动公开与依申请公开界限不清所引发问题的一个侧面，实际工作中的很多问题，都与这一界限不清有关。

随着实践的发展，人们对主动公开与依申请公开属于两种不同制度类型的认识日趋一致，新《政府信息公开条例》在体例结构方面的这一重大调整因此得以确立下来。但同时要指出，认识的深化有一个过程，分歧的统一也有一个过程。尽管新《政府信息公开条例》将主动公开与依申请公开初步分立，但这还只是宏观层面的进展。微观层面上，基于对两个制度体系更深入的认识，以及在这种认识基础上更精细化的制度分立，还需要在新的实践中积累更多经验，从而进一步统一认识。比如，新《政府信息公开条例》第二章“公开的主体和范围”，是否同时适用于主动公开和依申请公开？很显然，最起码有部分条款不能同时适用，如有关公开范围的内容，否则将直接与第三章“主动公开”有关主动公开范围的规定发生交叉。究竟哪些条款适用于主动公开？哪些条款适用于依申请公开？哪些条款同时适用？还需要通过实践的进一步发展，才能从更微观的角度作出进一步回答。新《政府信息公开条例》从宏观上将主动公开与依申请公开分立，属于重大的制度发展进步成果。下一步，是要沿着这个正确的方向，在不断积累实践经验的基础上，把这一制度性进展做实、做细，这也是制度发展的应有之义。

三、义务主体的调整

原《政府信息公开条例》确定了三类法定义务主体。一是行政机关。这是最主要的义务主体，但是，对于这一最主要的义务主体，原《政府信息公开条例》却没有用专门的条文加以规定，而是在政府信息的定义条款中附带加以明确。二是法律、法规授权的具有管理公共事务职能的组织。三是参照适用的教育、医疗卫生等与人民群众利益密切相关的公共企事业单位。在实际执行过程中，三类法定义务主体都不同程度地暴露出一定的问题。一是行政机关的具体范围不明确，法制办、新闻办等政府内部办事机构，新华社、参事室等不具有外部管理职责的机构，是否属于义务主体，实践中并不清楚。二是法律、法规授权的组织，究竟指的是哪些单位，实践中从未予以明确。三是参照适用的公共企事业单位，究竟如何参照适用，以及究竟包括哪些单位，都很不清楚。

如何在量大面广的政府机关之中确定政府信息公开义务主体，这是落实政府信息公开法律制度的前提性问题，也是多数国家的此类法律都不同程度存在的共性问题。各国所采取的解决办法各不相同。最简洁明了的是英国，直接在法律上列出多达520个义务主体的名录，这种做法不可复制。其他多数国家，主要是由主管部门以适当方式予以明确。当然也有一些国家没有采取任何措施，实践中同样处于模糊不清的状态。

新《政府信息公开条例》对义务主体作了重大调整。一是进一步明确作为义务主体的行政机关的含义，核心是强调行政性、独立性和外部性。二是将教育、医疗卫生等公共企事业单位的信息公开，交由业务主管部门作为行政监管事项，按照其他相关法律法规和文件规定进行公开，不再参照政府信息公开条例。

需要特别说明的是，公共企事业单位不再参照适用《政府信息公开条例》，并不意味着弱化这类主体的信息公开责任，恰恰相反，是要通过更加有针对性的办法，更有力地加以推动。公共企事业单位的信息公开，是必须承担的义务，在这一点上，不存在任何疑问和认识分歧，问题在于如何使其真正承担起信息公开义务。实践已经证明，参照适用《政府信息公开条例》的方案，出发点是好的，但实际效果不好，不具有可操作性。从我国政府信息公开实践所探索出的经验看，将公共企事业单位的信息公开，作为相关领域主管部门的行政管理手段和措施，通过行政管理权而不是司法权来保障其落到实处，是更为现实可行、有力有效的方案，也是已经为实践所部分印证了的方案。例如，《证券法》将上市公司的信息披露作为证券监管部门监管事项，《红十字会法》《慈善法》等，也都按照同样的逻辑构建起专门的相关公共企事业单位信息披露规则，这些实践中探索出的做法，就是公共企事业单位公开主体问题的答案。

当然，政府信息公开义务主体的明确，制度上的必要调整是一方面，另一方面还需要主管部门进一步开展相关工作。

四、主动公开制度的构建逻辑

主动公开制度是一个相对独立的制度，公开内容、渠道、法律责任、监督保障机制等，都相对独立。这是世界各国信息公开法律制度的共性特征。多数国家信息公开法中，有关主动公开的内容都是独立成章，或者只是由单独一两个条文加以规定。在理解和把握《政府信息公开条例》有关主动公开的内容时，首先要明确这一点。一般情况下，适用于主动公开行为的条款，不能适用于依申请公开行为，适用于依申请公开行为的条款，也不能适用于主动公开行为。

主动公开制度的构建，关键在于“确定性”一词。主动公开的内容要求应当是确定的而不是笼统的，不能简单地认为，主动公开的内容要求越宽泛就越有利于公开更多信息，宽泛的内容要求，最终只会流于形式，并不能达到预期的扩大公开的效果。这已经是实践所充分证明了的规律。正是基于实践得来的经验教训，新《政府信息公开条例》重新构建了主动公开制度的逻辑，对主动公开内容重新作了规定，将那些基本的、各行政机关共性的、确实需要全社会周知的信息，具体明确地加以列举，作为法定的主动公开内容要求。同时，兼顾立法延续性，对原《政府信息公开条例》列举的重点内容以进一步精练的方式予以保留。

主动公开的渠道应当是确定的，这是由内容的确定性所决定的。在当前的时代技术条件下，政府公报和政府网站，是法定的主动公开渠道。在法定渠道之外，还存在多种多样的其他公开渠道，法律并不禁止行政机关运用其他渠道公开信息，只不过，法定的渠道是必选项，其他渠道是可选项。

主动公开义务的履行，不能通过司法监督或行政复议的监督来保障。主动公开行为本身不可诉，正因如此，行政机关在主动公开方面的感受与依申请公开不同，压力并不太大。但是，这并不意味着主动公开制度就是没有约束力的制度。主动公开义务的履行，一靠内容、渠道等要求明确具体，二靠自上而下的监督，前者是前提和基础。如果主动公开要求较为宽泛不够确定，就难以监督其落到实处。自上而下的监督，主要通过两种手段实现，一是发布主动公开模板，将主动公开各项要求进一步固化；二是监督追责，对于未履行主动公开义务的，由政府信息公开工作主管部门直接予以纠正，或者向有关方面依法提出对责任人的处分建议。

五、依申请公开处理决定类型化

政府信息公开制度最大的一个特点，就是法律关系客体的多样性。政府信息的具体情形多种多样，政府信息公开行为的具体形态也随之多种多样。这与行政许可等传统行政法律关系客体不同。政府信息公开处理决定的具体类型，在各个国家都多达十几个甚至数十个。

原《政府信息公开条例》没有对处理类型作出必要规范，实践中，广大行政机关自发探索形成了多种多样的处理决定类型，除决定公开的外，有很多不予公开的具体情形，如涉及国家秘密，涉及商业秘密，涉及个人隐私，其他法律法规禁止公开，涉及“三安全一稳定”（即国家安全、公共安全、经济安全和社会稳定），第三方不同意公开，与申请人“三需要”（即生产需要、生活需要、科研需要）无关，所申请信息属于非政府信息，所申请信息属于内部信息，所申请信息属于过程性信息，所申请信息不存在（含需要加工汇总整理），所提交信息公开申请不属于信息公开申请，等等。此外还有一些程序性处理类型。其中有一些相对规范，有一些极不规范，如“所提交信息公开申请不属于信息公开申请”，完全是不知所云地强加于人。由此，一方面很容易引发行政争议，另一方面很难对行政争议作出裁判。因此，政府信息公开处理决定类型化，是此次修订必须解决的现实问题。

新《政府信息公开条例》确立了五种基本类型，每种基本类型下面又分为若干种具体类型，可以组合成几十种具体类型。具体见表2：

表2　《政府信息公开条例》依申请公开处理决定的类型

实体处理	（一）予以公开	1. 已经公开的，告知获取方式和途径（第三十六条第一款第一项）
		2. 向申请人提供政府信息的事实行为，替代书面的予以公开决定（第三十六条第一款第二项）
		3. 暂未公开但可以公开的，告知获取方式、途径和时间（第三十六条第一款第二项）
	（二）不予公开	1. 国家秘密类豁免（第十四条）
		2. 法律、行政法规禁止类豁免（第十四条）
		3. “三安全一稳定”类豁免（第十四条）
		4. 第三方合法权益保护类豁免（第十五条）
		5. 三类内部事务信息（第十六条第一款）
		6. 四类过程性信息（第十六条第二款）
		7. 行政执法案卷（第十六条第二款）
		8. 行政查询事项（第三十六条第一款第七项）
	（三）部分予以公开部分不予公开	

续表

<table>
<tr><td rowspan="8">实体处理</td><td rowspan="3">（四）无法提供</td><td>1. 本机关不掌握相关政府信息（第三十六条第一款第四项或第五项）</td></tr>
<tr><td>2. 没有现成信息需要另行制作（第三十八条）</td></tr>
<tr><td>3. 补正后申请内容仍不明确（事实判断）</td></tr>
<tr><td rowspan="5">（五）不予处理</td><td>1. 信访、举报、投诉诉求类申请（第三十九条第一款）</td></tr>
<tr><td>2. 重复申请（第三十六条第一款第六项）</td></tr>
<tr><td>3. 要求提供公开出版物（第三十九条第二款）</td></tr>
<tr><td>4. 无正当理由大量反复申请（第三十五条）</td></tr>
<tr><td>5. 要求行政机关确认或重新出具已获取信息（事实判断）</td></tr>
<tr><td rowspan="5">程序处理</td><td colspan="2">（一）补正处理（第三十条）</td></tr>
<tr><td colspan="2">（二）征求第三方意见处理（第三十二条）</td></tr>
<tr><td colspan="2">（三）公开后告知第三方处理（第三十二条）</td></tr>
<tr><td colspan="2">（四）延期处理（第三十三条）</td></tr>
<tr><td colspan="2">（五）征求其他机关意见处理（第三十四条）</td></tr>
</table>

六、政府信息公开工作主管部门的新角色

原《政府信息公开条例》存在的主要问题，可以归结为正当需求没有满足好和不正当行为没有限制住两个方面。无论是正当需求的满足，还是不正当行为的限制，都在相当程度上有赖于一个强有力的主管部门发挥作用。近年来，在世界各国信息公开法的修订热潮中，一个重要发展趋势是信息公开主管部门的构建。印度、墨西哥、巴西、瑞士、土耳其、日本、南非、韩国等国家，先后设置了信息公开专门委员会。在各类信息公开国际研讨会上，墨西哥、南非等国家的信息公开委员会广受赞誉，并被大力推广。在这股浪潮之下，即便是历来占据着信息公开制度发展制高点的美国，也开始主动追随，在2016年对《信息自由法》的修订中，创设了“首席信息公开官委员会”这一专门机构。

受这种发展趋势影响，国内有很多观点呼吁要设立政府信息公开方面的委员会，以“与国际接轨”。毫无疑问，我们应当吸收借鉴国际上那些趋势性、规律性的有益经验，但是不能以形式主义的态度对待国际趋势。所谓的与国际接轨，不能简单地体现为搞一个委员会，这种形式上的东西搞起来最

容易，也最没有实际意义。透过现象看本质，国际上之所以出现这样一种发展趋势，是因为随着政府信息公开实践的深化，传统动力日趋弱化，需要从制度层面注入新动力，以不断深化细化政府信息公开。这个新动力，就是主管部门积极作用的更大发挥。责任越大，所需要的权力也就越大。各国信息公开法上各种委员会的出现，深层次原因就在于此。绝对不能把这种趋势简单地理解为，信息公开委员会是一种新事物，所以各国争相仿效。这是过于表面化地看问题了。实际上，虽然各国信息公开法都在构建信息公开委员会，但各国委员会具体职权设定、工作方式等都各不相同，不存在过于明显的机械照搬现象。

秉持功能主义立场，深入把握这一国际趋势背后深层次的规律性，可以得出四个结论：第一，主管部门作用发挥不够，是原《政府信息公开条例》实施中存在诸多问题的原因之一。第二，完善政府信息公开制度、深化政府信息公开实践，必须更好地发挥主管部门的作用。第三，主管部门应当承担更多的责任，与之相适应，也应当被赋予必要的履职权力。第四，是否有必要搞一个政府信息公开委员会，完全是形式上的问题，原《政府信息公开条例》所确立的政府信息公开工作主管部门体系，符合我国实际，只需要对之作必要的局部调整，就能适应当前的现实需要。

据此，新《政府信息公开条例》在全面延续原有的政府公开工作主管部门机构体系的基础上，一方面，要加大他们的责任，在落实主动公开、规范依申请公开、加强改进年度报告制度、加大培训力度、夯实基础工作等方面，作出相应规定；另一方面，要赋予其必要的履职权力，包括督促整改、通报批评以及向有权机关提出处理建议三项。

七、年度报告制度的优化完善

追根溯源，历史上最初确立的政府信息公开工作年度报告制度，是各行政机关向全国政府信息公开工作主管部门提交，由主管部门汇总后向代议机关报告，并统一对外发布的制度。这种报告制度设计，目的很明确，就是由代议机关监督行政机关的信息公开工作，就像由代议机关监督行政机关的其他工作一样。其操作方式也很简便易行，各行政机关的年度报告汇总至主管部门这一个机关，由其统一向代议机关报告，并统一对外公布，这就能够保证按时报告、规范报告，也便于公众监督。原《政府信息公开条例》确立的年度报告制度，其目的也是通过年度报告加强监督。但是，由于报告对象是不特定的社会公众，报告主体是分散的各行政机关，所以这种两头分散的制度设计，不仅起不到应有的监督作用，甚至连按时发布报告、格式体例基本统一的要求都做不到。每年的 3 月 31 日过后，总有媒体能够发现问题并制造新闻热点，直指某部门未按时发布年度报告。省部级行政机关尚且如此，基层行政机关的情况更是可以想见。

新《政府信息公开条例》对政府信息公开工作年度报告制度作了必要的调整。一方面，改自行向社会报告为向特定对象报告。各行政机关在自行对外发布报告之前，要向本级政府信息公开工作主管部门报告工作，年度报告不符合要求的，主管部门可以督促整改、通报批评，提出对责任人的处理建议。另一方面，改分散报告为集中报告。县级以上地方各级人民政府的信息公开工作主管部门对外发布本行政区域范围内的年度报告。这个制度设计很重要，过去十多年，我国政府信息公开工作整体状况究竟怎么样，实际上是不完全清楚的，原因就在于缺乏一个有效的报告机制。在上述两方面之外，新条例还对报告时间要求作了必要调整。

实际上，年度报告制度如果运用得当，还可以发挥更多更大的作用。例如，我国政府信息公开实践中有一个突出问题，就是很难确切地把握究竟有多少个义务主体。这是个普遍存在的问题，各国解决的办法各不相同。美国就是借助于年度报告制度来解决的，具体办法是通过主管部门集中发布年度报告的方式，间接确认具体义务主体，不在主管部门集中发布年度报告之列的行政机关，不属于义务主体。新《政府信息公开条例》调整确立的政府信息公开年度报告制度，具备了发挥类似功能的基础。

八、信息化手段的应用

信息化，是当下发展最为迅速、应用前景最为广阔、对经济社会生活影响最大的新技术之一，代表着新的生产力和新的发展方向。无论哪个领域、哪项工作，善用之则强，不善用则罔。中央提出“要运用信息化手段推进政务公开、党务公开”，就是要求在政务公开工作中运用好信息化这个新的技术手段和技术工具，更好地推进工作。

新《政府信息公开条例》对信息化手段的运用，作了三方面的制度安排。一是运用信息化手段加强对政府信息的管理，这对于政府信息数量越来越庞大的当下而言，具有很迫切的现实必要性。二是运用信息化手段提升政府信息公开工作的便民性，逐步推进政府信息公开在线申请、办理的平台建设。三是运用信息化手段提高政府信息公开的质量，利用统一的政府信息公开平台集中发布主动公开的政府信息，并为社会提供检索、查阅、下载等功能。

九、政府信息概念的界定

新政府信息公开条例，对政府信息的概念表述，仅作了很小的修改，没有像此前各方一致期盼的那样作重大修改。如果说，改，体现的是修法的进步，那么，在政府信息概念界定问题上，不改，体现的也是修法的进步。何以言之?

各方一致呼吁要对政府信息概念作出更加精确的界定，原因是实践中很多行政机关以“不属于政府信息”为由拒绝向申请人提供信息，但由于政府信息概念本身较为宽泛，特别容易引发行政争议。据统计，由“不属于政府信息”这一答复理由所引发的行政争议，在个别年份曾一度占到政府信息公开行政争议总数的59%。面对这种情况，行政机关希望通过进一步界定政府信息的概念，使这个理由更加好用，申请人和专家们则希望进一步明确政府信息的边界，防止行政机关滥用。可以说，在这条应当修改这一点上，各方少有地达成了高度一致。但问题在于，究竟如何修改?

经过深入研究后发现，对政府信息概念作出精确界定，在立法技术上是一个难以实现的目标。不仅我国如此，世界各国都是如此。被一些国际学术组织排名为世界第一的塞尔维亚《获取公共信息法》对“公共信息”概念的定义是：“由公共机构持有的、在工作中制作的或与工作有关的、记载于文档的、公众有知情的必要的信息”，巴西《信息公开法》对“信息”的定义是：“以任何媒介格式记录的、可被用于形成或传播知识的、原始的或经过加工的数据”，多数国家信息公开法对于“政府信息”概念的定义大同小异，可以归纳为一个简单的表述：“从任何途径获得的、以任何形式、记载在任何载体上的内容”，显而易见，这几乎等于没有界定。

当一个问题看起来似乎无解的时候，就要考虑问题本身是否构成问题的问题，或者要跳出问题看问题，从而另辟一条出路。各方之所以呼吁对政府信息概念作进一步界定，原因在于现行的界定过于原则笼统。因为过于原则笼统，特定信息是否属于政府信息就存在很大的争议空间。再进一步探究，广大行政机关之所以经常使用“不属于政府信息”的理由拒绝公开，主要原因在于原《政府信息公开条例》缺乏必要的豁免条款可供使用。由此可以得出结论，政府信息概念的界定问题只是问题的表象，问题的实质在于豁免条款缺失。新《政府信息公开条例》已经确立了若干豁免条款，政府信息概念界定问题，实质上也随之得到了解决。只不过需要进一步明确，今后不能再以“不属于政府信息”为由拒绝公开政府信息。

（作者单位：国务院办公厅）

公共企事业单位信息公开的定位、救济与发展进路

金保阳　张祺炜

【摘要】新修订的《政府信息公开条例》第五十五条将公共企事业单位信息公开的法律适用由“参照本条例执行”修改为“依照其他法律法规执行”，同时规定了向主管部门申诉这一内部救济机制。新旧条例关于公共企事业单位的规定在实践中均存在一定的现实困境，同时亦有可取之处。充分挖掘新旧条例中各自的积极因素，逐渐消解长期以来公共企事业单位信息公开和政府信息公开之间的“二元化”结构难题，有助于进一步畅通公共企事业单位信息公开路径。公共企事业单位信息公开的发展进路是：《政府信息公开条例》和其他法律法规构成一般法和特别法的关系；公共企事业单位的识别不限于条例列举的相关主体；公共企事业单位公开的信息仅包括提供公共服务产生的信息；不服公共企事业单位信息公开行为时既可以向主管部门申诉，也可以提起行政诉讼。

【关键词】公共企事业单位　政府信息公开　主管部门申诉　信息公开诉讼

2019年5月15日，新修订的《政府信息公开条例》（以下简称《条例》）正式施行，其中第五十五条涉及公共企事业单位的适用条款相较于旧《条例》第三十七条发生了显著变化，后者规定公共企事业单位信息公开“参照本条例执行”，而前者则规定“依照相关法律、法规和国务院有关主管部门或者机构的规定执行”，同时，还规定了向有关主管部门或者机构申诉这一救济途径。《条例》的修改似乎将公共企事业单位信息公开从政府信息公开的调整范围中排除，正如有学者指出，这一修订，使得本已特殊的公共企事业单位信息公开同条例主体部分之间的差别进一步拉开，在公开路径及救济途径双重途径上呈现“脱条例化”的倾向，这不啻对既有学术积累的

一种颠覆。[1]《条例》之所以对公共企事业单位信息公开问题作如此调整，显然是基于一定的理论基础及实践观察。作为信息公开领域的一个既“特殊”又“小众化”的问题，公共企事业单位信息公开无论是“参照适用”，还是“依照其他规定执行”，二者均有可取之处，但同时又与现有理论及实践存在一定的抵牾。较为合理的路径是对公共企事业单位与政府信息公开之间建构“一元论”认知，不断缩小两者之间“二元结构”差异，充分挖掘新旧条例中各自积极因素，为公共企事业单位的信息公开探索一条较为清晰合理的路径和方法。

一、梳理与回顾：旧《条例》视域下公共企事业单位信息公开存在的问题

旧《条例》第三十七条规定了公共企事业单位信息公开“参照本条例执行”，由于实践中不同主体对“参照”的认识存在差异，导致公共企事业单位信息公开运行机制并不顺畅，从而在客观上影响了该项制度的整体效果，这也成为《条例》对相关规定予以修改的主要原因。在旧《条例》的施行过程中，公共企事业单位信息公开主要存在三个方面的问题。

（一）信息公开主体与行政诉讼被告主体脱节

旧《条例》规定了政府信息公开的主体不仅包括行政机关、法律法规授权的组织，还包括公共企事业单位，同时根据行政诉讼法及司法解释的规定，能够成为行政诉讼被告的主体只能是行政机关及法律法规、规章授权的组织。然而，对于具有公共事务管理或服务职能，但不具有规章以上规范授权的组织而言，依然面临无法纳入行政诉讼被告范围的尴尬。实践中，针对以公共企事业单位为被告提起的政府信息公开诉讼，不同法院呈现出截然不同的立场，有的判决按照传统行政主体理论，以被告不适格为由裁定驳回原告起诉，有的判决则回避主体资格问题，从涉及社会公共服务的角度，将诉讼纳入实体审查的范畴。理论上的纷争与实践中的无章可循，使得对公共企事业单位信息公开的监督救济出现因涉诉法院不同而结果各异的现象，适用标准的不一，影响了条例适用的统一性，也降低了公共企事业单位信息公开的成效。

---

① 彭錞：《公共企事业单位信息公开：现实、理想与路径》，载《中国法学》2018年第6期。

与此同时，旧《条例》及其他相关规范均未规定对公共企事业单位信息公开不服的行政复议制度，虽然公共企事业单位的主管行政机关承担着对其信息公开的监督管理义务，但监督管理责任并不直接属于行政复议的范畴，也不足以使主管行政机关成为行政诉讼的被告，现有的制度规范非但未能对公共企事业单位的信息公开形成有效规制，对行业主管部门的监督管理也缺乏有效规范。

（二）“参照适用”效果不明

旧《条例》第三十七条规定了公共企事业单位的信息公开参照条例的适用，但并没有明确参照范围、标准及规则，也没有对公共企事业单位的范围、信息可否公开的认定等问题提供明确的指引。例如，就申请人的救济途径而言，公共企事业单位只有主管部门，而无明确的复议机关，参照适用并未向申请人、信息持有单位、救济机关提供更深入、细致、具有可操作性的实施指南。参照本身具有的内容上的模糊性，导致公共企事业单位参照行政机关公开信息这一“纸面上的法”难以转化为“行动中的法”。实际上，在旧条例实行之初，有的法院为避免大量信息公开案件涌入，将参照解读为缺乏法律和理论依据，借此摆脱带来的审判负担和裁判风险。[①] 在对公共企事业单位的界定上，有的判决直接重复条例表述，并未给出何为公共利益或者与人民群众密切相关的判断标准，加之国务院及相关主管部门并未制定配套实施规定，使得公共企事业单位信息公开诉讼中如何参照条例适用存在诸多分歧。[②]

（三）公共服务信息与行政管理信息存在差异

从《条例》及国务院相关规范性文件的发展脉络来看，政府信息始终定位于“行政管理过程”中形成的信息，也正是基于此种考虑，政府信息公开的主体主要以“职权性”主体建构了信息公开的基本规范。从《条例》第五十四条规定来看，对于公共企事业单位而言，如果因具有法律法规的授权而行使行政管理职能时，是可以作为信息公开主体的。而对于公共企事业单位提供“公共服务”的行为，因缺乏管理性，则被排除在了《条例》的调整范

---

① 李广宇：《政府信息公开诉讼理念、方法与案例》，法律出版社2009年版，第44页。

② 郭泰和：《立法扩展与实践局限：公共企事业单位信息公开诉讼的路径选择》，载《行政法学研究》2014年第3期。

围之外。《条例》修订时亦有专家指出，信息公开条例的立法目的是监督行政机关及授权组织依法公开相关信息，公共企事业单位作为行政机关的行政管理对象，行政机关信息公开的理论基础是基于知情权的信息公开，而公共企事业单位信息公开属于行政管理手段，不适用《条例》。[①]

二、检视与观察：《条例》修改后公共企事业单位信息公开的困境

正是基于公共企事业单位信息公开在“参照”旧《条例》运行过程中暴露出来的诸多问题，《条例》最终选择了将信息公开主体限定在行政主体及法律、法规授权组织，公共企事业单位提供社会公共服务产生的信息公开不再“参照”条例适用。然而，“脱离条例”适用并非解决上述问题的金钥匙，如果不能从整体上理顺公共企事业单位信息公开与条例的关系，单纯地“脱离条例”可能只是徒有虚名，实际上更可能带来无法可依的尴尬。

（一）对公共企事业单位信息公开的定位模糊

公共企事业单位信息公开不再参照条例适用，并不意味着其不再承担信息公开义务，《条例》删除参照条款并不代表信息公开义务的豁免。相反，作为提供公共服务的主体，对其信息公开的要求将会越来越严格，只有公共企业的重要信息以易得、易懂的方式对外公开，才能使公众的知情权、监督权得以落实。[②]《国务院办公厅关于施行〈中华人民共和国政府信息公开条例〉若干问题的意见》第三条第八项规定，已经移交档案馆及档案工作机构的政府信息的管理，依照有关档案管理的法律、行政法规和国家有关规定执行。《最高人民法院关于审理政府信息公开行政案件若干问题的规定》第七条第二款规定，政府信息已经移交各级国家档案馆的，依照有关档案管理的法律、行政法规和国家有关规定执行。档案馆同样属于公共企事业单位，虽然从表面上看，《条例》第五十五条与有关档案信息的规定有异曲同工之妙，但档案信息与公共企事业单位制作的信息具有本质区别，档案馆一般情形下自身并不产生政府信息，其信息来源于其他机关的移交，具有静态性、外源性，而公共企事业单位的信息则产生于提供公共服务的过程之中，是动态性、

---

① 后向东：《论信息公开的五种基本类型》，载《中国行政管理》2015 年第 1 期。

② 胡改蓉：《公共企业的法律属性》，载《中国法学》2017 年第 3 期。

内源性的。因此，公共企事业单位信息公开不能简单地比照档案信息进行制度设计。在对政府信息是否应予公开的判断上不能仅根据主体的外在形式，也应考虑信息的性质、来源等综合情况，如果单纯以公共企事业单位作为行政机关的管理对象，将其排除基于知情权的信息公开范围，不仅无益于现实的改善，还可能距离理想越来越远。

（二）公共企事业单位信息公开规范缺失、标准不明

《条例》第五十五条规定了公共企事业单位信息公开依照相关法律、法规和国务院有关主管部门或者机构的规定执行。因此，相关主管部门能否尽快、及时制定统一信息公开规范成为制约公共企事业单位信息公开的关键因素，在相关主管部门未指定操作规定前，公共企事业单位的信息公开就会面临无法可依的局面。实际上，旧《条例》实施逾十年之后，除第三十七条明列的九个领域之外，还没有任何国务院主管行政部门出台具体实施规定。截至2020年，《条例》施行已近一年，涉及的相关领域主管部门也并未修订或者重新制定相关专门规定，公共企事业单位的信息公开法律依据依旧付之阙如。实践中，有的行政主管部门长期不制定专门规定，如民航局在2018年8月1日颁布的《民航行政机关信息公开办法》第三十条规定，民航业内与人民群众利益密切相关的公共企事业单位在提供社会公共服务过程中公开信息，另行规定。截至2020年，依然未出台“另行”规定。旧《条例》虽然规定了参照适用的路径，但毕竟还存在适用之可能，而在相关主管部门尚未制定专门规定，而且短时间内也难以全面出台规定的情形下，公共企事业单位信息公开法律规范的缺失将会是今后一段时期长期存在的问题。与此同时，在脱离统一参照适用的背景下，由各行业主管部门制定各自领域的具体规定，也将失去统一、明确的合法性判断标准。由于不再参照条例，各主管部门制定的具体规定可能会突破条例的规定，将公共企事业单位的信息公开置于真空地带。

（三）公共企事业单位信息公开的监督救济机制依然问题重重

《条例》将公共企事业单位信息公开的监督救济纳入行政系统内部，寄希望于通过行政内部的监督约束实现公共企事业单位信息公开的高效运转。之所以如此调整，主要是因为“对于信息公开而言，司法救济当然是最有力的，但却未必是最有效的。在信息公开权利救济方面，以16个国家为代表的

新的实践经验是，信息公开义务主体自我纠错、自我约束、自上而下的内部救济日趋成为主流，并且在信息公开实践中发挥着越来越重要的作用”[①]。笔者认为，在公共企事业单位的信息公开领域，且不论行政救济还是司法救济孰优孰劣，但没有争议的一点是，二者并不是“有我无你、有你无我”的相互排斥关系，而是可以相互弥补、相互并存的关系。即使认为内部救济优于司法救济，但简单地认为司法对于公共企事业单位信息公开的救济无所作为，将司法审查排除在救济途径之外，并非最优选择，毕竟诉讼程序的公开、透明、严谨、中立，是内部监督无法比拟的。实践中，公共企事业单位和主管部门之间往往存在一定的隶属关系，二者之间通常具有一定的利益一致性，公共企事业单位不愿公开的信息，有时甚至就是主管部门不愿公开的信息，因此，虽然申请人可以向主管部门申诉，但主管部门可以通过内部程序将信息是否公开的主动权“牢牢握在手中”。一项实证研究指出，公共企事业单位信息公开工作中存在主管部门与公共企事业单位之间时常互相踢皮球的现象，主管部门认为信息公开是企业的社会责任，干涉过多会影响企业商业秘密的法律保护；公共企事业单位认为政府应该为企事业单位创造良好的环境，在推动信息公开工作中有更多作为。[②]

三、应然与规制：公共企事业单位信息公开的定位、救济与发展进路

公共企事业单位所提供的教育、卫生健康、供水、供电、供气、供热、环境保护、公共交通等公共服务，具有相当程度的公共属性，与人民群众切身利益密切相关。这类主体应当承担相应的信息公开义务，这是社会的广泛共识。[③] 通过对新旧条例的梳理发现，公共企事业单位信息公开的适用在各自的场域下均存在一定的问题，而二者恰恰相互构成了解决方案。因此，将“参照本条例执行”与“依照相关法律、法规和国务院有关主管部门或者机构的规定执行”有机统合，逐渐消解长期以来公共企事业单位信息公开和政

---

① 后向东：《信息公开的世界经验——十六国信息公开法译介与评析》，中国法制出版社 2016 年版，第 561 页。

② 彭錞：《公共企事业单位信息公开：现实、理想与路径》，载《中国法学》2018 年第 6 期。

③ 《中华人民共和国政府信息公开条例（实用版）》，中国法制出版社 2019 年版，第 65 页。

府信息公开之间的“二元化”结构难题，有助于进一步畅通公共企事业单位信息公开路径，充分保障申请人的知情权及救济轨道，实现事半功倍的效果。

（一）公共企事业单位信息公开的法律适用

提供公共服务本质上是承担公共管理职能的表现，决定了其信息公开与一般行政机关的信息公开行为无异。公共企事业单位虽然提供的是“服务”，但这种服务与一般民事主体之间基于合同关系而提供的服务仍有一定的区别，作为基本公用事业服务的提供者，其向居民用户提供服务的行为属于国家的生存照顾义务，因此带有“公共任务”的属性，受到高密度法律规范的控制。[①] 正是因为与行政主体信息公开“同源共生”，公共企事业单位的信息公开符合《条例》的一般原理和主动公开及依申请公开的基本框架。因此，《条例》规定公共企事业单位信息公开依照相关法律、法规和国务院有关主管部门或者机构的规定执行，可以视为并非排除“参照”条例适用，而是将《条例》与相关规定视为一般法和特别法的关系，特别法有规定的，适用特别法，特别法没有规定的，适用《条例》的规定。各主管部门制定的专门规定在信息的认定、公开方式、内容、程序等方面可在《条例》确定的规则下运转，并结合公共企事业单位的实际情况，对公共企事业单位的范围、提供社会公共服务的种类、信息是否公开等问题予以细化规定。例如，从自 2010 年 9 月 1 日起施行的《高等学校信息公开办法》规定的内容来看，就基本上采用了政府信息公开条例的体系，并结合高等学校教育的特殊面向，进行了有针对性的制度设计。

（二）公共企事业单位的界定

新旧条例对公共企事业单位的界定，均采取列举加概括的方式，即列明公共企事业单位的具体类别，并采取“与人民群众利益密切相关”这一概况方式作为公共企事业单位的识别标准，但与人民群众利益密切相关属不确定法律概念，其概念与外延均具有不确定性空间，仍有很大的解释空间。我国的公共企事业单位数量和规模庞大，涉及领域广泛，判断哪些主体可以纳入公共企事业单位的范畴，是确定信息公开路径的起点，回答谁是公共企事业

① 骆梅英：《民营化后公用企业的公私性质之辩——基于案例的比较观察》，载余凌云主编：《开放政府的中国实践——政府信息公开条例实施的问题与出路》，清华大学出版社 2016 年版，第 157 页。

单位依然具有实际意义。自旧条例实施以来，各地陆续颁布了信息公开制度，其中也对公共企事业单位的范围进行了规定，涉及通信、电信、邮政、金融、社会保障、民政、殡葬、农业服务、文化、广播电影电视、签证等领域。[①] 从司法实践看，也逐步形成了相对成熟的识别标准，即结合涉诉主体行使职能是否具有日常性、对外性、管理性、经营性四个方面的特点，根据被告职能的公共性及与人民群众利益的密切联系，综合认定公共企事业单位的属性，对条例列明的具体领域之外的“等”的解释，已经直接解释为“等外等”，即不限于条例列举的具体领域。

在形式标准上，认定的公共企事业单位的标准除了依据主管部门或地方政府制定的专门规定之外，还应包括行政机关制定的涉及公共企事业单位的实施办法、红头文件等，不能仅仅局限在条例列举的范围，并以此为由将列举范围之外的其他组织排除在公共企事业单位之外，也不能以主管部门尚未制定信息公开专门规定为由，直接否定待判断主体的公共企事业单位的资格。在实质标准上，界定是否属于公共企事业单位的关键是企业产品的公共属性，而不是依据企业的所有权属性或控制权属性。根据中共中央、国务院发布的《关于分类推进事业单位改革的指导意见》，将事业单位划分为承担行政职能、从事生产经营活动和从事公益服务三个类别，其中承担行政职能、公益服务职能的事业单位应纳入公共企事业单位的范畴，对于从事生产经营活动的组织，根据其从事的生产经营活动性质对事关国民经营、垄断自然资源开发利用、公共资源配置等领域的应当纳入公共企事业单位的范畴。[②]

（三）公共企事业单位信息公开的范围

公共企事业单位具有公共资源的配置属性及部分行政管理职能，理所当然纳入政府信息公开的范畴，但从另一个角度看，公共企事业单位还具有市场经营的属性，无论在职权属性还是具体权能均与行政机关存在明显区别。因此，正确界定公共企事业单位的范围是信息公开的基础，界定信息是否应予公开及信息公开的范围才是该项制度发挥效用的关键。

《条例》第五十五条将公共企事业单位信息公开的范围限定于提供社会

① 胡改蓉：《公共企业的法律属性》，载《中国法学》2017 年第 3 期。

② 彭錞：《公共企事业单位信息公开的审查之道：基于 108 件司法裁判的分析》，载《法学家》2019 年第 4 期。

公共服务的过程中，本意在于以参与公共资源配置及公共服务的提供为基础，将公共企事业单位自主经营部分的信息予以排除，既可以实现公共服务的监督，还可以保障企业的正常经营自主权。公共企事业单位的信息不同于政府信息，二者在面对公开时遵循的原则不同。对于企业信息来说，只有法定需要公开的信息才公开；而对于政府来说，则适用以公开为原则，不公开为例外。[①] 这也是公共企事业单位"公共服务"信息与行政主体"行政管理"信息呈现差异化制度设计之所在。

公共企事业单位提供社会公共服务过程中制作或者获取的信息都应当纳入信息公开的范畴，提供社会公共服务，不仅包括为提供社会公共服务所做准备、进行必要活动实施行为获取的相关信息，也包括项目发起、开展、运营阶段制作、获取信息。对于公共企事业单位自主经营过程中产生的信息，不具备社会公共服务属性的不属于政府信息的范畴，在处理相关信息是否予以公开时应当做适当处分处理。但并非只要是公共企事业单位订立的民事合同信息都不属于政府信息，根据公共企事业单位订立合同的性质，其与社会公众订立的公共服务合同，实际上是公共企事业单位提供公共服务的主要方式，符合在履行社会公共服务过程中制作或者获取信息的认定，而对于公共企事业单位正常商业往来与其他合作对象签订的合作协议，一般情况下属于自主经营、运作的范畴，相关信息可不予公开。在公共企事业单位信息公开领域，尤其要注意商业秘密的豁免，避免通过信息公开对企事业单位的正常运营造成影响。涉及商业秘密信息的判断标准主要是：第一，经过合理判断有可能对商业经营产生影响，使其陷入不利地位；第二，会损害公共企事业单位未来获取相同信息的能力，从而违背公共利益；第三，基于公共企事业单位与第三方的保密约定。[②]

（四）不服公共企事业单位信息公开行为的救济途径

《条例》第五十五条规定，不服公共企事业单位对信息公开处理的，可以向有关主管部门或者机构申诉，《条例》之所以将向主管部门申诉确立为公共企事业单位信息公开争议解决机制，主要原因就在于以此绕开公共企

---

① 王敬波：《政府信息公开：国际视野与中国发展》，法律出版社 2016 年版，第 21 页。

② 申静：《政府信息公开的例外研究》，法律出版社 2016 年版，第 81 页。

事业单位不属于传统行政法上行政主体、无法作为行政诉讼被告的难题。[①]但在“一元论”的架构下，可以将该条规定理解为对申请人对公共企事业单位信息公开行为不服的情况增加了救济途径，即行政机关内部救济，而不是理解为另辟蹊径，排斥了司法审查的适用。具体而言，公共企事业单位的救济途径包含以下三个层次：

1. 行政主管部门的监管

政府信息公开在整个世界的经验表明，在求助于由法院或裁判所实施的更昂贵和涉及更精细的外部复审程序之前，内部复审是一种更快捷和更方便的解决纠纷的方式。[②] 对于各主管部门而言，应当严格履行监督管理责任。主管行政机关制定具体实施办法的目的在于细化落实条例，并非意味着可以设立限制性条件，否则一旦把信息是否公开的裁量权交给主管行政机关，将架空条例的实施。相关主管部门可以根据《条例》规定及时制定具体操作规范，在坚持《条例》基本原则的基础上，对具体管理领域的信息公开予以具体细化，建立完善申诉保障制度，当申请人对公共企事业单位信息公开行为不满向主管部门申诉时，主管部门应当有明确的审查方式、审查依据、审查期限、处理结果，处理结果不应仅限于责令公共企事业单位改正，而且可以责令相关义务主体重新作出答复、直接公开信息。当申请人同时向公共企事业单位及主管行政机关申请信息公开时，如公共企事业单位制作的信息也被主管机关获取保存的，主管行政机关应当直接依据《条例》前五十四条的规定履行公开义务。

2. 对主管行政机关的申诉处理行为的司法审查

主管行政机关对公共企事业单位信息公开行为的申诉处理行为系行政行为，理应纳入司法审查的范畴。从推动公共企事业单位信息公开和加强对信息公开工作主管部门的监督角度来看，既然《条例》第五十五条规定已经授权有关主管部门的职责和权力，申请人对主管部门的调查处理不服的，仍应

① 后向东：《论我国政府信息公开制度的变革中的若干重大关系》，载《行政法学研究》2017 年第 5 期。

② 吕艳滨、[英] Megan Patricia Carter：《中欧政府信息公开制度比较研究》，法律出版社 2008 年版，第 53 页。

赋予其申请行政复议和提起行政诉讼的权利。[①]

3. 将公共企事业单位信息公开行为纳入行政诉讼受案范围

虽然公共企事业单位与行政诉讼被告传统理论并不相符，但是，社会公权力既然成为一种权力，如果没有法律和制度的制约，同样会产生滥用和侵权。因此，在程序、救济等方面进行制度设计，就显得非常必要和迫切。赋予公共企事业单位以政府信息公开行政诉讼的被告资格，就属于一个非常重要的救济手段。[②] 事实上，法院在审查行政主管部门的调查处理行为时，本质上审查的还是公共企事业单位信息公开的行为是否正确的问题，因此，法院直接审查公共企事业单位信息公开行为合法与否，理论上并不存在障碍。

在旧条例施行过程中，法院对公共企事业单位信息公开行为并非一概持排斥态度，相当多的判例已经将该行为纳入司法审查的范畴，从关于公共企事业单位的范围认定、被告主体资格、信息是否公开等方面均进行了有益的探索。例如，南通市崇川区群发建材经营部诉国网江苏省电力公司南通供电公司政府信息公开案中，法院就认为被告南通供电公司作为提供社会公共服务的企事业单位，负有公开其在提供公共服务过程中制作、获取的信息的职责。[③] 当然，公共企事业单位的信息公开行为既可能属于民事法律关系，也可能属于行政法律关系，对其信息公开行为提起的诉讼不宜一概而论，全部纳入行政诉讼范畴。[④] 法院在受理相关案件时，应当初步审查纠纷发生的原因是提供公共服务还是民事合同，避免“私法遁入公法”，使大量本质上是涉公共企事业单位的民事纠纷，通过行政诉讼的管道涌入法院。

（作者单位：江苏省南通市中级人民法院）

---

① 耿宝建、周觅：《新条例制度环境下政府信息公开诉讼的变化探析》，载《中国行政管理》2020年第2期。

② 李广宇：《政府信息公开司法解释读本》，法律出版社2011年版，第167页。

③ 详见南通市港闸区人民法院（2016）苏0611行初284号、285号行政判决书。

④ 江必新主编：《最高人民法院关于审理政府信息公开行政案件若干问题的规定理解与适用》，中国法制出版社2011年版，第73页。

岔道口：新政府信息公开条例第三十五条的理解与适用

——基于120份裁判文书的实证分析

贾飞扬　熊雨辰

【摘要】 如何既保障人民群众依法获取政府信息，又最大限度地限制政府信息公开领域中的申请权及起诉权滥用，是《政府信息公开条例》立法的重要目的之一。但是在司法实践中，针对极少数非正常申请及滥诉的当事人，人民法院与行政机关对此类案件的处理意见及法律适用仍存在一定的分歧。因此，本文建议人民法院进一步厘清思路，在审理此类案件的过程中保持中立地位，不宜直接替代行政机关，认为当事人存在滥用政府信息公开申请权，行政机关也应当加强对政府信息公开申请的审核，恪守法律规定之程序，保障当事人应有的权利，让政府信息公开在合理的轨道中发展。

【关键词】 信息公开　超过合理范围　正当程序

自2019年5月15日起实施的《政府信息公开条例》（以下简称新政府信息公开条例）第三丨五条规定："申请人申请公开政府信息的数量、频次明显超过合理范围，行政机关可以要求申请人说明理由。行政机关认为申请理由不合理的，告知申请人不予处理；行政机关认为申请理由合理，但是无法在本条例第三十三条规定的期限内答复申请人的，可以确定延迟答复的合理期限并告知申请人。"该条款系本次政府信息公开条例中所新增的条款，试图通过建构在申请人申请政府信息公开的数量、频次明显超过合理范围时，要求申请人说明合理理由的制度，以遏制少部分人滥用政府信息公开制度的现象，体现了保护公民政府信息知情权与维护正常政府信息公开秩序的平衡。但该条款中的"超过合理范围""可以""申请理由不合理"等概念较为含糊，有可能造成信息公开工作中少数行政机关错误适用该条款，拒绝申请人合理的政府信息公开申请等现象，同时审判实践中的适用标准不一致等问题，也亟须在对该条款的政府信息公开实践予以总结的基础上，对新政府信息公开条例第三十五条作进一步厘清，以达到该条款欲实现之目的。

一、适用现状：120份裁判文书所引出的实践描述

笔者于2020年4月3日以裁判文书网数据库为检索对象，以“信息公开”及“超过合理范围”和“政府信息公开条例第三十五条”为全文关键词进行了两次检索，并进一步将裁判文书年限限定为2019年与2020年，共获得了初始检索成果290份裁判文书，并在对裁判文书逐一阅读的基础上，剔除了重复、不相关、雷同的裁判文书后，共获得直接涉及新政府信息公开条例第三十五条的有效检索成果120份裁判文书。

（一）新政府信息公开条例第三十五条适用总体情况

笔者对上述120份裁判文书作了进一步统计分析后，从涉及新政府信息公开条例第三十五条案件地域分布分析，上述120份裁判文书共涉及全国10个省份法院系统，浙江省法院系统共涉及14件案件，四川省法院系统共涉及79件案件，安徽、广东、山东、江西、陕西、辽宁省法院系统均只涉及1件案件，江苏省法院系统涉及4件案件，贵州省法院系统涉及17件案件。从涉及新政府信息公开条例第三十五条案件审级分布分析，上述120份案件中，一审案件占据案件的主流，共113件，二审案件为7件，无再审案件。从行政机关是否主动适用新政府信息公开条例第三十五条的角度分析，行政机关在对政府信息公开申请人的申请进行答复时，主动适用了新政府信息公开条例第三十五条予以处理的有100件案件；政府信息公开申请发生在新政府信息公开条例实施后，但行政机关未主动适用新政府信息公开条例第三十五条的有6件案件；政府信息公开申请发生在新政府信息公开条例实施前，但行政机关在法院审理相应案件时主动引用新政府信息公开条例第三十五条予以答辩的案件有14件。从上述数据来看，行政机关出于对制止滥用政府信息公开权利的考量，非常倾向于使用新政府信息公开条例第三十五条处理部分申请人的政府信息公开申请或在案件审理中予以援引答辩。从法院是否支持行政机关在处理政府信息公开申请或答辩时适用新政府信息公开条例第三十五条的角度分析，仅有12件案件中法院支持了行政机关的处理意见或答辩意见，驳回了政府信息公开申请人的诉讼请求，而剩余的108件案件中，法院

则支持了政府信息公开申请人的诉讼请求。

从上述数据来看，新政府信息公开条例颁布实施一年来，新政府信息公开条例第三十五条在政府信息公开工作和法院的行政诉讼案件审理工作中的运用频率还比较低，所涉及的地域还较窄。但新政府信息公开条例颁布以来，应当主动适用新政府信息公开条例第三十五条的106件案件中行政机关仅有6件案件未主动适用该条款，行政机关也倾向于适用新政府信息公开条例第三十五条处理政府信息公开申请，因此可以预见政府信息公开案件中涉及新政府信息公开条例第三十五条的案件将会迅猛增长。从法院的政府信息公开行政案件审理实践分析，涉及新政府信息公开条例第三十五条的120件案件中，行政机关对政府信息公开申请的处理被法院认为符合政府信息公开条例的仅有12件案件，行政机关虽然倾向于适用新政府信息公开条例第三十五条，但适用条款错误的比例较高，损害了一部分政府信息公开申请人的合法权益。

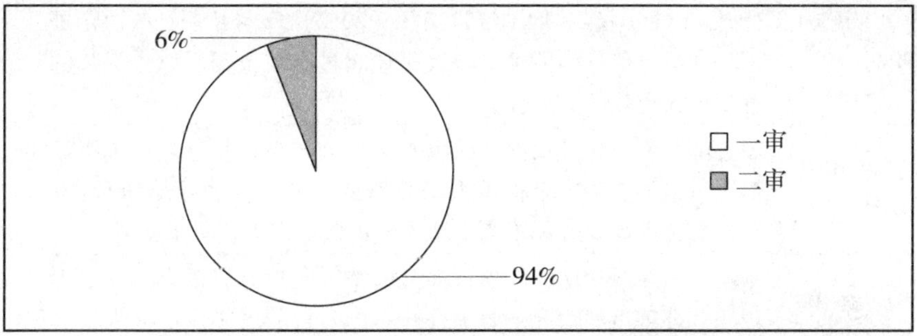

图1　涉及新政府信息公开条例第三十五条案件的审级分布

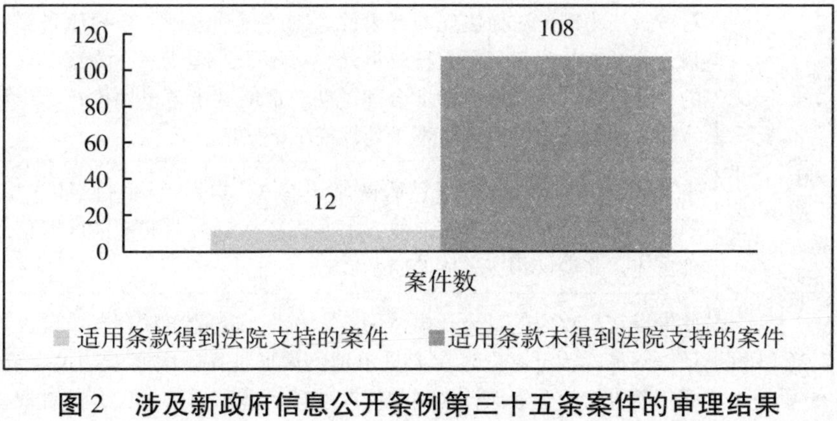

图2　涉及新政府信息公开条例第三十五条案件的审理结果

（二）新政府信息公开条例第三十五条适用中的主要问题分析

笔者对120份裁判文书梳理归纳，经合并整理系列案件后，裁判文书中的裁判理由整理见下表：

表1　涉及新政府信息公开条例第三十五条案件的裁判理由

案号	裁判理由
（2019）皖01行终703号	上诉人孙某兵曾提起诉讼多达上百起，上诉人的上述行为缺乏需要保护的自身合法权益和需要解决的实质性行政争议，即无诉的利益，对上诉人滥用诉讼权利行为应依法予以限制，裁定驳回起诉。
（2019）粤19行终399号	上诉人孔某贤提出政府信息公开申请的数量、频次明显超出合理范围，其动机不是对政府信息本身的获取与掌握，而是借此寻求后续发动行政复议、提起行政诉讼，缺乏需要解决的实质行政争议，属于对获取政府信息权利的滥用，明显缺乏诉的利益。
（2019）苏04行初41号	原告陈某在2017年至2018年间，已向常州市天宁区政府申请政府信息公开13件（次），均围绕常某征〔2012〕12号房屋征收决定展开，其申请公开政府信息的数量、频次明显超过合理范围。原告陈某的起诉，违背了诉权行使的必要性。
（2019）浙0783行初19号	原告陈某华、胡某镯提起的政府信息公开申请数量、频次明显超过合理范围，被告东阳市千祥镇人民政府要求原告说明依据何种生产、生活、科研的特殊需要并无不当。原告的诉讼请求本院不予支持。
（2019）浙08行终96号	本案中，斗潭片区征收项目涉及的被征收户有三千余户，上诉人在未能说明合理理由的情况下要求公开三千余户的房屋评估报告和房屋补偿安置协议，其申请公开的政府信息的数量、频次显然超过合理范围。
（2019）浙0782行初194号	构成对获取政府信息权利的滥用，无须对本案被诉行政行为的合法性进行审查。为维护法律法规的严肃性，制约权利滥用，今后原告骆某花申请公开类似政府信息提起行政诉讼，可不予处理或不予立案。对其提起的其他申请，应当依法作出合理说明，证明其申请确因生产、生活和经济社会活动需要，否则将不予处理或不予立案。
（2019）黔0102行初336号	本案被告并非案涉政府信息适格公开主体，根据《政府信息公开条例》第三十六条之规定，其应向原告书面答复本机关并非案涉政府信息的公开主体，并提供相应主体的联系方式。
（2019）浙0109行初195号	原告提交的政府信息公开申请书有七份，虽申请事项存在重复，但现有证据不足以认定原告存在大量申请的情形，且频次亦未超过合理范围。而且原告作为金家埭社区城中村改造项目范围内的村民，其有权获取相关政府信息，其申请理由合理。

续表

案号	裁判理由
(2020) 鲁 7101 行初 37 号	被告未作出《政府信息公开告知书》，并非拒绝对原告进行答复，而是对原告作出政府信息公开实施的过程性行为，不具有终局性，对原告权利义务不产生实际影响。
(2019) 苏 0791 行初 596 号	原告李某英申请公开的政府信息，其内容具体、明确，被告应当依法作出答复。但被告以原告无证据证明其申请公开的政府信息与其生产生活需要有关为由决定暂不予公开，没有法律依据。如被告认为原告申请政府信息的频次、数量存在合理性，行政机关可要求其说明理由，根据原告说明理由的情形作出处理决定，并告知原告。
(2019) 赣 0734 行初 50 号	本案中，原告向被告申请公开他人持有的建房许可相关材料，数量明显超过合理范围。被告认定原告的信息公开请求不合理，不予公开符合法律规定。故对原告的诉讼请求，法院不予支持。
(2019) 辽 0104 行初 286 号	被告如果认为其属于《政府信息公开条例》第三十五条规定的情形，可以要求申请人说明理由；也可以根据其申请确定申请理由是否合理，对于不合理的告知申请人不予处理，对于合理的对其作出答复。本案中，被告收到原告申请后没有对原告进行告知或处理，显属不当。
(2019) 川 1403 行初 110 号	原告明确其申请公开的信息系土地征收涉及原告的房屋拆迁丈量及地面附着物登记表、结算表和领款证，不涉及其他人的信息，在此情形下，从解决行政争议及节约行政成本的角度出发，被告苏祠街道办作出的《政府信息公开申请答复》可予撤销并应明确答复原告。
(2019) 浙 07 行终 788 号	判断是否存在滥用政府信息公开权利的情形，可以结合其申请公开政府信息的数量、频次是否明显超过合理范围、申请是否确系自身需要等进行综合判断。上诉人从 2018 年 10 月至其提起本案诉讼期间，共提起政府信息公开申请 6 件，内容均涉及与上诉人本村相关的政府信息。无论从申请政府信息公开的数量、频次还是目的上看，均尚不足以认定明显超出了合理界限。原审法院将上诉人的行为定性为构成滥用政府信息公开权利存在不当，本院依法予以纠正。
(2019) 浙 06 行终 546 号	3 份申请书主要申请内容的表述存在差异，具体申请事项亦能作出区分，虽存在个别重复，但不足以认定上诉人存在大量反复申请情形，亦未超过合理范围。被上诉人在答复中也未要求上诉人就申请公开政府信息的数量、频次等说明理由。一审法院在前述情形下，径行认定上诉人滥用诉权，缺乏事实及法律依据，应予指正。

根据上述对 120 份裁判文书的梳理，新政府信息公开条例第三十五条实际适用时存在如下问题：

1. 法院认定提起政府信息公开申请超过合理范围的标准不一致

新政府信息公开条例第三十五条规定申请人申请公开政府信息的数量、频次明显超过合理范围，行政机关可以要求申请人说明理由，但是法院在审理涉及该条款的案件过程中，一审、二审法院对于认定超过合理范围的标准不一致，因此出现了二审法院撤销一审判决的情况。例如，（2019）浙 07 行终 788 号案件中，一审法院认为申请人的目的并非满足其生产、生活和经济社会活动的需要，已构成对获取政府信息公开申请权和诉权的不当行使，无须对本案被诉行政行为的合法性进行审查。并进一步认为如今后申请人或其亲属申请公开类似的政府信息，提起复议、行政诉讼，可不予处理或不予立案。二审法院认为上诉人从 2018 年 10 月至其于 2019 年 5 月 13 日提起本案诉讼期间，共提起政府信息公开申请 6 件，内容均涉及与上诉人本村相关的政府信息。无论从申请政府信息公开的数量、频次还是目的上看，均尚不足以认定上诉人行使申请政府信息公开权利的行为明显超出了合理界限，据此撤销了一审判决。（2019）浙 06 行终 546 号案件中，一审法院认为原告向被告申请政府信息公开，申请公开的政府信息均存在重复的现象。同时，原告根据该 3 份有交叉却略有不同的申请书分别提起行政诉讼，明显不合理地耗费了行政资源和司法资源，违反了《政府信息公开条例》的立法目的，存在滥用政府信息公开权之嫌，系滥用诉权的行为，依法不予立案。二审法院认为申请人虽有个别申请事项存在重复，但现有证据不足以认定上诉人存在大量、反复申请情形，其频次亦未超过合理范围，一审法院在前述情形下，径行认定上诉人滥用诉权，缺乏事实及法律依据，应予指正。

2. 部分法院仍将合理申请理由限定为生产、生活、科研等需要

新政府信息公开条例第二十七条对旧政府信息公开条例第十三条作出了修改，将旧政府信息公开条例第十三条之规定“除本条例第九条、第十条、第十一条、第十二条规定的行政机关主动公开的政府信息外，公民、法人或者其他组织还可以根据自身生产、生活、科研等特殊需要，向国务院部门、地方各级人民政府及县级以上地方人民政府部门申请获取相关政府信息”修改为“除行政机关主动公开的政府信息外，公民、法人或者其他组织可以向地方各级人民政府、对外以自己名义履行行政管理职能的县级以上人民政府部门（含本条例第十条第二款规定的派出机构、内设机构）申请获取相关政府信息”。在此种条例修改背景下，部分法院如（2019）浙 07 行终 788 号案

件中，法院认为“判断公民、法人或其他组织是否存在滥用政府信息公开权利的情形……申请公开的政府信息是否确系自身需要”，仍将申请理由是否合理限定为生产、生活、科研等自身需要，与条例不对行政公开申请设定目的限制存在冲突，丧失了法律支撑。

3. 存在两种对于超过合理范围的政府信息公开申请的审判思路

在政府信息公开申请人所提出的信息公开申请超过合理范围的情况下，法院对于行政机关及法院应当如何处理、审理此类信息公开申请案件的意见不一致。部分法院认为在当事人提起的信息公开申请超过合理范围的情况下，政府信息公开申请人对于其所申请的信息欠缺诉的利益，故而构成滥用政府信息公开权利，对此类申请应当不予处理或不予立案。而部分法院认为即便当事人提起的政府信息公开申请超过了合理范围，也应当恪守新政府信息公开条例第三十五条所规定的程序，要求申请人进一步说明理由，并根据申请人所说明的理由予以进一步处理。例如，（2019）苏04行初41号案件中，法院认为原告陈某在2017年至2018年间，已向常州市天宁区政府申请政府信息公开13次，均围绕常某征〔2012〕12号房屋征收决定展开，其申请公开政府信息的数量、频次明显超过合理范围，故而原告陈某的起诉，违背了诉权行使的必要性，也就失去了权利行使的正当性，构成对诉讼权利的滥用，裁定驳回起诉。（2019）苏0791行初596号案件中，法院认为，如果被告认为原告申请政府信息的频次、数量存在不合理性，行政机关可以要求其说明理由，根据原告说明理由的不同情形作出处理决定，并告知原告。被告虽然提出原告申请信息公开的次数较多，但未按照上述规定要求原告说明理由，要求行政机关予以答复。

二、根源探析：新政府信息公开条例第三十五条实践适用冲突的原因分析

（一）思维之困：“锚定效应”

“现代认知心理学认为，人们的决策容易受到锚定效应（anchoring effect）这一认知偏见的影响，被第一印象所支配，不自觉地给予初始信息过多的重视。”①

① 杨彪：《司法认知偏差与量化裁判中的锚定效应》，载《中国法学》2017年第6期。

而政府信息公开领域，因存在少数申请人滥用政府信息公开申请制度的现象，导致行政机关及法院在受理、审理政府信息公开申请时，往往会先入为主地认为提起大量、多次信息公开申请的申请人滥用该权利，从而径直认为申请人缺乏诉之利益，却忽视了申请人该次申请是否具有合理理由及其程序权利保护。

（二）条文之惑：法律规定不明晰

新政府信息公开条例第三十五条之规定并未对于认定申请人超过合理范围申请公开政府信息的数量、频次标准作出具体规定，导致法院在认定当事人是否超过合理范围申请政府信息公开时存在相互冲突之意见。同时该条款规定行政机关如认为当事人的政府信息公开申请超过合理范围时，可以要求申请人说明理由，并未强制性规定行政机关必须给予申请人进一步说明理由的机会，从而导致行政机关及法院对于当事人的政府信息公开申请超过合理范围时，是否需要给予当事人进一步说明理由的机会不一致，部分法院认为行政机关在此种情况下可直接根据申请人在提起政府信息公开时所填写的目的予以处理，而部分法院则认为在此种情况下，行政机关应当给予申请人进一步说明理由的机会，不可直接不予处理。该条款亦未对申请理由是否合理给出具有可操作性之指导意见，法院对此认定也不一致。

（三）岔道之路：从陆文霞案到新政府信息公开条例第三十五条

《最高人民法院公报》2015 年第 11 期刊登了陆红霞诉南通市发展和改革委员会政府信息公开答复案，该案中，“法院认为，保障当事人的诉权与制约恶意诉讼、无理缠诉均是审判权的应有之义。对于个别当事人反复多次提起轻率的、相同的或者类似的诉讼请求的无益之诉，或者明知无正当理由而反复提起的诉讼恶意之诉，人民法院对其起诉应严格依法审查。本案原告陆红霞所提起的相关诉讼因明显缺乏诉的利益、目的不当、有悖诚信，违背了诉权行使的必要性，也就失去了权利行使的正当性，属于典型的滥用诉权行为。故裁定驳回原告陆红霞的起诉”[①]。自陆文霞一案刊登以来，陆文霞一案所确立的，审查申请人的信息公开申请之目的是否是满足生活、生产、科研等需

① 章剑生：《行政诉讼中滥用诉权的判定——陆红霞诉南通市发展和改革委员会政府信息公开答复案评释》，载《交大法学》2017 年第 2 期。

要，是否对于所申请的政府信息具有诉的利益的审理思路逐渐被其他法院予以认同，法院认定申请人所申请的政府信息公开申请与其个人利益无关，因此申请人欠缺诉的利益，从而裁定驳回起诉，甚至更进一步规定申请人之后所提起的类似的政府信息公开申请可不予处理和不予立案已成为部分法院惯常之做法，实质上将生产、生活、科研需要设置为申请人申请政府信息公开申请之资格条件。

但新政府信息公开条例将旧政府信息公开条例中的“生产、生活、科研等特殊需要”删除，并未对申请人申请政府信息公开设定目的限制，体现了“以公开为常态、不公开为例外”的政府信息公开原则。并新增新政府信息公开条例第三十五条，对超过合理范围的政府信息公开申请的程序处理作出了规定。而上述修改体现了政府信息公开主观诉讼到客观诉讼的岔路分歧。“如果被诉行政行为违反了客观的法律规则而侵犯了公共利益和客观的法律秩序时，提起的行政诉讼即为客观诉讼；如果被诉行政行为仅仅侵犯了原告独享的主观权利时，提起的行政诉讼即为主观诉讼。”[①] 受陆文霞一案裁判理由影响的部分法院仍坚持认为，当事人提起政府信息公开申请应当是为了生产、生活、科研之需要，当行政机关的不公开行为影响了其个人权益时，其才具备诉讼利益，否则应当不予受理，其背后逻辑是认为政府信息公开诉讼系主观诉讼，政府信息公开诉讼唯有在信息公开行为侵犯申请人之主观权利时，方才予以实体审理。

三、规制路径：新政府信息公开条例第三十五条的审判适用思路

（一）新政府信息公开条例诸条款之竞合

新政府信息公开条例第三十六条对行政机关如何处理申请人所提出的政府信息公开申请作出了具体规定，但其与新政府信息公开申请第三十五条在实践中可能存在竞合情况，即申请人可能超过合理范围提出政府信息申请，也可能是对已申请公开的政府信息进行重复申请，在此种条款竞合情况下，政府信息公开申请人应当首先适用新政府信息公开申请第三十六条予以处理，

① 王秀忍：《论依申请公开信息之诉的原告资格》，载最高人民法院行政审判庭编：《行政执法与行政审判（总第70集）》，中国法制出版社2018年版，第174页。

而非直接适用新政府信息公开申请第三十五条。如（2019）黔0102行初336号案件，行政机关径直适用新政府信息公开条例第三十五条，但法院认为本案被告非适格政府信息公开申请人，应当适用第三十六条予以处理。

（二）明晰新政府信息公开条例第三十五条之含义

新政府信息公开条例第三十五条规定："申请人申请公开政府信息的数量、频次明显超过合理范围，行政机关可以要求申请人说明理由。行政机关认为申请理由不合理的，告知申请人不予处理；行政机关认为申请理由合理，但是无法在本条例第三十三条规定的期限内答复申请人的，可以确定延迟答复的合理期限并告知申请人。"在对该条款含义进行解释时，应当遵循体系解释之方法，完整理解该条款之含义。

1. 超过合理范围应达至明显之程度

"明显清楚地显露出来，容易让人看出或感觉到。"[①] 在判断申请公开的政府信息的数量及频次超过合理范围时，因现行立法缺乏细致化规定，故而较为可行之适用思路为，结合申请人之个人目的，并从一般人角度考虑申请频次、数量是否明显超过合理范围，如申请人为房屋被拆迁人，那么其要求申请大量与其房屋相关的政府信息即不可被认为超过合理范围，但如果其要求大量、多次申请公开与其房屋无关之政府信息，即可认为其超过了合理范围。

2. 申请理由不应限定为满足生产、生活、科研等需要

新政府信息公开条例将旧政府信息公开条例中的生产、生活、科研等特殊需要删除，陆文霞一案所确立的申请人应证明信息公开申请为生产、生活、科研需要，否则将承担不利后果的审理思路已经丧失了其法条依据。因此，法院不应当在对新政府信息公开条例第三十五条中申请理由是否合理进行解释时，仍然将其限制为生产、生活、科研等需要，否则就与新政府信息公开条例修改精神相违背。人民法院在解释该条款时，应当接受本次政府信息公开条例修改时未给公民申请政府信息公开设定资格条件所传递的理念，即政府信息公开诉讼应为客观诉讼，"维护客观公法秩序才是政府信息公开制度的

① 中国社会科学院语言研究所词典编辑室编：《现代汉语词典》（第6版），商务印书馆2015年版，第910页。

根本目的”[①]。因此人民法院在认定申请人的申请理由是否合理时，不能再秉持主观诉讼之理念，将申请理由限制为生产、生活、科研等需要。人民法院应该以是否具备反射利益判断政府信息公开申请人的申请理由是否合理，即政府信息公开申请人是否因提起政府信息公开申请而提升政府信息公开工作秩序或制度，获得特定的个人利益，政府信息公开申请理由至少应当具备公共利益，能够维护客观的政府信息公开秩序，因此可以谨慎地将完全不具备公共利益的政府信息公开申请认定为申请理由不合理，对此不予处理。

（三）恪守新政府信息公开条例第三十五条之正当程序要求

新政府信息公开条例第三十五条规定：“申请人申请公开政府信息的数量、频次明显超过合理范围，行政机关可以要求申请人说明理由。行政机关认为申请理由不合理的，告知申请人不予处理；行政机关认为申请理由合理，但是无法在本条例第三十三条规定的期限内答复申请人的，可以确定延迟答复的合理期限并告知申请人。”该条款体现了正当程序之基本要求，即当行政机关作出一个对行政相对人不利的行政行为时，正当程序要求行政机关必须遵守最低限度的程序正义底线，这个最低限度的程序正义底线是听取意见、防止偏见和信息公开。新政府信息公开条例第三十五条中的申请人说明理由及告知不予处理体现了遏制滥用政府信息公开过程中应当遵循正当程序之要求。因此行政机关及法院在适用新政府信息公开条例第三十五条时，必须遵循该条款所设定的程序。因此行政机关如果认为申请人提交的申请明显超过合理范围时，条款所规定的“可以要求申请人说明理由”并非意指行政机关也可以不听取申请人之理由而直接不予处理，该条款中规定的“可以”仅为立法者对行政机关的指导意见之提示，后续处理意见中不包括行政机关径直不予处理亦可佐证，行政机关应当进一步听取申请人的理由说明，给予申请人进一步提供证据材料并向行政机关反映意见之机会。行政机关在听取申请人之意见后，再根据申请人说明理由之合理性予以处理，并及时告知申请人处理意见。人民法院在适用该条款时，应当着重审查行政机关是否依照该条款所设定之程序处理，超过合理范围之信息公开申请不可直接替代行政机关，认为申请人存在滥用信息公开的情况，从而丧失诉的利益，径直驳回起诉或

---

① 涂四溢：《〈政府信息公开条例〉的价值缺陷》，载《行政法学研究》2010 年第 1 期。

不予立案，而忽视行政机关是否保障了滥用信息公开申请的申请人的正当程序权利，更不应当如（2019）浙 0782 行初 194 号案件（规定今后原告骆某花申请公开类似政府信息提起行政诉讼，可不予处理或不予立案），对未发生的政府信息公开申请也予以先行处理。同时，正当程序之要求也需要行政机关在告知申请人不予处理时对其说明理由，即需要说明行政机关为何认为申请人申请超过了合理范围，并对申请人之理由予以说明评判，指出申请人申请理由的不合理之处，从而限制行政机关滥用此制度。

（作者单位：南昌铁路运输中级法院）

关于以北京市各区人民政府为被告的政府信息公开行政案件情况的调研报告

李世邦

【摘要】 政府信息公开制度是全面依法治国、法治政府建设的“助推器”。近年来，政府信息公开与人民群众的生产、生活、工作等活动关系越发紧密，人民群众对行政机关公开政府信息的需求日益增长，尤其是对涉及重大事件、社会热点的政府信息公开要求更高。《政府信息公开条例》修订施行后，如何通过行政审判工作推进政府信息公开更加完善、透明，成为人民法院面临的重大课题。

本文统计梳理了北京市第四中级人民法院成立以来集中管辖审理以北京市各区政府为被告的政府信息公开案件，就案件的基本特点、审理情况、法律适用以及信息公开矛盾纠纷的溯源治理难题进行了全面系统的分析，总结了政府信息公开案件审理机制上存在的优势和不足，并提出了相应的对策建议，以期为探索创新政府信息公开案件审理模式提供可参考的实践经验。

【关键词】 政府信息公开　行政审判　集中管辖　审理机制

2014 年，党的十八届四中全会通过的《中共中央关于全面推进依法治国若干重大问题的决定》明确提出，全面推进政务公开。各级政府及其工作部门依据权力清单，向社会全面公开政府职能、法律依据、实施主体、职责权限、管理流程、监督方式等事项。中共中央印发的《法治政府建设实施纲要（2015－2020 年）》中也指出，完善政府信息公开制度，拓宽政府信息公开渠道，进一步明确政府信息公开范围和内容。随着中央关于政务公开制度的不断完善，法治政府建设的不断发展，基于政府信息与人民群众的生产、生活、工作等活动密切联系，政府信息的公开要求更高，依申请的政府信息需求量也在加大，政府信息公开案件成为人民法院受理的主要行政案件类型。

北京市第四中级人民法院作为全国首批跨行政区划的法院，自 2014 年底成立以来，集中管辖了以北京市各区人民政府为被告的政府信息公开行政案件。北京市第四中级人民法院依托集中管辖的优势，在审理该类案件的过程中，逐渐统一了区政府为被告的政府信息公开案件的裁判思路，逐步摸清了北京市各区政府信息公开实践，通过政府信息公开案件的裁判指引、组织社会各界人士旁听庭审、发布白皮书和典型案例等方式和措施，在规范申请人依法申请政府信息和行使诉权、政府信息公开行政行为法治化建设等方面取得了较好的成效。但是也应看到，当前仍然存在大量反复多次针对各区政府申请政府信息公开的案件，人民法院在审理规则、审判标准方面还存在不统一、不一致的地方，各区政府的政府信息公开实践仍然有不规范、不严谨之处。

基于上述原因，笔者对所在北京市第四中级人民法院自成立以来，集中管辖各区政府的政府信息公开案件的情况、疑难问题进行调研有以下四点意义：其一，就跨区法院集中管辖的实际状况来看，有助于北京市各区政府为被告的政府信息公开案件审理裁判标准的统一，以及探索解决政府信息公开案件普遍存在的疑难复杂问题。其二，通过调研报告规范政府信息公开案件，有利于规范各区政府信息公开工作，同时，发挥“头雁”效应，对推动区政府工作部门、乡镇、街道等单位的政府信息公开工作发挥良好示范作用。其三，结合以往政府信息公开案件审理的调研情况，把握新条例的立法要义和趋势，通过政府信息公开案件审理，推动政务公开更好服务人民群众。其四，以政府信息公开案件为范例，进一步总结跨行政区划法院在集中统一管辖行政案件的审理机制中存在的优势和不足之处，探索创新机制。

一、北京市各区人民政府涉诉信息公开行政案件的审理情况及基本特点

政府信息公开案件是行政案件的主要类型。北京市第四中级人民法院作为跨区法院，自成立以来，集中管辖以北京市 16 个区政府为被告的行政案件，该类案件在 2015 年至 2018 年间的审理情况梳理如下：

（一）政府信息公开案件呈现逐年下降趋势

2015 年，北京市第四中级人民法院审结以各区政府为被告的行政案件 1048 件，其中政府信息公开案件 426 件，占比 40.6%。2016 年，审结以各区政府为被告的行政案件 1530 件，其中政府信息公开案件 309 件，占比 20.2%。2017 年，审结以各区政府为被告的行政案件 1542 件，其中政府信息公开案件 162 件，占比 10.5%。2018 年，审结以各区政府为被告的行政案件 1539 件，其中政府信息公开案件 129 件，占比 8.4%。

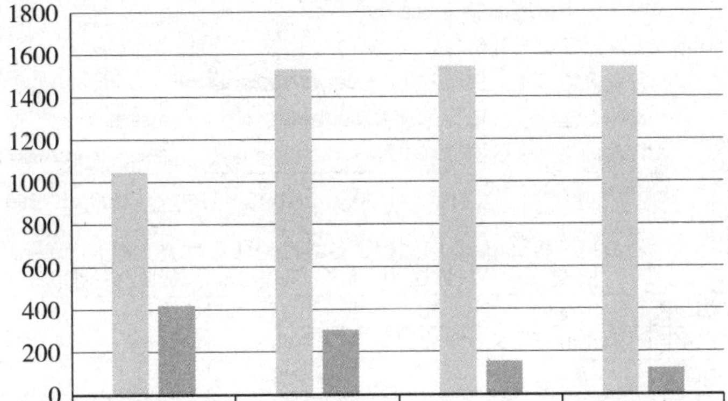

	2015年	2016年	2017年	2018年
各区政府审结案件	1048	1530	1542	1539
政府信息公开审结案件	426	309	162	129

（单位：件）

图 1　政府信息公开审结案件数量对比

通过上述统计分析可以得出，以北京市各区人民政府为被告的行政案件数量逐年上涨，政府信息公开案件数量却逐年下降。从案件数量占比来分析，2015 年政府信息公开案件的比例竟然高达 40%，呈现出畸高的状态。2018 年政府信息公开案件数量占比虽然降至 8.4%，但在数量上和比例上，相较其他案件类型来说，政府信息公开案件仍然属于主要案件类型。上述数据在一定程度上反映出，在立案登记制实施背景下，以北京市各区政府为被告的政府信息公开的行政争议在不断减少，政府信息公开诉讼纠纷由最开始的极端爆发逐渐回归理性轨道。

（二）政府信息公开案件涉诉信息类型分析

此次以各区人民政府为被告的政府信息公开案件调研，着重对涉诉申请的政府信息所属领域和类型进行统计分析。涉诉信息分析有利于深层次挖掘政府信息公开争议矛盾的集中领域，有利于掌握区政府涉诉政府信息公开案件中隐含的社会治理问题，有利于从源头上化解政府信息公开纠纷。经统计，各区政府涉诉政府信息所属行政管理领域的分布情况见图 2：

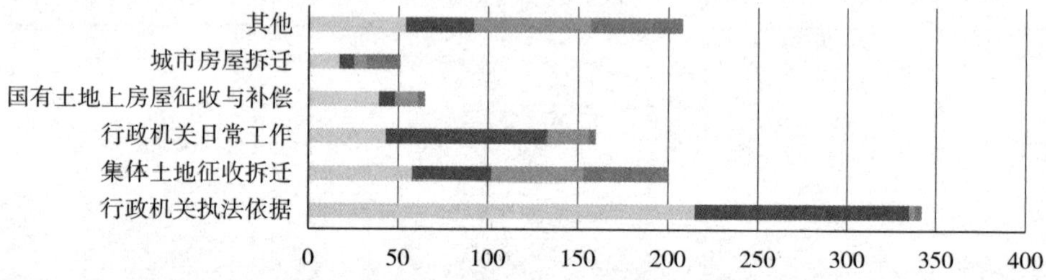

	行政机关执法依据	集体土地征收拆迁	行政机关日常工作	国有土地上房屋征收与补偿	城市房屋拆迁	其他
2015年	215	58	43	39	17	54
2016年	120	44	90	9	8	38
2017年	3	51	23	13	7	65
2018年	4	47	4	4	19	51

（单位：件）

图 2　政府信息公开案件涉诉信息类型

上述数据表明，政府信息公开案件涉诉信息类型主要为申请公开“行政机关执法依据”“集体土地征收拆迁”“行政机关日常工作”“国有土地上房屋征收与补偿”“城市房屋拆迁”及其他领域的政府信息。有两类很难以行政管理领域和行政行为种类的标准予以归纳，故需要作出说明的是，行政机关执法依据是指申请人申请公开行政机关执法过程中的法律依据等信息；行政机关日常工作是指申请人要求公开行政机关的事务性安排工作。其他管理领域则主要包括公房行政管理、环境行政强制、不动产登记等。

经调研发现，申请行政机关执法依据和行政机关日常工作类信息引发的政府信息公开案件系同一人或几个人反复大量申请的同一或同类型政府信息案件，且诉讼纠纷集中于 2015 年和 2016 年，该类案件虽然数量多、占比高，但属于特殊情况，并不能反映出以各区政府为被告的政府信息公开案件的正常分布状态。综观2015年至2018年的整体数据分布，以各区政府为被告的政府信息公开案件主要集中于关乎人民群众房屋财产权益的征收拆迁领域。集体土地征收拆迁类政府信息公开案件数量居高不下，国有土地上房屋征收与补偿类信息公开需求较高。此外，根据《国有土地上房屋征收与补偿条例》的规定，征收决定和征收补偿决定的职责属于各区政府。但该类型政府信息的案件数量占比并不高。虽然城市房屋拆迁条例已经废止，拆迁模式已经为征收模式所替代，但是每年仍然存在一定数量因城市房屋拆迁历史遗留问题而引起的政府信息公开案件。

（三）政府信息公开案件的裁判情况分析

政府信息公开案件的裁判情况调研分析主要集中于案件的判决结果和裁定驳回情况。判决结果可以反映出在法院实体审理的案件中，法院判决支持原告或者被告的情况[①]。同时，可以反映出政府信息公开案件的判决方式运用。裁定驳回起诉亦是政府信息公开案件中的结案方式，可以反映出政府信息公开因不符合起诉条件等原因而未实体审理的情况。以各区政府为被告的政府信息公开案件裁判情况统计见表1：

表1　政府信息公开案件裁判情况

年度	案件审结	驳回诉讼请求	撤销政府信息公开答复	确认程序轻微违法	履行答复职责
2015	426	150	35	5	1
2016	307	74	11	1	1
2017	162	90	2	0	0
2018	129	96	3	0	0

（单位：件）

根据表1数据所显示，政府信息公开案件经实体判决的案件数量所占比例大幅提升，2015年占比44.8%，2018年占比提升至76.7%。判决结果包括驳回诉讼请求、撤销答复、确认程序轻微违法以及履行答复职责。驳回诉讼请求的比例逐年提升，撤销答复和确认程序轻微违法的比例不断下降。其中，各区政府败诉案件数量大幅减少，2015年败诉案件41件，2018年败诉

① 程琥：《解决行政争议的制度逻辑与理性构建——从大数据看行政诉讼解决行政争议的制度创新》，载《法律适用》2017年第23期。

案件仅 3 件。且 2017 年和 2018 年不存在政府信息公开处理程序违法和不履行答复职责的情形。这表明各区政府在政府信息公开领域的依法行政水平不断提升，人民法院通过实体裁判在实体内容和程序方面均给予有效指引，各区政府在收到政府信息公开申请后能够按照《政府信息公开条例》的规定履行受理、答复等程序，规范行使权力。

表 2　政府信息公开案件裁定情况

年度	案件审结	驳回起诉	撤回起诉	移送管辖
2015	426	220	13	2
2016	307	213	7	0
2017	162	55	15	0
2018	129	27	3	0

（单位：件）

表 2 裁定驳回起诉的案件所占比例急剧下降，一定程度上表明在人民法院的裁判指引下，原告更加针对实质公开诉求提起诉讼，提起的政府信息公开诉讼逐渐趋于理性。针对驳回起诉的政府信息公开案件逐一统计分析，不符合起诉条件的情况见图 3：

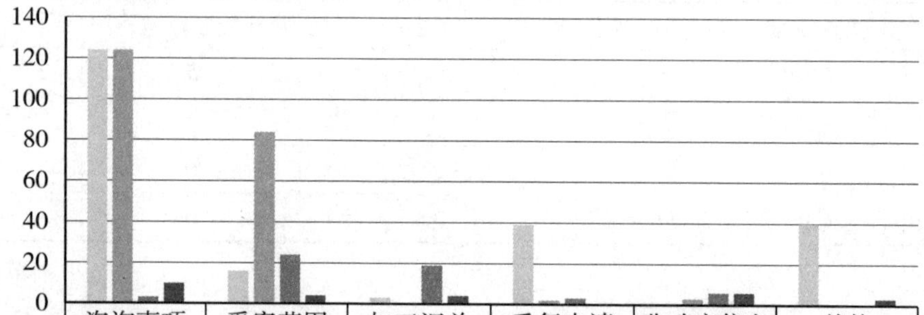

	咨询事项	受案范围	加工汇总	重复申请	非政府信息	其他
2015年	124	16	3	39	0	40
2016年	124	84	0	2	3	0
2017年	3	24	19	3	6	0
2018年	10	4	4	0	6	3

（单位：件）

图 3　裁定驳回起诉的案件认定情况

上述数据表明，不符合起诉条件而裁定驳回起诉的案件主要包括：政府信息公开申请实质为提出咨询事项，政府信息公开申请不属于《政府信息公开条例》的调整范围也不属于受案范围，政府信息公开申请系要求区政府加工汇总、重复提出同一政府信息公开申请、申请公开的信息不属于政府信息及其他不符合政府信息公开诉讼起诉条件的情形①。其中，咨询事项和受案范围占主要比例，主要原因在于申请人对于政府信息公开申请的立法宗旨和行政诉讼受案范围的理解不当。同时，经过人民法院的裁判指引，政府信息公开纠纷逐渐回归《政府信息公开条例》的框架。

（四）政府信息公开案件答复处理类型分析

政府信息公开答复处理决定，是行政机关在收到政府信息公开申请后所作出的处理决定，是政府信息公开案件审理过程中重要的审查对象，对于申请者而言，答复处理决定关乎其申请的政府信息公开与否。答复通知书作为答复处理决定的格式书面载体，其中包括法定告知内容、说明理由、结论以及相关法律依据等权利义务内容。为了更好地把握政府信息公开实践中各区政府的处理思路和结果，有必要针对行政判决裁判文书载明的答复处理决定逐一统计②。

表3　各区政府作出各类答复处理的情况

答复类型＼年度	2015年	2016年	2017年	2018年
不属于本机关公开	20	4	25	18
非政府信息	2	8	8	0
不予公开	16	1	1	2
可以公开	14	3	0	1
政府信息不存在	49	27	35	40
已主动公开	44	20	3	10
未制作、保存或获取	29	7	5	0
其他	17	16	15	28
总计	191	86	92	99

（单位：件）

① 主要包括申请公开行政复议卷宗材料、信访信息、履行行政监督职责、重复诉讼、被告不适格等情形。

② 因不服起诉条件而裁定驳回起诉的政府信息公开案件行政裁定书一般并未载明答复处理决定的内容，故只能就实体审理后作出的行政判决书进行统计分析。

表3数据直接反映出，各区政府所作出的政府信息公开处理决定呈现出类型化特征，与《政府信息公开条例》规定的答复方式相对应。但有的答复处理结论并未明确，如“未制作、保存或获取”。以各区政府为被告的政府信息公开案件中，各答复处理类型相较而言，答复“政府信息不存在”和“不属于本机关公开”占较大比例。同时，上述数据可以表明，引发纠纷的区政府作出的答复处理决定中，拒绝型答复占比96.2%。

（五）政府信息公开案件涉及北京各区政府分析

北京市各区政府涉政府信息公开案件数量地域分布情况如下：

表4　各区政府政府信息公开案件分布情况

各区政府＼年度	2015年	2016年	2017年	2018年
东城区人民政府	19	2	24	38
西城区人民政府	22	26	29	13
朝阳区人民政府	80	87	20	16
海淀区人民政府	256	133	40	16
丰台区人民政府	8	11	10	13
房山区人民政府	2	12	6	4
大兴区人民政府	13	5	8	18
通州区人民政府	8	3	4	2
顺义区人民政府	2	20	1	2
昌平区人民政府	8	0	3	4
怀柔区人民政府	1	0	0	0
延庆区人民政府	0	3	2	0
门头沟区人民政府	5	4	8	0
石景山区人民政府	1	0	0	3
密云区人民政府	1	0	2	0

（单位：件）

表4的数据显示，总体来看，各区政府信息公开案件数量分布不均，东城区、西城区、朝阳区、海淀区以及丰台区政府涉诉政府信息公开案件在数量上明显多于其他区域。海淀区政府和朝阳区政府涉诉政府信息公开案件答复数量下降，各区政府涉诉的政府信息公开案件数量分布逐年趋向均衡。

二、北京市各区人民政府涉诉信息公开行政案件相关法律问题分析

以北京市各区人民政府为被告的政府信息公开案件情况的数据统计分析表明，区政府涉诉的政府信息公开案件统一集中管辖之后在解决争议、监督政府依法行政、维护人民群众的信息需求方面逐渐统一了标准，取得了积极成效。但是纷繁复杂的数据背后存在诸多疑难复杂问题，既有政府信息公开的机制问题，亦有人民法院行政审判的理念等问题。

（一）政府信息公开案件审理难题

司法实践中，一般认为政府信息公开案件争议事实不复杂，权利义务比较清晰。但是实际上，经过对所有政府信息公开案件统计分析之后发现，虽然该类案件审理难度不高，但是在审理过程中仍然存在诸多既有的顽疾，集中体现为审理规则和裁判标准不统一。究其原因，《政府信息公开条例》规定存在许多模糊地带，行政审判机制的固有问题。这些都在一定程度上直接影响了实质解决政府信息公开争议的立法目的落实，以及政府信息公开制度的正常运转和法治保障。

1. 政府信息公开案件的起诉条件问题

根据前文的数据统计分析可以看出，仍然存在一定数量的案件因不符合起诉条件而被裁定驳回起诉，这种情况在2015年和2016年尤为突出。起诉条件的实质是人民法院行政审判的监督权限和范围问题，对法定起诉条件的审查是行政诉讼实体审理程序启动的前提条件。不符合起诉条件的，人民法院应当裁定驳回原告的起诉。政府信息公开诉讼也不例外，起诉条件的审查关乎政府信息公开诉讼的正本清源，即该类诉讼就是审查政府信息公开行为的合法性问题。政府信息公开诉讼的起诉条件审查，最直接的目的就是厘清人民法院在政府信息公开诉讼中的监督权限和范围，将脱离《政府信息公开条例》和《行政诉讼法》的规定提起的诉讼予以排除。调研中发现，诸多案件是以申请政府信息公开名义或形式要求人民法院审查不属于政府信息公开的行为合法性。且在对政府信息公开诉讼的起诉条件认定标准、条件以及理由方面存在诸多问题。最主要的难题凸显为《政府信息公开条例》的规定理解和《行政诉讼法》有关起诉和受理条文的结合。

（1）有关政府信息公开行为的理解问题

咨询事项的认定问题。根据上述统计数据显示，各区政府涉诉政府信息公开诉讼实践中存在大量以信息公开的名义向行政机关进行咨询的政府信息公开申请，申请人对于各区政府的答复处理决定不满而提起行政诉讼。虽然《最高人民法院关于审理政府信息公开行政案件若干问题的规定》（以下简称《政府信息公开行政案件若干规定》）对于咨询是否属于受案范围明确作出规定，但是根据对《政府信息公开条例》的规定和《政府信息公开行政案件若干规定》中受案范围规定的理解，政府信息公开申请应当是申请政府信息的行为，具有客观性，以政府信息公开的名义向行政机关咨询问题、对其他行为的合法性提出质疑等而提起行政诉讼显然不属于政府信息公开行为，继而不符合政府信息公开诉讼的起诉条件。但是，司法实践中可能存在多种多样的咨询性政府信息公开申请，如何提炼一定的标准加以甄别和认定是当前诉讼中的一个难题。

信息创制的认定问题。根据《政府信息公开行政案件若干规定》第二条第三项的规定①，以政府信息公开申请的名义要求各区政府制作、搜集政府信息，加工、汇总政府信息的，明确排除在行政诉讼的受案范围之外。要求信息创制与上述咨询事项本质上是一样的，并非是客观上申请公开业已存在的政府信息行为，而是脱离《政府信息公开条例》规定的其他请求行为。各区政府涉诉政府信息公开案件中，2017 年度、2018 年度一定比例的政府信息公开案件因要求区政府加工、汇总相关信息而被驳回起诉。司法实践中，信息创制的申请与政府信息公开申请并不容易区分，目前均是就个案作出判断认定，那么如何抽象出一定的标准来认定信息创制是当前诉讼中的一个难题。

申请非政府信息的认定问题。《政府信息公开条例》对政府信息的概念作出了明确规定，但由于政府信息性质认定存在一定的争议和模糊地带，有关是否属于政府信息的诉讼案件中，该类争议一般需要审判人员进行实体审查方可作出认定。根据上文数据统计可以看出，司法实践中，一部分政府信息公开案件因为不属于政府信息而被驳回起诉。经过调研发现，部分案件因

① 《最高人民法院关于审理政府信息公开行政案件若干问题的规定》第二条：“公民、法人或者其他组织对下列行为不服提起行政诉讼的，人民法院不予受理……（三）要求行政机关为其制作、搜集政府信息，或者对若干政府信息进行汇总、分析、加工，行政机关予以拒绝的……”

为申请的信息属于信访信息、党务信息等明显不属于政府信息的情形而不符合起诉条件，最终被驳回起诉。遵循审判实践逻辑，如何对明显不属于政府信息予以认定，继而避免原告的诉讼实体权利得到保障，亦是当前诉讼中的一个难题。

（2）有关不符合行政诉讼程序起诉条件的问题

被告适格问题。调研中发现，一些案件中申请人向区政府的内设机构如法制办、信访办提出政府信息公开申请，在该机构盖章作出政府信息公开答复告知书后，原告以区政府作为被告向人民法院提起行政诉讼。根据行政诉讼法的规定，内设机构在没有法律、法规授权作出行为的情况下，不能成为行政诉讼中的被告。但在政府信息公开领域中，由于诸多政府信息形成所涉及的行政管理职权相较于行政行为作出的法定职权范围要广，因此，如何解释法律法规的授权和行政管理职权来判断内设机构的适格被告问题也是当前值得研究的难题。

诉的利益问题。通过调研 2015 年至 2018 年间所审理的以各区政府为被告的政府信息公开案件，如上文统计咨询事项①、行政机关日常工作②多达几百件。这些案件中一人或多人大量反复申请同一或同类政府信息公开继而提起政府信息公开行政诉讼。虽然最高人民法院公布了相关政府信息公开案例来规制滥用政府信息公开申请权和诉讼权的公报案例。但是司法实践中，上述政府信息公开案件的裁判并未以不符合诉的利益为由驳回起诉。故与行政诉讼法和行政诉讼法司法解释有关诉的利益的规定如何理解，不符合诉的利益的情形如何认定，如何发挥其引导理性诉讼的作用和价值是一大难题。

（3）不符合起诉条件的裁定问题

经过调研统计分析，对于不符合起诉条件的政府信息公开案件，在裁判理由和裁判条款的适用方面存在不一致之处。例如，司法实践中对于认定为咨询事项、明显不属于政府信息的案件，属于受案范围的排除还是对当事人不设定权利义务或者不产生实际影响的行为，存在不统一的情形。部分案件裁判认为不属于《政府信息公开条例》调整范围的，以不属于行政诉讼的受

---

① 2015 年审结的宋某某提起 200 多件政府信息公开案件，均是对行政机关执法依据等提出咨询和质疑。

② 2016 年杨某某等人单独或共同提起的要求公开“朝阳区领导接待日、接待领导排班表、姓名、职务”的政府信息公开案件多达 90 件。

案范围而裁定驳回起诉；部分案件则认为不属于《政府信息公开条例》调整范围的，以对原告的权利义务不产生实际影响为由裁定驳回起诉。上述分歧关乎裁定驳回起诉政府信息公开案件的裁判理由、条款的统一问题。该问题在于《行政诉讼法》第四十九条第四项关于受案范围的规定与《最高人民法院关于适用〈中华人民共和国行政诉讼法〉的解释》第六十九条第八项“行政行为对其合法权益明显不产生实际影响的”的规定如何区分。

2. 政府信息公开案件的证明责任问题

从前文关于各区政府答复处理决定的类型化统计分析可以看出，答复“政府信息不存在”和“不属于本机关公开”的案件在实体审理政府信息公开案件中占比较大。两类案件的特点均是消极否定性的答复处理方式，对行政审判的影响在于区政府的举证责任审查。这也是政府信息公开理论和实践中一个争议已久的难题。主要原因有以下两点：（1）行政诉讼中行政机关对被诉行政行为负有举证责任。（2）政府信息公开案件相较于其他行政案件有特殊性，一是客观性。政府信息公开申请和公开具有客观面向，主要集中于“有没有”“给不给”。二是否定性。政府信息不存在、不属于本机关公开范围实际上属于一种否定性客观事实。在被告负有举证责任的前提下，如何证明否定性客观事实，确属难题，这也在一定程度上影响政府信息公开案件裁判的公信力。

司法实践中，对于政府信息不存在的案件，原告一般认为区政府作为辖区的人民政府应当保存有相关的政府信息，因而对于区政府关于政府信息不存在的答辩意见和提交的证据并不认可。那么最终就涉及政府信息不存在的证明效力和责任认定问题。在调研统计的案件中，有的区政府提交了经盖章的内部政府信息查询说明，有的提交了检索政府信息的页面截图等。凸显出以何种证明方式提交证据以及法院如何审查其证明力和证明效力的理论和实践难题。

对于不属于本机关公开范围的案件，区政府如何证明不属于本机关职责范围的事项也是争议问题。主要体现为以下两个方面的探寻存在难题：（1）法定职责问题；（2）行为主体问题。对于（1）的情形，人民法院根据法律法规规章的明确规定可以认定法定职责的归属。对于（2）的情形，司法实践中法律法规规章未明确法定职权的情况下如何认定是否属于区政府公开范围。区政府的答辩意见认为区政府不具有制作涉诉政府信息的法定职权，故不属于区政府的公开范围。但是，在法定职权未明确的情况下，区政府作出行政行为过程中仍然可能制作、获取或者保存了相关政府信息。需要注意的是，在政府信息公开案件中，人民法院并不审查政府信息形成过程涉及的行政行为合法性。故虽然该行为的合法性未在其他诉讼中予以审查，但是涉及政府信息属于区政府的公开范围。遵循上述逻辑，如何确定明确的审查思路，通过“抽丝剥茧”对非本机关公开范围进行审查有时更为复杂。

3. 政府信息公开案件的审理规则问题

通过对以各区政府为被告的政府信息公开案件的审理过程和裁判文书分析，政府信息公开案件的审理方式仍然遵循传统的撤销行政行为审理思路。按照法定职权、事实根据、法律依据、法定程序的审查思路，最终落脚于对被诉的政府信息公开答复合法性认定。经过调研发现，以审理撤销之诉的思路审理政府信息公开案件容易导致以下情况：（1）无法实质回应原告的诉求。政府信息公开案件中，原告关注的是被告区政府能否公开其所申请的政府信息。依撤销之诉的审查规则可能忽视或者未实质回应原告的诉讼请求。例如，部分案件因答复告知书记载的法律依据写错而被人民法院撤销并责令重新作出，区政府重新作出答复后，仍然拒绝公开原告申请的政府信息，诉讼程序空转。（2）可能加大各区政府的政府信息公开工作负担。区政府作出的政府信息公开答复，在性质上并非是负担性行为，未给申请人设定义务。如果过分严格地以负担性行为的合法性审查方式来审查政府信息公开答复，各区政府的政府信息公开工作负担将可能加大，可能会降低政府信息公开工作的效率。（3）无法实现诉讼法的目的。行政诉讼法的首要目的是解决争议，尤其是实质解决争议。简单地以撤销之诉的方式审理政府信息公开案件可能无法将政府信息公开诉讼争议实质化解。

4. 政府信息公开案件的判决方式问题

司法实践中，遵循撤销之诉的审查规则直接影响了政府信息公开案件的判决方式的选择和适用，形成了以下惯性判决方式。对于政府信息公开答复处理决定合法的，驳回原告的诉讼请求。对于不合法的，则判决撤销答复并责令重新作出答复。最为突出的问题：一是在答复理由成立的情况下，未区分处理程序的类型分类。例如被告区政府作出的答复理由成立，但是程序瑕疵、程序轻微违法、程序违法时，选取何种判决方式？二是在答复理由不成立的情况下，未考虑有无裁量空间。

5. 政府信息公开案件的审理程序问题

《行政诉讼法》明确规定了政府信息公开案件可以适用简易程序。但调研发现，2015 年至 2018 年所审结的政府信息公开案件中，只有 8 件适用了简易诉讼程序。行政诉讼简易程序很少被启动，行政审判庭的法官依赖于通过普通程序审理行政案件，对该项程序比较陌生，对行政诉讼法及适用司法解释的规定并未作深入了解，不愿意主动去适用该项程序制度。主要原因在于：过分纠结于简易程序的适用范围，依职权适用行政诉讼简易程序的主动性不强。过分依赖于普通审判程序，忽视了程序分化的立法宗旨和要义。未遵循行政审判规律去找寻适用简易程序的路径。基于审判领域的专业性和行政审判的特点，行政诉讼简易程序并不能机械地去照搬民事诉讼有关简易诉讼程序的规定和实践经验。除此之外，行政诉讼各主体亦对行政诉讼简易程序持保守态度。由于当事人的诉讼能力有限，原告对于行政诉讼简易程序的认识不足，当事人就选择简易诉讼程序达成合意很难实现，继而直接导致了有关当事人选择简易程序审理政府信息公开案件极少，未能有效发挥简易诉讼程序提高审判效率的优势。

（二）政府信息公开案件的诉源治理问题

全面推进国家治理体系和治理能力现代化是新时代中国特色社会主义的重大战略，必然要求人民法院提升对纠纷的诉源治理能力。行政审判直接面向的就是各种社会治理问题，这就要求审理案件过程中要破除机械办案的思维。通过审理政府信息公开案件，洞悉社会治理漏洞和隐患，在促进区政府依法行政的基础上将纠纷化解在初始状态。通过对以各区政府为被告的政府信息公开行政案件调研发现，政府信息公开案件的纠纷大部分不只是政府信息申请能否满足或者获取的问题，更隐含了社会治理的深层次问题，主要是涉诉政府信息所属行政管理领域的治理问题。

1. 涉诉政府信息所属管理领域治理问题

前文中，根据政府信息公开案件涉诉信息类型的数据统计分析，从诉源治理的角度分析发现如下社会治理问题：（1）各区行政机关的政务公开在深度和广度上还不够充分，尤其是关乎人民群众切身财产利益方面仍有待加强。例如，国有土地上房屋征收、集体土地征地拆迁领域关乎申请人房屋等财产的安置补偿权益。涉诉信息本应在行政执法程序中充分公开，但是大量政府信息申请人仍然申请政府信息公开甚至向人民法院提起大量诉讼。凸显出区政府在有关行政管理领域的政务公开不全面、不透明的问题。(2) 区政府所属工作部门、街道办、乡镇人民政府的政府信息公开工作有待于进一步完善。经调研发现，各区政府涉诉政府信息公开案件中所申请的政府信息，其制作职责归属于上述行政主体，区政府并非具有相应的制作职责，申请人应当向上述行政机关申请公开。但是，实践中申请人仍然向区政府申请大量政府信息，政府信息矛盾纠纷上交到区政府的现象严重。(3) 区政府以及所属工作部门、街道办、乡镇人民政府的依法行政水平有待进一步提高。通过各区政府涉诉政府信息公开案件调研分析，政府信息公开纠纷并不是单独发生，而是行政执法过程中矛盾争议的“衍生品”。例如，近年来，随着城市化的快速发展，集体土地上实施的征收拆迁项目大幅度增加。但是目前关于集体土地上征收拆迁行为的规定并不明确，行政执法的方式、手段并不完善，导致群体性、社会性矛盾纠纷频发。从源头上规范行政管理行为，有助于化解政府信息公开纠纷。(4) 行政执法历史遗留问题仍然未彻底化解。例如，一些案件中所申请的信息涉及城市房屋拆迁管理，系《城市拆迁房屋条例》实施时，城市房屋拆迁的行政管理遗留的行政争议。这些争议延续至今，大多是被拆迁人通过政府信息公开的渠道寻求救济。

2. 政府信息公开申请的处理思路问题

调研中也发现，区政府在作出答复处理决定时的思路亦存在偏差，表现为：(1) 处理思路不清。例如，收到政府信息公开申请后，未对是否属于政府信息、是否属于区政府公开的范围予以甄别，只要申请一概直接检索后作出答复了事。(2) 非本机关公开范围、政府信息不存在的认定混淆，未明确区分。认为政府信息涉及行政管理职责不属于区政府的，政府信息就不存在。或者在未检索到政府信息的情况下，认定不属于区政府公开的范围。(3) 没有明确的答复处理结论。正如前文对答复处理类型的统计，存在一部分案件最终仅答复申请人区政府未制作、保存或获取。而该政府信息到底是否在区政府存在，还是不属于区政府的公开范围，均没有明确指明。这些问题都容易导致申请人在收到区政府的答复告知书之后不服向人民法院提起诉讼。

3. 政府信息公开答复的救济途径问题

调研中发现，以各区政府为被告的政府信息公开申请案件，很少向北京市政府提起行政复议的渠道救济。绝大多数申请人选择直接向人民法院提起行政诉讼。行政复议作为行政争议解决的主渠道之一，并未发挥其解决政府信息公开纠纷的功能。政府信息公开纠纷并不复杂，完全可以通过行政复议渠道在诉讼前端予以直接解决。大量政府信息公开纠纷涌入人民法院，使纠纷错过了初始阶段的最佳解决时机，申请人不服一审，继续提起上诉，然后提起再审，导致争议不断上移，化解难度加大。最不利的后果便是作为最后一道防线的诉讼救济反而成了纠纷解决的前线[①]。

4. 政府信息公开申请的目的、滥用以及滥诉问题

从诉源治理的角度分析，有必要调研政府信息公开申请人申请政府信息公开的目的所在。通过政府信息公开案件的调研发现，有部分申请人并非为了生产、生活和科学研究，而是有其他目的申请公开政府信息。大致分为以下四类：（1）咨询和质疑。要求区政府对相关文件、法律问题进行解释；对相关行政行为的合法性表示质疑。（2）获取证据。有的当事人申请政府信息公开是为了获取相关信息从而在其他诉讼中作为证据使用。（3）矛盾上移。当事人将相关行政执法争议通过政府信息公开申请继而提起政府信息公开诉讼，变相将矛盾上移至区政府。（4）扰乱行政管理秩序。反复大量申请政府信息公开并向人民法院提起行政诉讼。其中不乏大量滥用政府信息公开申请权利，致使各区政府疲于应对，政府信息公开制度的功能和价值并未完全显现。同时，上述申请人收到答复处理决定后直接向人民法院提起政府信息公开之诉，行政诉讼资源被极大浪费，社会治理的成本和难度都在不断加大。

三、新《政府信息公开条例》实施背景下北京市各区政府信息公开案件审理对策

（一）结合新条例，形成政府信息公开案件统一裁判规则

新修订的《政府信息公开条例》于 2019 年 5 月 15 日开始施行。新条例在诸多方面进行了修改完善，政府信息公开的内容变化较大，这给政府信息公开案件的审理带来挑战。根据上述调研发现的审理难题，有必要结合新修订的《政府信息公开条例》，形成统一的裁判思路。

---

① 程琥：《解决行政争议的制度逻辑与理性构建——从大数据看行政诉讼解决行政争议的制度创新》，载《法律适用》2017 年第 23 期。

1. 规范审理规则，促进同案同判

（1）起诉条件的审查明确统一标准

虽然以北京市各区政府为被告的政府信息公开案件因不符合起诉条件而裁定驳回起诉的数量逐年下降，但是对起诉条件的审查仍须进一步规范和完善。就前文所提出的突出问题，即对于咨询事项的认定，可以通过询问程序对原告的政府信息申请内容分析。当前司法实践形成的共识标准主要是从申请内容的表述来判断是否属于客观上请求获取相关信息，而非请求区政府作出解释或者提供法律依据。对于加工汇总等以政府信息公开名义要求区政府创制信息的认定，以政府信息是否客观现有存在为标准，同时应当区分正常的信息搜索与收集。对于明显不属于政府信息的，可以以不符合起诉条件为由驳回起诉，最主要的情形为申请公开党务信息、信访信息。

针对区政府的内设机构，如政府办公室、信访办等机构作出的政府信息公开答复告知书而提起的行政诉讼中适格被告的确定，宜统一裁判标准，"2016 年 3 月 18 日《最高人民法院关于政府办公厅（室）能否作为政府信息公开行政争议的行政复议申请人和行政诉讼被告问题的请示的答复》中明确规定，应以本级人民政府为被告"①。

（2）构建履行之诉的政府信息公开案件审查思路

政府信息公开之诉兼有主观诉讼与客观诉讼的特点。具体而言，原告申请公开政府信息是基于自身知情权而拥有请求获取信息的主观权利，同时政府信息公开处理程序明确由《政府信息公开条例》规定，故政府信息公开案件的审理必须对程序事项进行合法性审查。故实体审理思路应当为：区政府是否负有对政府信息公开申请作出答复处理的义务或法定职责；收到政府信息公开申请之后的履行义务条件是否已经具备；答复处理的理由是否成立；答复处理的程序是否合法。

（3）规范政府信息公开案件的审查规则

结合新条例规定和政府信息公开司法实践，政府信息公开案件可以遵循"是不是，有没有，给不给，怎么给的'四步审查法'进行审查"②。首先，应当审查申请信息是否属于政府信息，如果申请信息不属于政府信息，即使

① 程琥：《新条例实施后政府信息公开行政诉讼若干问题探讨》，载《行政法学研究》2019 年第 4 期。

② 程琥：《新条例实施后政府信息公开行政诉讼若干问题探讨》，载《行政法学研究》2019 年第 4 期。

被告作出的答复是以其他理由予以拒绝的，亦无公开之必要。如果申请信息属于政府信息，接下来应当判断的是该信息是否在被申请机关公开的范围。根据新修订的《政府信息公开条例》第三十六条第五项规定，对于不属于被申请机关公开范围的政府信息，区政府可以作出拒绝答复并说明理由。属于政府信息且属于本机关公开范围的情况下，区政府应当在收到政府信息公开申请之后进行检索查询，如果未检索查找到申请信息，则政府信息在区政府并不存在。对于政府信息存在的，则应当继续审查该政府信息是否属于不予公开的范围，根据新修订的《政府信息公开条例》规定，对于属于国家秘密、商业秘密以及个人隐私，“三安全一稳定”的政府信息，则应当按照条例的规定，是否可以作出区分处理以及是否需要征求信息涉及利害关系人的同意以及公共利益的衡量问题。对于可以公开的政府信息，最后应当考虑公开政府信息的方式问题，既要考虑申请人的要求方式，又要兼顾公开的效率、成本问题。

2. 适用简易程序，推动繁简分流

针对政府信息公开行政案件，人民法院原则上应当适用简易程序。而如何细化设置简易程序的流程是该项制度能否有效运行的关键，亦关系到能否有效积累简易程序的适用经验，继而推广适用于其他类型的行政案件，激活行政诉讼简易程序最终探索构建符合行政审判规律和机制改革方向的简易程序制度。根据程序分化、要素化的理论并吸取以往行政诉讼普通程序的审判实践症结，结合政府信息公开行政案件的类型特点将简易程序的设置分为四个阶段从而构建审理模式。

（1）立案阶段：政府信息公开案件适用简易程序的启动基于行政案件繁简分流的要求，当原告向人民法院提起诉讼时，政府信息公开行政案件在立案录入系统时即归入行政诉讼简易程序中。一并向原告出具《行政诉讼简易程序告知书》。

（2）庭前阶段：政府信息公开案件的梳理和程序性事项的无缝衔接。当前以庭审为中心的庭审改革背景下，庭前程序是关键，亦是前提。但是适用简易程序案件的庭前准备不需要过于烦琐复杂，力求突出简洁的特点。结合当前对司法改革中人员分类管理的要求，庭前准备应当由法官助理全权完成。

（3）庭审阶段：结合政府信息公开行政案件并以要素化审判为支撑，审判人员直接告知当事人争议焦点，并就无争议之事实及涉及证据确认是否认可；之后针对争议事实证据进行质证并就争议事实及涉及法律适用问题进行口头的辩论。具体而言，针对实体性答复的案件，主要由被告方就履行法定告知义务作出举证，对实体答复理由作出说明。相较之下，原告方应当着重予以否认或者提供就有利于自己的证据作出抗辩。针对程序性答复的案件，着重审查申请是否符合政府信息公开申请的基本条件。针对无答复的案件，则主要审查的是政府信息公开申请的事实是否已经发生并被申请主体收到。

（4）庭后阶段：及时裁判并制作简易程序文书。适用简易程序庭审后主要涉及的是作出裁判并制作文书。基于简易程序的紧凑性且为了防止庭审中形成的内心确认和庭审记忆消逝，审判人员作为独任制人员在无须像普通程序进行合议的情况下，在庭后应当及时梳理裁判思路和作出裁判，从而减少当事人的等待时间。

3. 完善判决方式，实现定分止争

如前文所言，政府信息公开诉讼兼具主客观诉讼的特点，既要按照履行之诉的审理思路，同时人民法院需要审查程序的合法性问题，因而在对政府信息公开案件采取何种裁判方式尤其是判决方式，都需要考虑政府信息公开的诉讼特征。另外，需要兼顾行政诉讼法有关解决争议和监督政府信息公开执法行为的立法目的。故在裁判方式上应当结合具体实际选取相应的判决方式。

（1）对于区政府作出的答复理由成立，作出的答复程序合法的，应当驳回原告的诉讼请求。

（2）对于答复理由成立，但是程序存在问题的，应当分类考虑处理。对于违反法定程序的，构成瑕疵的应当驳回原告的诉讼请求。违反法定程序规定的，则考虑是否对原告的实体权利产生了影响。未产生实际影响的，确认轻微违法；对权利产生实际影响的，应当撤销答复，责令被告重新作出答复。例如答复超期，一般对原告的权利不产生实际影响，则判决驳回原告撤销答复的诉讼请求，确认答复轻微违法。如果应当明确补正的申请内容，但被告直接拒绝答复的，属于影响原告权利，应当撤销答复，责令重新作出。对于不属于法律明确规定的程序的，如内部程序，则和原告并无实际利害关系，不在人民法院的审查范围。

（3）对于答复理由不成立的，根据《行政诉讼法》第七十二条之规定，应当采取履行之诉的裁判方式，同时根据被告是否需要进一步采取裁量措施而决定是否责令其公开相应的政府信息。需要注意的是，撤销答复的判决应当定位为辅助性判决。

（二）加强行政争议的诉源治理，以政府信息公开行政案件为范例

党的十九届四中全会《关于坚持和完善中国特色社会主义制度、推进国家治理体系和治理能力现代化若干重大问题的决定》，强调“社会治理是国家治理的重要方面。必须加强和创新社会治理，完善党委领导、政府负责、民主协商、社会协同、公众参与、法治保障、科技支撑的社会治理体系”。人民法院的行政审判职能、各区政府的行政管理活动都属于社会治理体系的重要环节。政府信息公开案件中所隐含的社会治理问题不可忽视，政府信息公开案件有必要加强溯源治理，将社会矛盾纠纷化解在前端甚至萌芽状态，而无须均通过成本更高的行政诉讼来解决。

1. 发挥行政复议机制解决政府信息公开纠纷的制度优势

溯源治理的一项关键措施是加强多元纠纷解决机制。在民事纠纷领域，存有调解、仲裁、诉讼等多种救济途径。在行政争议领域，行政复议和行政诉讼是行政争议的主要救济途径。发挥好行政复议救济主渠道的职能和作用，将有利于将政府信息公开矛盾化解在诉讼前端。为了提高政府信息公开争议的行政复议率，建议区政府的政府信息公开执法者在作出答复后，向当事人提供更多救济渠道。避免当事人缠诉滥诉，最终引发政府信息公开信访化。

2. 重点领域的行政执法公开透明，加强释法析理

从上述调研的结果分析，当前政府信息公开依申请的诉讼集中于国有土地上房屋征收、集体土地拆迁等城建领域。反映出当前辖区执法的公开工作仍然有不足之处，存在社会治理隐患。不管是城市房屋还是宅基地上房屋均关系到人民群众的合法财产利益，执法不公开、不透明，容易引发矛盾纠纷，进而导致矛盾上移至区政府。建议辖区行政机关在征收拆迁等执法工作中，关切人民群众的财产利益的事项，尤其是条例规定的重点公开事项，应当及时主动公开，例如《政府信息公开条例》第二十一条规定，市县级政府应当主动公开土地征收、房屋征收等方面的政府信息；乡（镇）人民政府应主动公开宅基地使用情况审核、土地征收、房屋征收等方面的政府信息。在重点领域的执法，应当做好释法析理工作，提升治理能力现代化。避免将执法过程中的矛盾争议扩大化，从而衍生出行政相对人以政府信息公开申请和行政诉讼的手段向区政府及行政机关施加压力。

3. 遵循条例公开常态的价值趋向，消除公众疑虑

新修订的《政府信息公开条例》第五条规定，行政机关公开政府信息，应当坚持以公开为常态、不公开为例外，遵循公正、公平、合法、便民的原则。政府信息公开诉讼纠纷的大量出现，部分原因是政府信息公开的价值导向和基础原则不明确。条例修订之前的政府信息公开实践中，行政机关畏惧政府信息公开，不敢公开，甚至逐渐发展为不公开是原则，列举是例外的认识趋势。政府信息公开实践的价值导向出现问题，很容易引发相对人与行政机关的矛盾争议。为了从根源上消除对政府信息公开问题的争议，行政机关尤其是辖区的区政府应当率先遵循条例的精神，以公开为常态，不公开为例外。辖区其他行政机关、乡镇政府亦应以区政府的政府信息公开工作为样本，重塑政府信息公开的面貌，赢得公众对政府信息公开工作的认可和信任，消除对以往政府信息公开制度的疑虑。

（三）合理行使诉权，规范政府信息公开申请秩序

基于政府信息公开申请和处理流程较其他行政行为更为便捷的特点，一些申请人利用政府信息公开申请权和诉讼权利提起大量政府信息公开诉讼。根据前文的数据统计，2015 年和 2016 年存在一人或多人就同一或同类政府信息以个别区政府为被告提起成百上千件政府信息公开诉讼案件，实质都是咨询和对相关行政行为的合法性的质疑。极大地扰乱了政府信息公开秩序，浪费了司法资源。人民法院通过裁判指引等措施，使得该类情况在 2017 年和 2018 年得到了有效遏止，有效地维护了各区政府的政府信息公开工作和人民法院的诉讼秩序。总结实践经验，规范政府信息公开秩序，应当从立法和司法程序依法引导公众合理形式诉权。

新修订的《政府信息公开条例》第三十五条规定，申请人申请公开政府信息的数量、频次明显超过合理范围，行政机关可以要求申请人说明理由。行政机关认为申请理由不合理的，告知申请人不予处理。《最高人民法院关于进一步保护和规范当事人依法行使行政诉权的若干意见》第十六条规定，要充分尊重和保护公民、法人或者其他组织的知情权，依法及时审理当事人提起的涉及申请政府信息公开的案件。但对于当事人明显违反《政府信息公开条例》立法目的，反复、大量提出政府信息公开申请进而提起行政诉讼，或者当事人提起的诉讼明显没有值得保护的与其自身合法权益相关的实际利益，

人民法院依法不予立案。因此，对于大量反复申请的政府信息诉讼，在坚持立案登记制的基础上，应加强对诉讼利益的审查。在裁判文书中，应当加强释法说理，通过依法裁判来引导当事人合理行使诉讼权利和政府信息公开申请权。

（作者单位：北京市第四中级人民法院）

理论探索

从问题倒逼到价值引领：行政审判“结构性矛盾”及职能重塑

刘 行

【摘要】我国行政诉讼制度走过30年，经历了由重点解决起诉难、审理难的问题，逐渐走向增强人民群众对法治和公平正义的更多获得感的价值引领的过程，背后是改革开放后权利与权力结构深刻变迁的动力支撑以及国家治理模式转型提供的环境保障。在新时代，行政审判要真正成为国家治理体系和能力现代化的有机组成部分，解决目前面临的纠纷化解有效性、权利保护获得感、规制权力实效性、稀释相对剥夺感以及弥合制度角色与实际能力不匹配等问题，需要重塑行政审判职能。重塑的方向和着力点主要有：既要处理好个案纠纷，强化规则引领，还要注重行政审判的公共行政对话功能；既要实现裁判的合法公正，还要实现看得见、容易接受的和认同的公正；既要用足用好现有制度资源，增强当事人的获得感，还要拓展和优化其所依赖的制度体系；既要提升行政审判自身的战略定位，还要协同各类法治建设主体，合力推动国家治理体系和治理能力现代化。

【关键词】国家治理　权力结构　行政审判　职能变革

在我国经济社会发展迈入新时代的背景下，作为国家治理体系和治理能力现代化的重要组成部分，行政审判承载着越来越重要的职责和使命，面临着越来越艰巨的挑战和考验，备受瞩目，备受期待。2014年修订的《行政诉讼法》颁布和2018年2月7日《最高人民法院关于适用〈中华人民共和国行政诉讼法〉的解释》颁布实施，标志着现阶段我国行政诉讼顶层制度设计基本完成了总体布局，行政审判也迎来新阶段、新时代。行政审判的重心随之转化为由注重制度完善走向更加关切制度实施，由注重客观上的规范建设走向更加注重主观上的公正感受，由注重个案化解争议走向更加深度参与社会治理的规则引领。这个职能转换是一个系统工程，既需要做好顶层的法律制度设计，也需要意识理念思维等层面的转型升级；既需要解决体制机制问题，也需要关切回应行政审判面临的突出难题。行政审判目前面临的突出挑战，是如何在保障诉权的基础上增强当事人获得感，如何在对行政权严格司法审查的基础上确保规制实效，有效缓解社会治理中的相对剥夺感以及在制度角色和实际能力之间的张力问题。这些问题，既是整个国家社会治理结构性变革的反映，也直接决定和影响行政审判未来的角色定位和职能发挥。① 因而，本文立足于“过去只有在被视为一个制度演进的历程时才可以理解”的基调，尝试从更宽阔的“结构性矛盾”的视角，分析行政审判职能定位演进的动力机制、亟待解决的政策议题以及未来重塑的方向。

一、从问题导向到目标导向：行政审判职能发展演进的基本轨迹与内在趋势

从1989年制定颁布《行政诉讼法》算起，我国现行行政诉讼制度建立已逾30年。② 这30年，正是我国社会治理结构变迁最为迅速的30年，也是我国由法制向法治快速推进的30年。这30年中，政府与社会、公民的结构性关系和矛盾运动，一直是国家治理结构变革的核心主题，而实质正是权力与权利结构的变革。作为直接调整行政权力与公民权利关系，间接调整整个国家权力与公民权利关系的行政审判，正深刻反映了国家治理结构的变革历程，

---

① 有学者指出：“我国行政诉讼出路的选择并非通过行政诉讼法的简单修改或者对某一制度的更张所能完成，而需要诉诸司法与行政关系的调整和国家权力结构的重新构造方能完成。”参见杨伟东：《权力结构中的行政诉讼》，北京大学出版社2008年版，第30页。

② 严格来说，当代中国行政诉讼并非完全肇始于1989年《行政诉讼法》的颁布，1982年制定的《民事诉讼法（试行）》第三条第二款“法律规定由人民法院审理的行政案件，适用本法规定”的规定，为法院审理行政案件提供了法律上的程序依据，只不过从全面建立行政诉讼制度的角度来说，1989年《行政诉讼法》的颁布是一个重要标志。

通过历史的比较回顾，结合实际的社会情境，在一定程度上可以反映出行政审判职能定位的主要变量之间的演进轨迹以及发展趋势。

（一）基本轨迹

分析过去，是为了更好地展望未来，展示我国行政审判职能定位变迁的背景和特殊性，并努力从中为“从历史走向未来”提供方向性的思考。

1. 问题倒逼

立足诉权与司法权之间的结构性矛盾，着力解决行政诉讼“起诉难”的问题。1989 年《行政诉讼法》的颁布，标志着国家治理结构中“公民对峙政府”制度化平台正式建立。也正是从那一天起，“民可以告官”制度如何落实到现实生活中，成为是行政审判演进发展的重中之重，说是首要问题也并不为过。因为从那时起，解决“起诉难”问题，一直是摆在行政审判面前艰巨而复杂的任务。这方面不需要过多的论述，现实感受最能说明问题，这里仅简单加以侧证：一是从最高人民法院出台的一系列行政诉讼司法解释和司法政策文件来看，强调诉权保障的解释和文件往往都是首要主题，最为典型的是在 2009 年发布的《关于依法保护行政诉讼当事人诉权的意见》，① 这个集诉权保障之大成的意见，在一定层面上恰恰反映出行政诉讼制度在建立 20 年后仍面临“起诉难”的窘境。二是从国务院加强依法行政、建设法治政府的视角来看，发布的一系列具有纲领性意味的文件中，大多提出要支持人民法院依法受理案件，比如 2010 年《国务院关于加强法治政府建设的意见》指出：“完善行政应诉制度，积极配合人民法院的行政审判活动，支持人民法院依法独立行使审判权。对人民法院受理的行政案件，行政机关要依法积极应诉。”三是从最高立法机关的立场来看，2014 年《行政诉讼法》专门增加“行政机关及其工作人员不得干预、阻碍人民法院受理行政案件”的规定，不难看出这背后显现的问题。② 除此而外，实践中大量发生在官民之间的群体性乃至极端事件，也都在一定程度上反映出“起

---

① 这个意见发布于行政诉讼制度正式建立 20 周年之际，明确指出“行政诉讼‘告状难’现象依然存在，已经成为人民群众反映强烈的突出问题之一”，“为不断满足人民群众日益增长的司法需求，切实解决行政诉讼有案不收、有诉不理的问题”，制定该意见。

② 全国人大常委会法制工作委员会副主任信春鹰在 2003 年 12 月 23 日第十二届全国人大常委会第六次会议上作《关于〈中华人民共和国行政诉讼法修正案（草案）的说明〉》时指出，行政诉讼面临的“三难”，最突出的是立案难，公民、法人或者其他组织与政府机关及其工作人员产生纠纷，行政机关不愿当被告，法院不愿受理，导致许多应当通过诉讼解决的纠纷进入信访渠道，在有些地方形成了“信访不信法”的局面。

诉难”问题的严重性和普遍性。这个问题正是当时社会治理结构中政府与公民、行政权与司法权关系的反映，说明行政审判职能定位主要还是着力解决“入口”问题，行政审判真正通过主体性的审判参与社会治理的格局尚未真正形成。直到党的十八届四中全会《中共中央关于全面推进依法治国若干重大问题的决定》提出“变立案审查制为立案登记制”，并随即通过2014年《行政诉讼法》将其制度化、法制化，行政诉讼“起诉难”的问题才得到根本性解决。[①] 由此可见，在行政诉讼制度正式运行30余年间，行政诉讼结构中的政府与公民关系，基本表现为公民诉权保障问题，行政审判职能突出体现在解决“救济有门”“有权利就有救济”的问题上。

2. 由点到面

立足行政权与司法权之间的结构性矛盾，着力解决行政诉讼制度资源供给不足的问题。行政诉讼制度，是一种国家权力调整另一种国家权力的制度，也是权利借以监督制约权力的平台和渠道。[②] 行政审判调整的权力范围固然广泛，但最核心最直接的无疑是行政权与司法权的关系。在迅速变迁的社会治理结构中，行政权与司法权的关系经历了复杂的变化，也存在相应的“结构性矛盾”，行政审判领域体现尤为突出。其实，起诉难问题，表面上反映诉权与司法权之间的紧张关系，实际上更折射出司法权与行政权的关系，后者更具有深层次意味，也从更深层面上反映出中国社会治理在权力与权利配置上的结构性矛盾。除此之外，行政审判作为监督制约行政权力的重要制度性工具，还存在有效性严重不足的问题。比如，行政审判更加注重合法性审查，行政裁量问题长期游离在司法审查之外，导致行政行为形式合法实质裁量不合理的问题不能得到有效规制。[③] 再如，行政审判直接调整公民针对具体行政行为的质疑，而对具体行政行为背后的法秩序价值关注不够，维护法制统一的功能没有得到有效发挥，加之行政审判本身深深镶嵌在现实的权力结构之中，“先天发育不足、后天营养不良”，在职能发挥上往往持“保守”取

① 2015年5月1日至2016年3月31日，全国法院受理一审行政案件达到220259件，同比上升59.23%；仅2015年5月就受理一审行政案件2.6万件，同比上升221%。行政诉讼“立案难”的问题基本得到解决。参见最高人民法院行政审判庭：《做依法治国的实践者和捍卫者——人民法院实施新行政诉讼法一周年综述》，载《人民法院报》2015年5月11日。

② 胡玉鸿：《行政审判权的政治性》，载《法学》2004年第5期。

③ 1989年《行政诉讼法》规定行政处罚显失公正的可以判决变更，2014年修订后的《行政诉讼法》将行政行为“明显不当”纳入撤销判决的适用范围，进一步明确了行政行为合理性审查的空间和标准。

向，审判参与社会治理的杠杆功能受到严重稀释，导致司法权对行政权的规制功能全面萎缩。为了有效应对这种结构性矛盾，党的十八届四中全会从全面依法治国、建设法治政府的角度，对完善行政诉讼制度提出了全新的定位和要求，并迅即将这种要求转化为法律制度设计，于是有了2014年的《行政诉讼法》，全面强化司法权对行政权的规制功能，不仅在横向上拓展受案范围、降低起诉门槛，而且在纵向上强化审查强度，确立明显不当、规范性文件一并审查、检察公益诉讼等新机制。通过一系列制度安排，行政权与司法权之间的结构性矛盾在顶层设计层面得到了有效缓解，行政审判参与社会治理的法治程度有所提高。

3. 转型升级

立足行政审判职能作用与治理体系和治理能力现代化之间的结构性矛盾，切实增强当事人公平正义获得感和行政审判公信力。行政审判角色定位与社会治理结构体系演进息息相关，社会治理结构和社会矛盾的运动变化，直接影响乃至决定行政审判的制度内涵以及行政审判观念、目标与行为方式。党的十九大提出了社会主要矛盾的新定位，① 将法治国家建设推向新时代，将增强“获得感”作为包括法治在内的各项事业的奋斗目标。这对行政审判功能提出了新的更高要求，不仅要求行政审判成为国家治理体系的重要载体，还要立足于人民主体地位，从过去注重制度完善和客观评价依法行政，向满足人民日益增长的公平正义需求转变。正是在这个意义上，党的十九大不仅开创了国家建设发展的新时代，而且对行政审判来说，也堪称开辟新纪元，行政审判职能定位更上一层楼，不仅要解决个案纠纷，还要参与社会治理，确立行为规则；不仅要保障相对人合法权益，还要让相对人感受到公平正义；不仅要监督行政机关依法行政，还要为行政机关施政确立行为规则和标准，通过参与国家社会治理现代化进程，促进社会结构主体之间的良性互动。只有通过行政审判的良好运行，带来了当事人权利和能力实现的最大化，让社会成员普遍感受到制度优越感、幸福感的时候，社会才进入和谐发展的善治状态。②

---

① 党的十九大报告指出，中国特色社会主义进入新时代，我国社会主要矛盾已经转化为人民日益增长的美好生活需要和不平衡不充分的发展之间的矛盾，人民美好生活需要日益广泛，不仅对物质文化生活提出了更高要求，而且在民主、法治、公平、正义、安全、环境等方面的要求日益增长。

② 江必新：《论实质法治主义背景下的司法审查》，载《法律科学》（西北政法大学学报）2011年第6期。

（二）演进趋势

从行政审判制度运行情况分析，不难看出我国行政审判职能定位的演进趋势。这种趋势，既是对过去经验的梳理，实际上也蕴含着对未来的启示。

1. 从问题导向逐渐转向目标导向是行政审判职能发展的内在逻辑

在行政诉讼制度发展历程中，司法解释或政策发挥了重要作用，也是观察行政审判发展轨迹的重要风向标。不论是1991年的“试行”司法解释[①]，还是2000年的“98条”[②]，以及保护诉权、管辖、撤诉等一系列司法解释或政策，都是与转型时期社会治理模式和能力相吻合的，也都是围绕保护公民权利、促进依法行政方面存在突出问题而开出的“药方”。通过努力，在一定程度上解决了许多突出问题，尤其是困扰行政审判发展的难题。从十八届三中全会提出国家治理体系和能力现代化的课题起，尤其是党的十九大开启了国家治理和法治建设新时代，行政审判制度的发展方向和内在动力也悄然迈入了新阶段，要解决行政审判中的突出问题，问题导向仍是重要指引，但更加突出目标引领，即行政审判要实实在在、名副其实地成为国家治理体系的有机组成部分，不仅在个案中有效化解纠纷，确立规则，更要突出群众对公平正义的获得感，满足人民群众日益增长的对法治、公平正义的需求。

2. 权力与权利的结构性变革是行政审判职能作用发展的核心动力

行政诉讼制度运行的30年，是我国国家治理方式快速变革的30年，作出变革的领域和方面有许多，核心和实质是权力与权利关系模式的转变和演化。[③] 行政诉讼制度之所以得以建立，本身就是权力与权利格局演变的结果。随着国家治理方式的深刻变革，法律相继得到完善，放权于社会、放权于市场、放权于公民，使权利的疆域和范围不断拓展，政府权力行使的范围和条件日益严格，行政审判不论是受案范围的扩展，还是起诉门槛的放松，乃至审查标准的趋严，都是权力与权利关系结构深刻变革的反映。行政审判职能的演变或发展，既是自身内部公民诉权与司法权、行政权与司法权结构性运

---

① 1991年5月29日最高人民法院审判委员会第499次会议讨论通过《最高人民法院关于贯彻执行〈中华人民共和国行政诉讼法〉若干问题的意见（试行）》，与1989年《行政诉讼法》相配套，构成当时行政诉讼制度的主要框架。

② 1999年11月24日由最高人民法院审判委员会第1088次会议通过《最高人民法院关于执行〈中华人民共和国行政诉讼法〉若干问题的解释》，通过司法解释的修订在新世纪将行政诉讼制度推向新台阶。

③ 竹立家：《社会结构性改革说到底是权力结构和配置改革》，载《领导科学》2011年第21期。

动变化的反映，更是整个国家权力结构范围内政府与公民关系的直观写照。这种国家权力与公民权利的互动、博弈、演变，成为行政审判职能作用发展最为直接的核心动力。

3. 国家治理结构和目标的转型是行政审判职能作用发展的重要保障

行政审判职能如何定位以及在实际中发挥情况，固然需要行政审判自身在法律范围内守其职、尽本分，但更与国家治理结构与目标紧密相关。这是因为，行政审判的本质是调整权力与权利的关系，这正是一个国家民主政治最为敏感、最为核心的领域，堪称民主政治的晴雨表。只有国家向着民主法治的方向迈进，行政审判的环境才能优化，职能作用才能得到有效释放，参与国家治理的功能方能得以实现。法治是国家治理体系和治理能力现代化的重要依托，[①] 没有法治，很难说国家治理体系和能力实现了现代化。在法治建设中，法治政府又举足轻重、至关重要，而在法治政府建设中，行政审判的功能又不可替代。因此，可以说，行政审判职能作用的发展，既得益于国家治理结构和方向的进步发展，本身又在一定程度上促进和巩固国家治理结构和方向的发展成果。

二、结构性矛盾：行政审判职能定位的逻辑起点与重要议题

当前，我国经济社会发展迈入新时代，从传统计划经济向市场经济转型，社会从传统社会向现代化信息化社会转型，治理方式由传统模式向现代法治转型，这样的多重转型叠加推进，在世界上是没有先例的。新时代蕴含的全新发展战略和理念，并不仅仅是个名词和概念变化，而是社会结构和治理模式的深刻变革。“从政治学的角度看，国家治理体系和能力现代化标志着精良的制度安排、合理的结构设计和充分的绩效。”[②] 作为国家治理体系和结构的重要组成部分，行政审判职能作用的发挥，不仅有赖于自身制度系统的完善，还需要辅之以合理的制度结构，唯此才能取得良好的治理绩效。

（一）结构性矛盾：行政审判职能发展和重塑的逻辑起点

“社会结构变迁是为了满足社会各系统的需要，当社会结构不能满足社会

---

① 习近平在党的十八届四中全会上作《关于〈中共中央关于全面推进依法治国若干重大问题的决定〉的说明》。

② 王郅强、张晓君：《“结构性矛盾”与社会治理体系的构建》，载《行政论坛》2017 年第 2 期。

发展特别是社会系统的需要时，就要发生结构性变迁。”① 行政审判也一样，当行政审判内在结构不能符合社会治理需要时，结构性矛盾便凸显出来，并推动行政审判职能发展和重塑变革。从行政审判本质视角出发，行政审判不外乎由这样几种关系支配运行：一是权利与权力的关系，这是行政审判最为直接的调整对象，立足点在规制权力、保障权利，并受权力与权利关系演变的影响；二是权力与权力的关系，这是行政审判自身所处的结构性权力框架图谱，既包括立法权与司法权的关系，也包括立法权与行政权的关系，当然还包括行政权与司法权的关系，还在一定程度上包括更深层次上的政治权力与法律权力的关系；三是中央与地方的关系，这是行政审判最为独特的功能所在，行政审判最强调法律秩序，最注重法律至上，具有超越法律功能的政治整合功能，是维护中央政令统一的有效抓手；四是法律与政策的关系，这是行政审判最有特色、最能彰显价值、挑战最为巨大的调整领域，特别是在社会治理模式快速转型的当下，这对关系对行政审判职能作用的影响尤为突出。

这四组基本关系的矛盾运动，直接推动了行政审判制度的产生、发展和完善，行政诉讼职能作用的发挥又促进了这四组关系的优化发展。应当说，在不同时期，受社会资源总量的限制，国家顶层设计、国家权力主导推动结构性变革，仍是基本力量。在过去相当长一段时期内，通过制度完善、权力优化配置以及强力推动等方式，行政审判职能作用逐渐得到有效释放，公民权利保障程度日益加深，规制行政权力的效果也有所改善，官民矛盾调节阀作用有所加强。然而，在权利与权力、权力与权力、中央与地方关系格局中，深层次的结构性矛盾依然存在且张力持续，行政审判保护权利乏力、规制权力失灵、化解纠纷无力、维护法制统一吃力的“空转”现象仍然很突出，在立案登记制背景下尤为明显。因而，重构行政审判内在结构，优化行政审判外在环境，努力消除和化解“结构性矛盾”，进一步重塑和释放行政审判职能作用，是行政审判真正成为国家治理体系和能力现代化有机组成部分的重要使命。

（二）“结构性矛盾”中行政审判职能重塑面临的重要议题

随着社会主要矛盾定位的变化，行政审判内在结构变迁存在不适应经济

---

① 王郅强、张晓君：《“结构性矛盾”与社会治理体系的构建》，载《行政论坛》2017 年第 2 期。

社会发展变迁的地方，导致行政审判职能与国家治理体系和能力现代化要求以及增强相对人公平正义获得感之间“不平衡、不协调、不可持续”等结构性矛盾日益凸显，成为很多社会矛盾和行政争议的诱发因素。

1. 纠纷解决有效性问题

这是行政审判职能重塑面临的第一个问题，或许不是最为深层次的问题，但无疑是目前行政审判备受困扰的问题之一，即诉权保障有效性与行政审判职能发挥之间存在结构性矛盾。诉讼是为了解决纠纷的，天经地义，理所当然，不解决或不能有效解决纠纷的诉讼，不应当是我们所期待的制度。新行政诉讼法旗帜鲜明地提出了“解决行政争议”，为新时代行政审判职能作用提出了明确的方向。从2014年《行政诉讼法》实施以来的实践看，纠纷解决有效性问题似乎并没有得到根本的扭转和解决。

这方面的表现有多个方面，突出的主要在两个方面：一是在解决诉讼程序“空转”方面，有效性不足。行政审判化解行政争议的有效性，核心在于“能够在多大程度上满足公民的法律救济需求，能够在多大程度上取得合法权益保护的实效”①。实践中大量出现的反复诉讼、滥用诉权问题，往往都有早期纠纷处理不够彻底、化解不够有效的影子，也使得诉讼功能走到了有效性的反面。从北京市高级人民法院近5年的统计数据看，一人多诉情况时有发生，一人提起20件以上行政诉讼的原告达337人。其中，最多的一人起诉案件数达千余件，缘起于十年前搬迁报刊亭而产生的补偿纠纷没有得到及时有效权威的处理。“循环诉讼是公民诉累的典型，而公民在诉前、诉中、诉后遭受来自行政机关的不利益处境，则是行政审判制度目的迷失的典型表现。”②二是纠纷解决的针对性和圆满性不足，影响了行政审判职能作用的发挥，稀释了行政审判公信力。受传统行政行为合法性审查模式的影响，行政诉讼审查标的和标准类型化不足，制约了相对人获得周延而无漏洞的权利救济。这个问题突出表现在要求履行职责类案件中，法院经审理作出责令行政机关进行处理的概括判决，行政机关作出处理行为后，当事人如果不服还会再次提起诉讼，法院如果经审查认为处理行为违法还会撤销后责令重作，重作后是否回应

---

① 高家伟、卞建林：《公正高效权威视野下的行政司法制度研究》，中国人民公安大学出版社2013年版，第26页。

② 高家伟、卞建林：《公正高效权威视野下的行政司法制度研究》，中国人民公安大学出版社2013年版，第55页。

当事人的请求以及是否合法往往仍是未知数，还需要司法审查予以确认。简单的履行职责案件，有时候却需要在当事人、行政机关和法院之间循环往复好几次，其中诉累可想而知。此外，影响纠纷化解有效性的障碍，还有一个暗藏的“岛礁”，困扰了行政审判多年，迄今为止仍没有得到有效解决，即“赢了一阵子、输了一辈子”的问题。[①] 公民与公共行政的关系是日常的、基础性的，而与司法的关系则是临时的、应急用的，如果因为后者而妨害了前者，想必大多数公民会选择与前者保持“和睦”，也就是所谓的“忍气吞声”。[②]

2. 公平正义获得感问题

保护行政相对人合法权益，是行政审判的核心职能之一，在国家治理战略格局中也是人民主体思想的直接体现。党的十九大报告指出，“不断促进社会公平正义，形成有效的社会治理、良好的社会秩序，使人民获得感、幸福感、安全感更加充实、更有保障、更可持续”。“获得感”就此成为响彻中华大地的热词，短短三个字，有深度、有力度、有温度地表达了“以人为本”的深层价值。对于行政审判来说，“获得感”同样直指职能内核，阐明了行政审判履行职责使命的目标价值，精准回应了当事人对诉讼机制和审判职能的诉求，也是评价行政审判含金量的核心标尺。但在目前的状况下，行政审判职能离这一目标似乎还有些遥远，行政审判保护相对人合法权益，虽然诉权保障问题基本解决，在司法改革的加持下正在努力实现“能赢尽赢”，但由于行政审判所处的制度体系和实践环境，决定了这种获得感还远远不够，甚至有的时候，看似打赢了官司，也没有“获得感”，相反还有“被剥夺感”。

影响获得感的因素有许多，既有主观的，也有客观的，不一而足，除了传统诉累、司法环境制约之外，治理结构体系还存在深层次的矛盾：一是法院撤销被诉的对当事人的不利处分，还可以没有限制地进行重作，严重削弱了胜诉当事人的获得感。以行政处罚为例，在现行法律框架下，如果被诉行政处罚合法性存在问题被法院判决撤销后，行政机关除了不得以同一事实和

---

① 比如，在笔者办理的一起国有土地上房屋征收案件中，一个企业因起诉房屋征收决定胜诉，遭受了当地政府的各种刁难，房屋所有权证被“合法”注销，土地使用权证也差一点遭遇同样的命运，不仅企业经营不下去了，连获得法定补偿之路也是千难万阻，七八年时间，打了十几起官司，获得的补偿似乎还遥遥无期。

② 高家伟、卞建林：《公正高效权威视野下的行政司法制度研究》，中国人民公安大学出版社 2013 年版，第 41 页。

理由作出相同的行政处罚外，行政机关经过调查补充新的事实和理由还可以对相对人重新作出行政处罚乃至比被撤销的行政处罚更重但也不存在明显不当的行政处罚，如此一来，当事人在前一个诉讼中的“获得感”何来？胜诉了又有何意义呢？在这种情况下，胜诉的意义或许就在于，用个人的人力物力精力成本，借助法院行政诉讼的平台，帮助行政机关弥补执法漏洞，促进行政机关依法行政，完全是一个公益事业，对个人来说基本没有获得感，或者获得感只是在胜诉的那一刻。就拿笔者承办的苏某某诉中国证监会行政处罚案来说，法院以没有穷尽调查方式导致事实不清为主要理由撤销了1.3亿元的被诉处罚，[①] 但笔者特别担心的是，中国证监会重新完善调查后，如果要重新作出同样的处罚乃至法律裁量允许范围内更重的处罚，苏某某的获得感在哪里？即使苏某某再起诉，法院因没有发现其他违法之处而确认处罚合法，那么，法院的审判职能又如何保障当事人享有“获得感”？二是诉讼成本分担机制，严重影响了胜诉的获得感。虽然获得感不完全体现在看得见的物质利益方面，但物质利益无疑是获得感的有力支撑。在诉讼成本越来越高的情况下，如果胜诉当事人获得的只是“一口气”，而付出的却是沉甸甸的“真金白银”，即使当事人有精神上的获得感，那么这种获得感也会因此而大打折扣或者感觉得不偿失。比如有一类曾引起关注的案件，当事人申请行政复议，复议机关逾期未作出复议决定，当事人提起履行职责之诉，法院判决复议机关履行复议职责，当事人转而请求复议机关赔偿其在要求履行职责诉讼中包括交通费、复印费、差旅费等成本支出。如果不由复议机关承担，当事人赢得了不作为官司，却付出了看得见的诉讼成本，复议机关输了官司，除了违法评价和支付50元诉讼费外，却没有其他看得见的成本，输得不疼不痒。为了平衡这种输赢成本上的结构矛盾，法院曾尝试将这种诉讼成本支出纳入赔偿范围，但终因缺乏法律依据而没有得到权威支持。[②] 当然，除了这种看得见、摸得着的获得感之外，在越来越强调公平正义感受的时代，如何在行政诉讼中使当事人有更多受到尊重的获得感，也是不可忽视的重要议题。

---

① 参见北京市高级人民法院（2018）京行终445号行政判决书。

② 关于行政复议行为被法院确认违法，是否需要赔偿行政复议申请人在该诉讼过程中的成本支出问题的争议及其处理标准，具体可以参见最高人民法院（2015）行监字第2116号行政赔偿裁定书。

3. 权力规制实效性问题

监督和促进行政机关依法行政、建设法治政府，是行政审判的独特使命和价值，在我国行政权居于主导地位的背景下，更是如此。在一定程度上可以说，行政审判从诞生那天起，就背负着“控权”的使命，评价行政审判功能发挥得好不好的标准，往往取决于行政权是否得到了有效规制。今天行政审判所遭受的诸多质难，也都集中在规制行政权不足上，没有发挥制度设计和社会期待中“把权力关进制度笼子里”的功能。

一般来说，裁判的评价指引功能，是指行政机关的某一行为受到司法的否定性评价，该行政机关及其他行政机关在处理同类或类似问题时，会避免犯同样的错误。但在实践中，令人不可思议的是，很多行政机关乃至同一行政机关知法犯法、明知故犯、重复犯同样错误的情况屡见不鲜，行政审判的评价指引功能受到严重挑战和削弱。记得在一次行政审判座谈会上，某基层行政庭长坦言，有不在少数的行政机关负责人面对败诉判决公开宣称，败诉了也不怕，该干还得干，判赔偿也不怕，别说赔得都不多，关键是判赔多少都不差钱。此言令人愕然，形象却残酷地道出了行政审判规制评价指引功能的无奈、无助乃至无力之处。此乃其一。其二是惩戒功能因某些制度设计而形同虚设，甚至看似惩戒却成为诱导行政违法的动因。这集中体现在行政赔偿方面，现行赔偿直接损失的“填平补齐”模式，在一定程度上容易异化为行政机关违法的“护身符”。最为典型也为实践最为垢病的例子是征收补偿违法赔偿案件，本来国家征收补偿条例和行政强制法是为了规制行政权滥用，取消了行政强制搬迁，只能在法定条件下申请法院强制执行。[①] 但实践中，由于很多重点工程项目等不起、耗不起，在有些情况下，行政机关会无视法律的禁止性规定，在没有达成协议且征收补偿决定，尚未作出或尚未逾越法定起诉期限的情况下，依然违法行政，强制搬迁。法院判决确认强制拆除行为违法后，判决赔偿的标准是直接损失，其实质就是征收部门本该支付给被征收人的征收补偿款额，于是，行政机关用本来就该支付给相对人的价款，换来了少则半年甚至更长的期限利益，除了一个违法性评价外不会受到其他

① 《行政强制法》第十三条规定：“行政强制执行由法律设定。法律没有规定行政机关强制执行的，作出行政决定的行政机关应当申请人民法院强制执行。”《国有土地上房屋征收与补偿条例》第二十八条第一款规定：“被征收人在法定期限内不申请行政复议或者不提起行政诉讼，在补偿决定规定的期限内又不搬迁的，由作出房屋征收决定的市、县级人民政府依法申请人民法院强制执行。”

任何看得见的惩戒。在违法评价不会引发严重制裁或问责、土地期限利益又巨大的情况下，政府违法的成本就很低，违法评价和赔偿判决的规制功能微乎其微。此外，还有程序违法判决，看似对行政机关科以了特别高的要求和标准，[①] 督促行政机关注重彰显人的尊严的程序价值，但在缺乏配套制度的情况下，很难发挥有效的规制功能，这也是“重实体、轻程序”久治不愈的深层次原因所在。

4. 相对剥夺感问题

相对剥夺感[②]本来是社会学、心理学、政治学上的概念，但在行政审判中表现得尤为突出，对行政审判职能和公信力有较强的负面效应。公平公正是司法的生命线，“让当事人在每一个案件中感受到公平正义”，绝不仅仅是当事人在其所涉及的案件中感受到个案的公平正义，还需要在比较中感受到公平正义，也就是说，即使个案裁判合法公正，但如果经过比较和对比，同样不排除会产生“不公平”的情绪，这就是相对剥夺感问题在作怪。

这里面的结构性矛盾主要有：一是公平正义不仅局限于个案，而且还需要在比较层面上让人感受到。相对剥夺感总是在期望以及期望的不断比较过程中产生的。当人们的期望值或者认为应该得到的东西高于实际得到的东西时，往往就会感到失望和失落。比如，在征收拆迁案件中，在“拆迁致富”的舆论氛围下，人们往往会对征收补偿安置有很高的期待，社会普遍情绪也往往支持这种期待，而裁判是严格依法依标准作出的，很难满足这种高预期，这时当事人往往就会感觉受到剥夺。这也是这类案件申诉上访率高、服判息诉率低的重要原因。二是相对剥夺感往往是人们不断与其相应的参照群体相比较的结果，影响的不是个案的公正本身，而是人们对自身受到公平对待的感受。这方面，人们的被剥夺感是相对的，是与参照群体的比较中感受到的不公平对待。实践中，许多当事人总拿行政机关在处理其他同类乃至同样事情时的标准来说明对自己处理的不公，行政机关总是辩称如何处理其他人与

---

① 《行政诉讼法》第七十条第三项规定，行政行为违反法定程序的，判决撤销或部分撤销该行政行为，第七十四条第一款第二项规定，行政行为程序轻微违法，但对原告权利不产生实际影响的，可不撤销行政行为，但判决确认违法。

② 相对剥夺感是指个体或群体通过与参照群体比较而感知到自身处于不利地位，进而体验到愤怒和不满等负面情绪的一种主观认知和情绪体验，最早由美国社会学家在 1949 年提出，成为心理学、社会学、政治学以及经济学等领域的重要研究课题。参见熊猛、叶一舵：《相对剥夺感：概念、测量、影响因素及作用》，载《心理科学进展》2016 年第 3 期。

本案没有直接关联，司法审查标准也主要局限在被审查个案范围内，法院往往也会以“别管怎么处理别人的，关键看处理你对不对”作为应对之理。其实，这里当事人感受到的是比较产生的相对剥夺感，很难在个案范围内化解这种感受。[①] 因此，即使个案裁判是合法公正的，同样会产生不公正的感受，两种“正义”的内涵和范畴是迥异的，存在结构性的矛盾和冲突，这也严重制约行政审判职能作用的彰显。行政审判中相对人相对剥夺感的产生具有社会性，因为在快速转型的社会中，社会结构和治理方式尚处于变迁之中，本身就容易产生这种不满感受，行政审判作为社会治理机制的一环，自然也会反映这种感受。当然，行政审判中相对剥夺感的问题，除了有社会因素之外，还有行政审判的制度功能定位以及对外宣示超出了自身实际能力的问题，在一定程度上，不切实际地提高当事人对行政审判的期望值，作出许多无法实现的允诺，往往会导致这种相对剥夺感更加明显。

5. 制度角色与实际能力之间的结构性矛盾问题

行政审判在国家治理体系中的作用至关重要，承担着保护公民权利自由，监督依法行政，推动法治国家、法治政府、法治社会一体建设的重任。但由于我国目前还处于社会发展和治理模式深度变迁时期，行政审判自身能力尚未得到充分发挥，加之职能作用发挥所赖以支撑的经济社会结构和体制机制尚有不顺畅乃至掣肘的地方，行政审判司法环境虽较之过去有巨大改观和进步，但对于行政审判职能的有效释放和充分发挥所需要的环境和保障来说，仍有相当的距离，“以至于司法权在监督和制衡行政权的过程中，不但没有获得与自己的本质、目的与功能定位相称的地位安排和资源配置，反而不断失去自己的独立性和特殊性，甚至面临日渐萎缩、成为行政权之附庸的异化境地”[②]。

---

① 比如，在“证券欺诈发行第一案”的欣泰电气诉中国证监会行政处罚案中，欣泰电气提供了中国证监会针对财务会计文件造假而对其他上市公司作出的行政处罚决定，这些行政处罚都没有按照欺诈发行来处罚，因而欣泰电气通过比较认为对其适用欺诈发行条款来处罚明显不公平。法院审理认为，“对于欣泰电气在一审、二审程序中以中国证监会查处的其他案件为例说明本案定性不当的主张，由于欣泰电气所举案件中违法行为的性质和情节与本案并不具有可比性，且中国证监会在那些案件中处理合法适当与否也非本案审查范围，因而欣泰电气认为中国证监会定性不当的主张不能成立”。参见北京市高级人民法院（2017）京行终3243号行政判决书。

② 高家伟、卞建林：《公正高效权威视野下的行政司法制度研究》，中国人民公安大学出版社2013年版，第308页。

这方面的问题，突出表现在：一是行政审判维护法制统一功能没有得到有效发挥，削弱了在国家治理结构中的应有地位。行政审判直接调整官民关系，最容易发现地方违反中央政令、下位法违反上位法的问题，因此也最容易受制于地方治理格局。虽然多年来行政审判自身在努力增强抗干扰能力，交叉管辖、跨区划管辖等措施层出不穷，而且整个司法体制改革也在解决司法地方化问题方面迈出实质性步伐，行政审判依法独立行使审判权的能力有所增强，但不容否认，目前行政审判受制于地方的问题远没有根本改观，为地方利益“保驾护航”仍是职能作用的重要内容。二是行政审判维护法律权威的功能面临很难调和的艰巨挑战。在改革发展快速转型时期，直接调整公民权利义务的各类政策层出不穷，令人眼花缭乱，许多“红头文件”直接改变了法律上权利与权力的调整范围和方式，克减公民权利的各种“限令”一波接一波，即使法律上赋予了规范性文件一并审查的“尚方宝剑”，如何处理好法律与政策的关系仍非容易的事情。在这些方面，行政审判对推进国家治理能力现代化建设的功能角色最为突出也最受期待，法律上也并不缺乏权威支撑，但受司法体制机制影响和制约，实际能力与制度角色之间严重不匹配，因此备受质疑。

三、结构性变革：全面重塑行政审判职能的路径和着力点

从系统论角度来说，结构性问题从来都是整体性问题，结构性矛盾也必须在整体框架下解决。因此，为了顺应社会结构变迁的需要，在行政审判制度设计基本完备的情况下，必须以新时代社会主要矛盾判断为依托，紧紧围绕法治、公平正义获得感，以促进法治政府建设，提升行政审判公信力为目标，以消解行政审判内在“结构性矛盾”为逻辑起点，进一步强化行政审判职能“供给侧”改革，重塑行政审判职能框架，优化和强化行政审判在国家治理体系和能力现代化中的地位和作用。

（一）重塑理念，行政审判不仅要处理好个案纠纷，强化规则引领，而且要注重公共行政对话功能，促进社会良法善治

行政审判作为纠纷解决机制，最直接的目的和功能是解决行政争议，其实在这个最直接的功能之下，实质上还有更深层次的功能价值，需要行政审判在“案结事了”之外，在强化规则引领和公共政策协商功能方面发挥更加重要的作用。

1. 强化规则引领功能，塑造好争议背后的主体

行政审判的首要功能是在法律范围内公正处理好个案，给争议画上公平的句号。其实，审判处理纠纷，实质上是对纠纷背后的主体的行为给出法律上的评价，本质上是塑造纠纷背后的主体。[①] 行政机关和相对人是行政纠纷的基本构成主体，因而在处理行政争议的时候，行政审判不仅要看到纠纷如何处理，还要更深层次地思考，我们通过审判传递公正的声音到底是想塑造什么样的行政相对人以及什么样的行政机关？我们是通过个案裁判，引导行政相对人走向诚实守信、守法有责、谦逊包容，还是鼓励谎话连篇、目无法纪、没有责任感、没有包容心的行政相对人，如果我们的裁判只追求形式上的法律之治，而不管裁判对相对人良善行为的指引和引导，那么肯定是与法律的价值背道而驰的。对行政机关也一样，我们到底是想塑造诚信守法、阳光法治、公平公正、保护信赖的政府，还是纵容乃至诱导行政机关违法、欺骗、侵害相对人。这两个方面对个案裁判很难有看得见的指引作用，但却是裁判者内心的“红线”，是检验个案裁判在形式合法性基础上是否符合实质法治的重要标尺。如果没有这个实质法治观念的指引和评估，有的案件看似实现了法律上的正义，其实只徒具形式，实质上可能与法律的目的相悖，有损法律在社会发展中的价值。建设法治政府，绝不仅仅只是政府的事情，还需要行政相对人和政府共同相向而行，而这正是行政审判引领功能之所在。

2. 强化公共行政对话功能，促进社会良善治理

放宽视野，将行政审判放到国家治理体系和能力现代化进程中来考量，“行政审判绝非单纯地解释和适用法律规范的演绎或逻辑推理过程，而是一个包含着复杂的现实因素考量，因此蕴含许多制度变量、能动而又积极的政治决策过程”[②]。因而，有学者进一步指出：“行政诉讼本质上是一种在法院主持下的有关公共行政合法性的协商对话机制。在法院的支持下，行政机关与具有利益代表性的各方利害关系人，就与对被诉行政行为合法性有关的所有问题进行沟通、对话，力求在本案事实的认定和裁判规范的适用上达成尽可

---

① 正是在这个意义上，有学者认为行政审判具有一种公共政策协商机制的独到优势，扮演“公共精神学校”的功能，有利于培养冷静而又审慎的政治共同体意识。参见高家伟、卞建林：《公正高效权威视野下的行政司法制度研究》，中国人民公安大学出版社 2013 年版，第 341 页。

② 高家伟、卞建林：《公正高效权威视野下的行政司法制度研究》，中国人民公安大学出版社 2013 年版，第 315 页。

能被广泛接受而又坚定明确的共识。”[①] 可见，行政审判过程，绝不仅仅只是处理争议的过程，而是一种发现、提炼民意的过程，同时也是一种审查、矫正公共政策的过程，并且在双方协商对话过程中完成公共政策协商、参与国家治理的职能，或许才是行政审判职能重塑的核心方向。

（二）重塑自身，行政审判不仅要实现裁判的合法公正，而且还要实现看得见、容易接受和认同的公正，全面提升审判质效，夯实司法公信力基础

行政审判公信力的提升固然需要外部环境的优化和保障，但“打铁还需自身硬”，自身在现有体制机制和规范框架内实现公平正义才是关键。

1. 裁判不能仅仅追求合法，而要真正回归公正司法的本质

公正是司法的生命线。公正司法深入人心，乃至天天讲、时时念，但在实践中，在一定程度上却有一种异化的倾向和力量，即把公正司法简单庸俗化为“合法司法”，以为只要有看得见的白纸黑字的法律条文作为依据，裁判就是合法公正的，或者说，如果没有白纸黑字的法律条文依据，裁判就“不敢越雷池半步”。固然，法律规范在制定的时候，是希望扮演正义化身的角色的，在绝大多数情况下，“合法司法”也都是公正裁判，但尽管如此，“合法司法”与公正司法之间还是有天壤之别的，前者强调形式正义多一些，后者强调实质正义多一些，前者强调的是客观的外在法律评价，后者强调的是人的内心对法律的认同，后者的内涵要比前者丰富深刻得多，也更能反映法治的真谛以及人类选择法律之治的本源目的。“判断公共行政、甚至国家行政行为的正当性标准，已不能限于是否合乎法律规定，而要看行为本身是否赢得了足够的社会共识的支持从而具有社会正当性——这也是判断立法行为与司法行为自身是否正当的根本标准。”[②] 因而，在法治建设新时代，行政审判职能能否得到彰显，很大程度上取决于能否摆脱形式上的“合法司法”而走向更加强调公民内心认同的公正司法。

2. 突出当事人的主体性，实现看得见、容易接受和认同的公正

法谚云：“正义不仅应当实现，而且应当以看得见的方式得到实现。”只有让当事人和社会公众看得见、容易接受，才是真正的公正，这样的裁判才

---

① 高家伟、卞建林：《公正高效权威视野下的行政司法制度研究》，中国人民公安大学出版社 2013 年版，第 315 页。

② 宋功德：《行政法的均衡之约》，北京大学出版社 2004 年版，第 142 页。

能真正走进人们的内心，内化法律的规则和对法律的信仰。实践中，为何有些案件实体处理是公正的，却赢不得当事人的认同和对司法的信任？其中固然有多方面因素的影响，但更为根本的是让公正以当事人和公众看得见、容易接受和认同的方式实现做得不够好，即公正传递、展示得不够充分，比如程序公开、回应意识不足，听取当事人陈述辩论不够充分，回应当事人诉求和文书说理不够有说服力，等等。虽有程序，但为了程序而走程序的味道浓厚，虽有说理，但自说自话的味道浓厚，核心在于缺少对当事人主体地位的尊重。因而，行政审判通过个案积累司法公信力的方向，在于强化当事人在裁判过程中的主体性地位，“说服当事人的关键并不在于美妙的法律语言和玄妙的法律策略，而是在于当事人的主体性得到充分的尊重和体现，在于当事人以实质有效、理性的方式参与了本案裁判标准的发现过程，以与自己的诉讼主体地位相称的方式分享了本案裁判标准的制定权”①。

当然，做好任何事业，人都是第一位重要的。行政审判职能重塑的关键和核心，还在于重塑行政法官素养。行政审判不仅仅是纠纷解决和法律实施的机制，还是公平正义的传递平台，更是社会塑造机制。行政法官不仅仅需要有法律知识，还需要了解行政管理规律，具有独立性、专业性和远见性，深刻把握权力运行规律和洞察政治社会实现，以自己的敏锐眼光从具体案件事实中提炼出具有普遍意义的行为范式和法律原则。这是因为，即使一个最简单的行政案件，都是权利与权力的一次较量，涉及不同主体的利益博弈，也往往蕴含着价值的权衡和选择。如果没有正确的方向，即使法律知识再丰富、推理技术再精妙，也可能适得其反。

（三）重塑制度，行政审判不仅要挖掘现有制度资源，提升纠纷化解有效性，增强当事人的获得感，而且要拓展和优化其所依赖的制度体系，为弥合制度角色和实际能力之间的矛盾提供良好的制度基础

在法治体系中，行政审判不是孤立存在的，而是在一定制度群或制度体系中发生、发展和发挥作用的。重塑行政审判功能，用好用足自身制度资源和优化相应的制度体系，缺一不可。

---

① 高家伟、卞建林：《公正高效权威视野下的行政司法制度研究》，中国人民公安大学出版社 2013 年版，第 216—217 页。

1. 用好用足现有制度资源，切实将行政审判功能发挥充分

“天下之事，不难于立法，而难于法之必行。”解决行政审判面临的种种难题，首先要向现有制度资源要办法。《行政诉讼法》及其司法解释在诉讼程序上为此提供了较为完备的制度基础，关键是如何把这些制度落到实处，取得实效。为了有效化解行政争议，必须倡行行政诉讼类型化，有针对性地回应当事人诉求，形成无漏洞的权利救济机制，①激活民事争议一并解决制度，让其在行政诉讼制度中真正落地生根，减少民事行政争议交叉而产生的裁判矛盾、久拖不决甚至反复翻烧饼的现象。为强化对行政权力的规制效果，强化规范性文件一并审查机制，发挥裁判一案、引领一片的效果，切实把行政诉讼法对行政权全面从严要求的标准落到实处。为提升当事人的获得感，减少相对剥夺感，要进一步推进裁判方式改革鼓励倡导尽可能适用具体判决，给当事人的权利保障和行为预期提供明确指引，同时充分激活“明显不当”审查标准的适用，注重对比较正义的关注力度，减少相对剥夺感的产生。

2. 优化制度体系，为弥合制度角色和实际能力之间的矛盾提供坚实保障

优化制度体系，重新调整和配置权利与权力、权力与权力的关系，给权利更多空间、机会和保障。严格限制行政处罚等不利益处分的撤销重作，行政处罚因违法被判决撤销，一般应当禁止再对当事人进行二次评价和制裁，对国家利益和法律权威在其中的损害的关注，不是通过再次处罚当事人来实现，而是通过问责或警示违法执法的方式来避免国家利益和法律权威再因此类问题而受到损害。探索建立惩罚性赔偿机制，既让胜诉当事人有看得见的“获得感”，更让败诉行政机关有感受得到的“疼痛感”，有效扭转违法行政成本低乃至“诱导”违法的状况。实践中，有的地方法院已对此进行有效探索和尝试，亟待制度上予以承认。②此外，还要探索建立科学、理性的行政违

---

① 王振宇：《行政诉讼制度研究》，中国人民大学出版社 2012 年版，第 4—7 页。

② 比如，在刘美娟与北京市门头沟区人民政府赔偿一案中，北京市高级人民法院行政判决最后指出：“本院注意到，门头沟区政府针对刘美娟作出的征补决定被法院判决撤销的时间为 2013 年 12 月 20 日，涉案房屋被拆除于 2013 年 6 月 8 日，至今已逾五年。在这一过程中，门头沟区政府一直未再作出新的征收补偿决定，刘美娟虽对涉案房屋被违法拆除无任何过错但却一直未获任何补偿，并一直在为获得相应赔偿寻求法律救济，沉淀了大量的人力物力成本，对其境遇本院深表同情。为最大限度地保护刘美娟的合法权益，填补其因房屋被征收可能获得之补偿利益，并敦促行政机关在今后的房屋征收活动中依法行政、积极行政，本院另行酌定门头沟区政府赔偿刘美娟的其他损失共计人民币 20 万元。”这里酌定的 20 万元在一定程度上就具有惩戒性赔偿的性质。参见北京市高级人民法院（2017）京行赔终 62 号行政赔偿判决书。

法问责机制，既要坚持包容性标准，严格规范行政败诉问责的适用条件和标准，也要避免责任虚置，纵容知法犯法、明知故犯，让行政诉讼的规制指引功能“失灵”。总之，行政审判功能的充分发挥，仅靠行政审判自身是远远不够的，还必须依托设计精良、运行良好的制度体系。

当然，除了这些直接跟行政审判有关的制度之外，行政审判作为整个司法系统的有机组成部分，还直接受司法体制机制等制度的支配和影响，因此，这方面制度体系的完善和优化，自然也是有效释放行政审判功能的必然要求。

（四）重塑格局，行政审判不仅要提升自身的战略定位，还要协同各类法治建设主体，合力推动国家治理体系和治理能力现代化

行政审判最讲究格局。“行政诉讼本质是一种国家权力结构的设计，行政诉讼的存在及其运作无时不涉及权力的配置、冲突和协调，因此谋求运作良好的行政诉讼，既必须把行政诉讼置于宏观的权力结构图景中加以考察，又必须仔细入微地观察行政诉讼具体运作中的权力关系，否则难以实现对公民权利进行救济和行政权力予以制约的目的。”[①] 行政审判调整个案中的权利与权力关系是基础，还借由权利与权力关系调整权力与权力的关系，在立法主体多元、立法效力多层级的背景下，既维护法制统一，又尊重立法自主权，需要平衡把握；涉及中央和地方关系的调整，如何平衡维护中央权威、政令统一、法制统一与发挥地方法治探索和创新积极性的关系，如何在同层级冲突法律规范之间判断中央事权属性还是地方事权属性并以之选择适用适当的法律规范；涉及法律与政策关系的调整问题，尽管《民法总则》取消了政策的法源地位，[②] 但在政府快速转型和法律变革不同步的背景下，平衡法律与政策的关系，在行政审判中绝对是不可回避也无法回避的问题。这些关系平衡得好与不好，在许多疑难复杂案件中，是考量行政审判质效成色的重要指标。而且在疑难复杂案件中，平衡保障权利与监督权力关系，考量的因素往往是多元的、复效的，需要相应的格局和足够的智慧。缺乏对格局的准确把握，没有驾驭复杂案件的智慧，平衡不好权利与权力，司法审查范围时宽时

---

① 高家伟、卞建林：《公正高效权威视野下的行政司法制度研究》，中国人民公安大学出版社 2013 年版，第 201—202 页。

② 《民法总则》在起草过程中对法源问题进行了反复的研究和论证，最终规定了法律和习惯，删除了国家政策，但不作为法源，并不等于国家政策在调整法律关系和裁判中不发挥作用。参见沈德咏主编：《中华人民共和国民法总则条文理解与适用（上）》，人民法院出版社 2017 年版，第 154 页、第 163 页。

窄，司法审查标准畸轻畸重，司法审查尺度不统一，就会导致规则指引不可捉摸，乃至支离破碎，让人无所适从。而且，在调整权利与权力、权力与权力的关系结构中，行政审判只是法治格局中的一个支点，并不是全部，更不是万能的，因此，行政审判职能的充分发挥，仅靠单打独斗是远远不够的，还必须推进“权力协同监督”，充分调动立法、执法、司法、监察等各方面资源，将“单一主体的监督效力通过整合得到优化，各方积极协作，提升整体监督效能，使权力监督呈现‘1 + 1 > 2’的加和性，亦使监督体系更权威高效”,[①] 形成推进法治进步和国家治理能力现代化的合力。

四、结语

在新时代推进国家治理体系和能力现代化的进程中，行政审判功能独特，也面临着严峻挑战，需要重塑职能以有效地应对挑战。重塑职能，关键是在权利与权力、权力与权力的矛盾运动中，深刻把握行政审判职能的内涵、本质和动力机制，遵循司法规律有效化解行政争议，把切实增强公平正义获得感、有效避免相对剥夺感作为保障权利的重点，在尊重行政权运行规律基础上深层次高质量监督促进依法行政，有效平衡法治格局中权利与权力、权力与权力、法律与政策的关系，同时优化行政审判外部环境和体制机制。其实，重塑行政审判职能以及一系列配套变革，立足点是厘清规则，化解行政纠纷，处理好公民与政府之间的关系，实质上是重塑权利与权力、权力与权力的结构关系，借此优化国家治理能力和治理体系，促进社会良善治理。

（作者单位：北京市高级人民法院）

① 李靖、陈希：《权力协同监督：理论内涵、现实梗阻与实现路径》，载《行政论坛》2018 年第 4 期。

论检察机关提起公益行政非诉执行制度的架构

吴兴浩　宁　杰

【摘要】根据《行政强制法》的规定，没有强制执行权的行政机关申请人民法院强制执行其行政行为，应当自被执行人的法定起诉期限届满之日起三个月内提出。逾期申请的，除有正当理由外，法院不予受理。当行政机关无正当理由逾期申请强制执行，而行政行为所保护的法益属于国家利益、社会公共利益时，是否因行政机关的缺位使得上述法益得不到有效保护，存在较大争议。对此，目前存在救济失权说、行政程序重开说及行政公益诉讼说等观点，均未能从实质上依法解决问题。本文立足于"目的性扩张"法律漏洞填补方法，基于检察监督的功能和作用，从完善行政非诉执行制度的角度出发，探索出一条检察机关提起公益行政非诉执行的路径，以达到法益保护之目的。

【关键词】行政公益诉讼　强制执行　制度设计

《行政诉讼法》第九十七条规定，公民、法人或者其他组织对行政行为在法定期限内不提起诉讼又不履行的，行政机关可以申请人民法院强制执行，或者依法强制执行。《最高人民法院关于适用〈中华人民共和国行政诉讼法〉的解释》（以下简称《行政诉讼法解释》）第一百五十六条规定，没有强制执行权的行政机关申请人民法院强制执行其行政行为，应当自被执行人的法定起诉期限届满之日起三个月内提出。逾期申请的，除有正当理由外，法院不予受理。《行政强制法》关于行政机关申请法院强制执行也作了类似规定。然而，当行政行为所保护的法益是国家利益、重大社会公共利益，没有强制执行权的行政机关逾期申请又无正当理由时，是否可以因行政机关的缺位而使得对上述法益的保护成为行政相对人的"自然义务"，存在较大争议。从《行政强制法》《行政诉讼法》等法律的立法目的看，显然存在法律制度的缺位。为填补这一空白，在司法实践中，不乏有益尝试，也形成了一些有益的观点，但仍然未能从实质上依法解决问题。本文从司法实践入手，通过分析行政非诉执行制度存在的缺憾，以法的“合目的性”为视角，立足于“目的性扩张”法律漏洞填补方法，[①] 从完善行政非诉执行制度的角度出发对检察机关提起公益行政非诉执行制度作出探索。

一、观点争鸣：申请行政非诉执行的行政行为超过法定期限是否应当得到执行

《行政诉讼法》只规定了行政机关逾期提出行政非诉执行申请有正当理由的，法院可以受理。对于其他情形，则应不予受理。然而，当法院面对行政机关无正当理由[②]逾期申请执行，认为逾期的行政行为所保护的法益属于国家利益、社会公共利益时，法律的强制性规定便阻却了该利益的实现。那么，法益的重要性程度能否突破法律的规制另辟法律路径？对此，实务界形成了不同的理论分野，乃至不同的司法实践。主要有以下几种：

（一）救济失权说

救济失权说严格忠于法律规定，认为对于超过法定申请期限且无正当理由的行政非诉执行申请，法院应当不予受理。该学说系基于《行政诉讼法解释》关于申请期限及法律后果的规定，认为对逾期提出行政非诉执行申请的，除非行政机关存在不可抗力等法定正当事由，否则法院应当依据该司法解释的规定对其申请作出不予受理的裁定。其理由是，无法定正当理由，超过法定申请期限导致的法律后果是行政决定强制执行力的灭失，而灭失的直接后果是行政相对人可以“获得”不履行行政决定所设定义务的“权利”。例如，2015 年 3 月 19 日，延寿县公安局针对行政相对人盛某的治安违法行为作出延公（玉河）行罚决字（2015）145 号行政处罚决定书，对其处以 700 元罚款，后盛某未主动缴纳该罚款。2019 年 12 月 2 日，延寿县公安局向延寿县法院提交强制执行申请书，请求对其作出的治安罚款 700 元及处罚予以强制执行。法院经审查认为，《行政诉讼法解释》第一百五十六条规定：“没有强制执行

---

① “目的性扩张”的解释方法虽然通常用于解决个案中的法律适用问题，但适用于某一类高度相同的情形时，笔者认为也不失为一种有效的方法。

② 这里的“正当理由”应为程序上违法的免责理由，而非实体上的理由。

权的行政机关申请人民法院强制执行其行政行为，应当自被执行人的法定起诉期限届满之日起三个月内提出。逾期申请的，除有正当理由外，人民法院不予受理。”第一百五十五条规定：“行政机关根据行政诉讼法第九十七条的规定申请执行其行政行为，应当具备以下条件……（六）申请人在法定期限内提出申请……”据此，申请人超出法定期限的申请不符合受理条件，依照《行政诉讼法解释》第一百五十五条、第一百五十六条的规定，裁定不予受理延寿县公安局的强制执行申请。

（二）行政程序重开说

行政程序重开说认为，行政机关可以撤销因超过法定申请期限而丧失强制执行力的行政决定，并作出新的行政决定，在法定期限内向法院申请行政非诉执行。这一观点是借助德国《行政程序法》的“行政程序重开”理论，即行政机关针对已经不可争讼的行政行为重新开启行政程序，为了再次对该行政行为实体内容进行审查，并可能对该不可争讼的行为作出新的决定。[①]根据这一理论，既然因为超过法定期限已经不能申请行政非诉执行，且因为这一原因导致国家利益遭受潜在损失，那么行政机关可以从国家利益大于个人利益的角度，撤销原行政决定，并且作出新的行政决定，再就新行政决定申请行政非诉执行，以免受申请期限的束缚。[②]

（三）行政公益诉讼说

行政公益诉讼说认为，行政机关未在法定期限内申请行政非诉执行，给国家利益、社会公共利益造成损失，故检察机关可以采取行政公益诉讼的方式，诉请法院责令行政机关履行法定职责。根据《行政诉讼法》的规定，检察机关在履行职责中发现生态环境和资源保护、食品药品安全、国有财产保护、国有土地使用权出让等领域负有监督管理职责的行政机关违法行使职权或者不作为，致使国家利益或者社会公共利益受到侵害的，可以依法向法院提起公益诉讼。因此，“对于行政机关该申请不及时，符合公益诉讼条件的，

① Vgl. Kopp/Ramsauer, Verwaltungfahrensgesetz: VwVfG, 7. Aufl., 2000, §51Rn. 8. 转引自邱俐馨：《行政程序重开之研究》，台北大学2015年硕士学位论文，第8页。

② 目前，经笔者在裁判文书网、北大法宝等网站进行大量搜索，并未找到相关案例。可见，“行政程序重开说”目前仅存在于理论构想，并未形成司法实践。

可以向行政机关提出诉前检察建议”[①]。行政机关怠于履行申请行政非诉执行的法定职责即属于不履行法定职责，若该不履职行为导致国家利益、社会公共利益受到侵害，检察机关当然可以依法提起行政公益诉讼，请求法院判决行政机关履行强制执行法定职责。例如，2010 年 7 月，某县人民防空办公室监察大队在执法巡查时发现某粮油公司新建厂房 10000 平方米，但没有同步修建防空地下室。同年 7 月 13 日，某县人民防空办公室针对某粮油公司作出征收防空易地建设费 60 万元的决定。2011 年 1 月 21 日，某粮油公司缴纳了防空易地建设费 1.5 万元，剩余部分未再缴纳。后由于某县人民防空办公室工作疏忽，未向某粮油公司催缴剩余款项，亦未向法院申请行政非诉执行。因某粮油公司未再主动缴纳剩余款项，导致国家损失了 58.5 万元财政收入。2018 年 1 月 16 日，某县人民检察院作出检察建议书，催促某县人民防空办公室履行收缴职责。后某县人民防空办公室仍未将剩余防空易地建设费收缴到位。6 月 14 日，某县人民检察院向某县法院提起行政公益诉讼，请求判令某县人民防空办公室依法全面履行监管职责，对某粮油公司拖欠的防空易地建设费依法继续履行征缴职责，并确认某县人民防空办公室怠于履行监管职责的行政行为违法。法院经审查认为：“在法律没有赋予被告相应强制执行职权，且在被告也无法向法院申请行政非诉执行的情况下，显然判决责令其继续向某粮油公司履行追缴职责有强人所难之嫌，没有实际意义，故对行政公益诉讼起诉人要求被告对某粮油公司拖欠的防空易地建设费依法继续履行征缴职责等诉讼请求不予支持。”据此，法院判决：“确认被告未在法定期限内针对涉案收缴决定履行向法院申请行政非诉执行的职责违法，并驳回行政公益诉讼起诉人的其他诉讼请求。”

二、观点评析：以法实施的合目的性为标准的评价

法的目的性扩张理论适用的基础及核心要义是符合立法目的，即符合法实施的目的性。法实施的合目的性标准体现为，是否采取最有效的手段实现具体立法目的，并同时符合政治价值和法律规范性这两方面的要求。[②] 上述

---

① 姜广俊、张西明、刘玲：《完善对基层人民法院行政非诉执行检察监督途径的思考》，载《中国检察官》2019 年第 12 期。

② 裴洪辉：《合规律性与合目的性：科学立法原则的法理基础》，载《政治与法律》2018 年第 10 期。

三种观点与实践，分别从对法律的严格遵守、通过行政程序的再救济和行政公益诉讼救济的视角，力求现行法律制度从遵守、补救的角度对待已逾法定申请期限的行政行为，可以说作出了有益的尝试与选择。然而，均未达到立法目的所追求的意境。

（一）救济失权说可能导致国家重大利益受损

根据该说，当行政机关未在法定期限内申请行政非诉执行，则意味着强制执行权的灭失。但当行政行为事关重大国家利益、社会公共利益时，若放任行政相对人不履行行政决定所设定的义务，将对国家利益、社会公共利益造成重大损失，这显然不符合《行政强制法》关于维护公共利益的立法目的。如在第二个案例中，由于某县人民防空办公室未在法定期限内向法院申请强制执行剩余防空地下室易地建设费，导致国家损失了 58.5 万元财政收入。故当行政行为事关国家利益、社会公共利益时，让国家或社会公众为行政机关的怠于履职行为“买单”，从表象看是维护了法律秩序，一定程度上保护了行政相对人的“合法不履行”的权益，但从更大程度上违背了《行政强制法》“维护公共利益和社会秩序”的立法目的。

（二）行政机关怠于履职不符合行政程序重开的条件

对于撤销已不具有强制执行力的行政决定，并重新作出行政决定，然后在法定期限内向法院申请行政非诉执行的观点，其实质是借“行政程序重开”绕过《行政诉讼法》关于非诉申请期限的限制，赋予已丧失强制执行力的行政决定以强制执行权。制定非诉行政执行申请期限的目的，是以相对紧张且固定的期限，督促行政机关尽快履职，否则将面临履职不能的后果，体现了行政效率原则。以行政程序重开的手段赋予行政机关规避法定申请期限的权力，明显不符合立法关于督促行政机关履职的目的，使得该制度形同虚设。即使从德国《行政程序法》第 51 条第 1 款规定看，行政机关在下列情况下，须应相对人申请，决定是否对已获确定力的行政行为予以撤销或变更：（1）行政行为所依据的事实或法律情况已作出有利于相对人的变更；（2）具有新的证据方法，可导致产生有利于相对人的决定；（3）具有符合德国民事诉讼法规定的重新受理理由（民事诉讼的重审理由也准用于行政诉讼法）。程序重开既可依相对人的申请进行，也可由行政机关主动为之，以上关于当事人申请程序重开的条件，对行政机关依职权重开行政程序同样适用。[①] 最高人民法院的裁判文书也有类似观点。[②] 因此，根据“行政程序重开”理论和最高人民法院判例，只有当法律或事实出现有利于行政相对人的变更时，才可以遵循一定的程序由当事人申请或者由行政机关依职权重开行政程序，作出新的行政行为。而本文所讨论的情形是事实并未出现有利于行政相对人的变更，反而重新作出行政行为后，行政相对人可能因强制执行行为导致本来已经依法不需要强制履行的行政决定转为被强制执行，导致权益受损。重新作出行政行为有违《行政诉讼法》设置申请非诉执行期限的立法本意，亦不符合“行政程序重开”的适用条件，并非解决问题的出路。

（三）提起行政公益诉讼不能产生强制执行的实效

通过提起行政公益诉讼的方式对行政机关行政非诉执行申请进行监督的理念忽视了对行政决定执行监督之公益诉讼与行政诉讼理论的冲突。对于行政机关在作出行政行为过程中的违法履职或不履职产生的争议，需要法院围绕事实证据和法律解释展开审理和判断，应当纳入行政公益诉讼程序解决。但行政行为作出后申请行政非诉执行过程中的不履职只是生效行政决定的执行问题，不存在权利义务内容争议，不需要纳入行政公益诉讼。诉讼审判是对权利义务的确认和宣示，执行程序是对裁判所确定的权利义务内容的强制实现。[③] 不能混淆解决行政决定合法性问题的诉讼程序和保证生效行政决定内容实现的非诉执行程序。从检察监督的角度来说，应当坚持和遵守行政（公益）诉讼与行政非诉执行监督的界限，不能把生效行政决定的执行问题再次纳入审判程序，故检察机关提起行政公益诉讼既无法律依据，也无理论支撑。即使检察机关向法院提起行政公益诉讼，根据诉讼的相对性，法院只能判决行政机关履行行政职权，而不应直接判决行政相对人履行行政决定。行政机关履行行政职权的方式即向法院申请行政非诉执行，结果也是超过法定期限不予立案，形成悖论。第二个案例中，法院的判决结果实际上已经形成对检察机关以提起行政公益诉讼解决行政机关逾期未申请行政非诉执行路径的否定。所以，从司法实践看，检察机

---

① 高鸿：《行政程序重开的条件、处理及司法审查》，载《中国法律评论》2019 年第 3 期。

② 参见最高人民法院（2018）最高法行申 6188 号行政裁定书。

③ 王亚新：《通过强制执行的权利实现——执行程序的实际操作及其功能》，载《当代法学》2018 年第 1 期。

关提起行政公益诉讼既未达到其所追求的法律效果，亦未实现《行政诉讼法》关于维护国家利益、社会公共利益的立法目的，使诉讼程序落入“空转”。

三、检察监督：以保护国家利益、社会公共利益为价值观的路径选择

维护公共利益和社会秩序既是包括行政强制权在内的所有行政权的正当性和实施目的所在，也是以行政强制权为规范对象的《行政强制法》的立法目的。行政强制作为一类典型的行政权，其出发点是维持正常的行政秩序，保证行政决定内容的实现，体现对公共利益的维护。[①] 可见，保护国家利益、社会公共利益免受损害是《行政强制法》的重要立法目的。设立行政非诉执行制度也是为了依法实现行政行为所确定的义务，同时保护行政相对人的权益不受侵害。现有的法律制度不能解决因超过非诉申请期限而导致国家利益、社会公共利益受损的问题，因此，需要围绕“保护国家利益、社会公共利益”这一立法目的进一步完善制度，对法律制度的空白进行填补，在路径上作出选择。笔者认为，行政机关未依法积极履行申请法院强制执行的职责，是对公权力的侵害，且该侵害是一种客观存在、无须争议的事实。对行政机关该类失职的监督仍然属于检察监督的范畴。因此，要弥补这一法律制度的缺陷，完善行政非诉执行制度，还需发挥检察监督的功能和作用，以实现对国家利益和重大社会公共利益的保护。

（一）三个月法定申请期限不可突破的价值追求

从法的实效性角度看，设定行政机关提起行政非诉执行申请的期限能督促行政机关及时履职，同时，法院启动对非诉行政执行申请的审查又可发现较为严重的违法行为，促进被执行人权益保障，具有较强的必要性。三个月法定申请期限并非时效期限，属于不可变期间，《行政强制法》亦未规定中止、中断与延长等情形；从立法解释的角度看，立法机关认为行政机关申请行政非诉执行是出于公共利益，不同于民事案件出于处分私利的强制执行。为了提高行政效率，维护公共利益，行政机关应在一个不变的期间向法院申

---

① 乔晓阳主编：《中华人民共和国行政强制法解读》，中国法制出版社 2011 年版，第 3 页。

请行政非诉执行，因此三个月的期间没有中止、中断之说[①]。根据《行政诉讼法解释》第一百五十六条的规定，逾期申请的，除有正当理由外，法院不予受理。当行政机关仅因怠于履行申请行政非诉执行而逾期申请，显然不属于法律规定的正当理由。因此，《行政强制法》规定三个月的行政非诉执行申请期限有着重要意义，行政机关应当遵守，除因法定事由无权逾越。

（二）行政强制执行检察监督的路径选择

检察机关对行政行为强制执行的监督，根据行政机关强制执行权的有无可分为行政强制执行监督与申请法院行政非诉执行监督。对于有强制执行权的行政机关怠于履职的，检察机关可通过向行政机关或其上级机关发送检察建议、向监察机关移送违法线索等方式，督促行政机关及时行使权力，履行法定职责。而对无强制执行权的行政机关无正当理由怠于向法院申请强制执行的，则可参照《行政诉讼法》第二十五条第四款所架构的行政公益诉讼原理，对必须保护的国家利益、社会公共利益，赋予检察机关向法院提起公益行政非诉执行申请的权力，以弥补法律制度的缺位。

（三）检察机关申请公益行政非诉执行制度的法理基础

作为法律适用中的一种方法或技术手段，目的性扩张是一种基于实在法平台和个案展开方式，在立法目的的实现价值导控下，通过精致化和可操作性的方式去逐步实现正义的理性论证手段。[②] 目的性扩张是法律漏洞的一种补充方法，[③] 是因“立法上衡诸其立法意旨，乃放松其类型化，将之再予以抽象化，以兼容其他案型”[④]。法的目的性扩张理论的产生系因对法律“规则空缺”进行的以立法目的的实现为价值追求的价值弥补。目的性扩张的适用依据是法律目的，应当是以法律目的为要求而扩大适用范围，以充分实现法定规则，并避免无法正当化的评价矛盾。[⑤] 对因超过法定期限未被申请行政非诉执行的行政决定进行必要救济符合《行政强制法》“维护公共利益和社会

---

① 乔晓阳主编：《中华人民共和国行政强制法解读》，中国法制出版社 2011 年版，第 177 页。

② 徐建：《行政审判中“目的性扩张”适用的逻辑与限度》，载《西安交通大学学报》（社会科学版）2018 年第 38 卷第 5 期。

③ 刘士国：《法律漏洞及其补充方法》，载《人大法律评论》2010 年卷，第 209 页。

④ 黄茂荣：《法学方法与现代民法》，法律出版社 2007 年版，第 447 页。

⑤ 徐建：《行政审判中“目的性扩张”适用的逻辑与限度》，载《西安交通大学学报》（社会科学版）2018 年第 38 卷第 5 期。

秩序”的立法目的。同时，对因超过法定期限未被申请行政非诉执行的行政决定在特定情况下进行必要救济，具有法律明文规范的类型化特征升格的法律基础。类型化特征升格系对拟扩张适用的规定类型进行类型化升格，以将新的类型纳入该规定的范畴，以实现立法目的。

《行政诉讼法》第二十五条第四款规定：“人民检察院在履行职责中发现生态环境和资源保护、食品药品安全、国有财产保护、国有土地使用权出让等领域负有监督管理职责的行政机关违法行使职权或者不作为，致使国家利益或者社会公共利益受到侵害的，应当向行政机关提出检察建议，督促其依法履行职责。行政机关不依法履行职责的，人民检察院依法向人民法院提起诉讼。”该法条既明确了检察机关提起行政公益诉讼的情形，亦确立了检察公益诉讼制度，乃拟扩张适用规定之所在。对于检察机关提起公益行政非诉执行申请，可对该拟扩张适用的规定类型进行类型化升格，以将新的类型纳入该规定的范畴，实现立法目的。检察机关是我国法律的监督机关，维护公共利益是检察机关的宪法定位，[①] 维护国家利益、社会公共利益、消除违法状态是其本来的职责，[②] 对行政非诉执行行为进行检察监督亦是检察机关的职责所在。[③] 因此，检察机关可以作为受损国家利益、社会公共利益的“代表人”提起公益行政非诉执行申请，这与其职责定位是一致的。

四、路径架构：检察机关公益行政非诉执行监督权的法律规制

检察机关为保护国家利益、社会公共利益不受损害，可以对行政机关依法提起行政公益诉讼，以规制其行政违法行为。可见，行政公益诉讼制度“开辟了新的客观诉讼空间，有效填补了对公共利益提供保护的空白，较好维护了客观法秩序”[④]。当超过法定期限未被申请行政非诉执行的行政决定所保

---

① 苏峰：《构建检察机关提起公益诉讼制度的理论证成与制度设计》，载《知与行》2015 年第 3 期。

② 蔡彦敏：《中国环境民事公益诉讼的检察担当》，载《中外法学》2011 年第 1 期。

③ 最高人民检察机关第七检察厅厅长张相军在刊登于《人民检察》2019 年第 3 期的《做实行政检察工作，提高行政检查监督质效》一文中提出，要深入推进行政非诉执行监督专项活动，围绕生态环境和资源保护、食品药品安全、国有财产保护、国有土地使用权出让等事关国家利益和社会公共利益的非诉行政执行活动，重点监督法院对行政机关的强制执行申请怠于立案审查，对明显违法的行政行为裁定准予执行，违法执行和解，滥用终结本次执行程序，以及行政机关怠于向法院申请行政非诉执行等问题，保护行政相对人合法权益和国家利益、社会公共利益，促进公正司法和依法行政。

④ 马怀德：《新时代行政公益诉讼制度的发展与实践》，载《公共治理》2019 年第 3 期。

护的法益因行政机关的过错不能得到司法救济时，检察机关如何行使检察监督权，尚需架构公益行政非诉执行制度予以规范。

（一）检察机关提起公益行政非诉执行申请的制度设计

1. 提起公益行政非诉执行申请的案件类型

突破行政非诉执行申请期限给予检察机关公益行政非诉执行申请权，使本已失去强制执行力的行政决定恢复执行效力，使行政相对人应当强制履行的义务“失而复得”，在一定程度上属于对其利益的“损害”。故应严格衡量国家利益与社会公共利益的重要程度，对于国家利益及社会公共利益的范围亦应严格限缩，以免形成检察机关随意提起公益行政非诉执行申请的局面，造成行政非诉执行申请主体及申请期限的“虚设”。公益行政非诉执行制度系以行政公益诉讼制度为基础进行类型化升格而构建的。鉴于行政公益诉讼旨在维系行政法律秩序和保护公共利益，仅在主体资格上从法律授权的角度作出形式上的要求而不必受到行政行为的现实侵害，属于客观诉讼范畴，[①] 公益行政非诉执行亦应以行政机关不履行申请行政非诉执行法定职责，致使国家利益或者社会公共利益受到侵害为前提条件，原则上不能超出行政公益诉讼所设定的行政管理领域。

2. 提起公益行政非诉执行申请的前置程序

检察机关提起公益行政非诉执行申请的前提是行政机关未在法定期限内履行申请职责，故理论上检察机关应当在行政机关履职期限届满之后方可提起公益行政非诉执行申请。与行政公益诉讼类似，检察机关确定行政机关存在怠于履行申请行政非诉执行职责的行为后，应先向有关行政机关发送检察建议。其作用主要有两个方面：一是当行政机关存在逾期申请的正当理由时，督促行政机关作出说明，并及时向法院申请强制执行；二是当行政机关无正当理由时，可要求行政机关依法履行催告职责，催告行政相对人履行义务。经催告仍不履行的，行政机关应当向检察机关移送相关行政决定文书、催告文书、送达证明等案卷材料，以便检察机关提起公益行政非诉执行申请。行政机关应当在一定期限内对检察建议作出答复。即使不作答复，若有充分证据证明行政机关怠于履行申请行政非诉执行职责，检察机关亦可直接提起公益行政非诉执行申请。

---

① 于敏、宋国强：《立足诉讼目的构建行政公益诉讼制度》，载《检察日报》2017 年 3 月 1 日第 3 版。

检察机关直接提起公益行政非诉执行申请前，应当向行政相对人履行催告程序，以督促其履行行政决定所确定的义务，并听取行政相对人的陈述申辩。

3. 法院对公益行政非诉执行申请的立案及审查

法院应当对检察机关的申请材料进行审查。除提交《行政强制法》第五十五条规定的应当提交的公益非诉行政执行申请书、行政决定书及行政机关对行政相对人的催告书等相关材料外，检察机关提起公益行政非诉执行申请因其特殊性，还应当向法院提交以下材料：一是向行政机关发送司法建议及行政机关答复的材料；二是行政决定所涉行政领域符合法律规定的证明材料。法院在立案环节主要是对检察机关提交的材料进行形式审查，确保所立案件上述材料齐备，以避免公益行政非诉执行申请的随意性，保障行政相对人的权益。

法院立案后，应当对检察机关提起公益行政非诉执行的理由进行审查，查明是否存在国家利益、社会公共利益遭受侵害的情形。同时，按照《行政诉讼法》及其司法解释的要求对行政行为是否存在明显缺乏事实根据、明显缺乏法律法规依据及其他明显违法并损害被执行人合法权益的情形进行严格审查，并依法作出是否予以执行的裁定。对于法院作出的裁定，应当赋予检察机关向上一级法院申请复议的权力。

（二）修法建议

综上所述，建议在《行政诉讼法》增加对检察机关申请公益行政非诉执行的授权条款，并对如何实施作出相应的司法解释。

1. 关于修改《行政诉讼法》的建议

建议在《行政诉讼法》第九十七条规定的“公民、法人或者其他组织对行政行为在法定期限内不提起诉讼又不履行的，行政机关可以申请人民法院强制执行，或者依法强制执行”后增加一款，作为本条第二款，即“前款中属于本法第二十五条第四款所涉行政领域负有监督管理职责且不具有强制执行权的行政机关，未在法定期限内向人民法院申请强制执行的，人民检察院可以向人民法院申请强制执行”。

2. 关于制定相关司法解释的建议

为明确检察机关提起公益行政非诉执行申请的程序及法院对该类案件的立案、审查标准，可制定相关司法解释加以规范。建议司法解释应当包含以下内容。

第一条　人民检察院在履行职责中发现行政机关存在《行政诉讼法》第九十七条第二款所规定情形的，应当向行政机关发送检察建议，要求行政机关对未申请法院强制执行的原因进行说明。

第二条　行政机关应当在收到检察建议书之日起两个月内作出如下处理：

（一）行政机关存在未申请人民法院强制执行正当理由的，应向人民检察院作出解释说明；

（二）行政机关无正当理由未申请人民法院强制执行的，应催告行政相对人履行义务。

经催告，行政相对人仍不履行的，行政机关应当向人民检察院移送相关行政决定文书、催告文书、送达证明等案卷材料，由人民检察院向人民法院申请强制执行。

行政机关未就检察建议作出答复的，人民检察院可自行催告行政相对人履行义务。经催告，行政相对人仍不履行的，应当向人民法院申请强制执行。

第三条　人民检察院向人民法院申请强制执行，由作出行政行为的行政机关所在地的基层人民法院管辖；执行对象为不动产的，由不动产所在地的基层人民法院管辖。

第四条　人民检察院向人民法院申请强制执行行政行为，应提交下列材料：

（一）向行政机关发送的司法建议及行政机关作出的答复；

（二）行政决定所涉行政领域符合法律规定的证明材料；

（三）《行政强制法》第五十五条所规定应当提交的材料。

第五条　人民检察院依据《行政诉讼法》第九十七条第二款的规定提起强制执行申请，符合本解释及《行政诉讼法解释》第一百五十五条规定的，人民法院应当登记立案。

第六条　人民法院立案后，应当审查是否存在国家利益或者社会公共利益遭受侵害的情形，并根据《行政诉讼法解释》第一百六十一条的规定对行政行为进行审查，作出是否准予执行的裁定。人民检察院对人民法院作出的不予执行裁定有异议的，可以在收到行政裁定书之日起十五日内向上一级人民法院申请复议，上一级人民法院应当在收到复议申请之日起三十日内作出裁定。

（作者单位：江苏省镇江市中级人民法院）

行政诉讼案件受理条件的释明问题研究

齐爱平

【摘要】人民法院在行政诉讼中对受理条件的审查，涉及大量的释明工作，体现了对当事人诉权的保护和规范。在具体案件中法官对释明的范围、方式、限度如何把握，以及释明不适当如何进行救济，是司法实践迫切需要明确的问题。对受理条件释明的范围，建议以是否对当事人的程序和实体权利产生显著影响为标准，作应当释明与可释明的区分；对释明的方式，建议将释明及其内容以书面形式记录下来；对释明的限度，建议要与释明目的相统一，即保护权利与追求实质正义。对释明不适当的救济，建议按照对当事人程序和实体权利的影响程度分三个层次来处理。通过对以上释明边界的确定，使法院在受理条件审查时给予当事人必要且适当的释明指引，同时避免法院负担过重。

【关键词】行政诉讼　受理条件　释明

受理条件决定了案件能否进入法院门槛，是行政诉讼中首先需要判断的问题。不符合受理条件，诉讼就无从谈起，争议也得不到实质处理。鉴于行政案件中相当比例的原告诉讼实施能力较差，为了实质解决行政争议，提高诉讼效率，避免程序空转，在受理条件上给予其必要且适当的积极释明是法院应负的义务，也体现了司法为民、公正司法的价值要求。《行政诉讼法》和《最高人民法院关于适用〈中华人民共和国行政诉讼法〉的解释》（以下简称《适用解释》）中的许多条文明确或隐含了对释明的要求，但是对释明的范围、方式、限度以及对释明不适当的救济的规定并不全面，法官在实践中难以准确把握和适用，导致一定程度的释明不适当问题发生。释明的不适当可能影响到当事人诉权的行使，甚至影响到实体争议的处理。司法实践中，因不符合受理条件而裁定不予立案或驳回起诉的案件在一审案件中占比相当高，大量案件没有进入实体审查。[①] 对受理条件的释明问题进行研究，具有很强的现实意义和指导价值，是司法实践迫切需要明确的问题。本文将对最高人民法院涉及释明的再审裁判文书进行整理分析，在此基础上归纳出对受理条件释明的具体适用规则和逻辑，再结合立法和司法实践，分析得出相对完备的对受理条件的释明规则。

一、最高人民法院释明实践的整理分析

以“释明”为关键词在中国裁判文书网中检索，截至2019年10月26日，最高人民法院的行政裁判文书中，涉及释明问题的共2014份，包括裁定2008份、判决4份和驳回再审申请通知书2份。按照审判程序分，包括二审案件5件，再审案件27件，其他为再审审查案件。裁判文书按照年度分布如下：2013年1件、2014年4件、2015年25件、2016年246件、2017年711件、2018年728件、2019年299件。以2016年为分水岭，涉及释明的裁判文书急剧增加，既有立案登记制后受理案件数量爆发式增长、《行政诉讼法》修改后大量案件审级提高至中级人民法院的原因，也在一定程度上说明当事人对释明的关注和法院在受理条件上进行释明的普遍程度。

在2014份文书中，“释明”一词分别包含在一审、二审法院裁判理由、当事人再审申请理由以及最高人民法院本院认为部分。虽然其中少量文书因具有“司法解释明确了”等字样被放入检索结果中，但大多数案件存在法院曾作出释明或当事人认为法院应当释明的情况。为了便于研究最高人民法院对释明如何适用，特别是对释明不适当问题如何救济，研究最高人民法院因涉及释明问题而提审的案件较为合适。从27件再审案件中选取在“本院认为部分”指出和回应释明问题的再审案件作为研究对象，样本共15份。剔除掉的文书包括：不涉及释明问题的文书（如含“司法解释明确了”字样），当事人再审申请中提到“释明”但法院没有回应的文书，以及一审、二审法院审理经过中有“释明”但在最高人民法院裁判理由中没有体现的

---

① 据《2018年山西法院行政案件司法审查报告》，2018年山西省法院裁定不予立案、驳回起诉、按撤诉处理案件占一审结案数的41.46%；据《2018年山东法院行政案件司法审查报告》，2018年山东省法院裁定驳回起诉案件占一审结案数的34.2%；据《2018年福建法院行政案件司法审查报告》，2018年福建省法院裁定不予立案、驳回起诉案件占一审结案数的32.96%。

文书。15 份文书全部为对受理条件的释明，这也凸显了行政诉讼中法院的释明主要集中于受理条件的审查中。具体见表 1：

表 1　裁判理由为涉及“释明”问题的简要理由

序号	案号	释明内容及情况	最高人民法院裁判理由及判决主文
1	(2018) 最高法行再 50 号	二审法院指定立案后，一审法院没有释明通知原告补正起诉状。	裁判理由：原告重新递交诉状时不能适用起诉期限 2 年的规定。原审法院以超过起诉期限为由驳回起诉，适用法律错误。 裁判主文：指定继续审理。
2	(2017) 最高法行再 17 号	被诉行政行为不明确，一审法院没有指导和释明。	裁判理由：诉讼请求不明确，一审法院应当给予指导和释明，要求其补正、明确被诉行政行为，本案一审、二审法院没有对基础事实查明和审理。 裁判主文：判决发回重审。
3	(2017) 最高法行再 31 号	原告诉讼请求不明确，一审法院未经释明即以超过起诉期限为由裁定驳回起诉。二审法院认为本案未超过起诉期限，但原告没有利害关系，维持了一审裁定。	裁判理由：原告诉讼请求不明确的情况下，一审未经释明即以超过起诉期限为由驳回起诉，诉讼程序违法，可能影响案件的公正审判，本院予以纠正。 裁判主文：指令一审法院对起诉重新进行审查，并进行指导、释明，要求明确被诉行政行为。经释明后，明确的被诉行政行为起诉符合法定条件的，应当依法继续审理。
4	(2017) 最高法行再 20 号	原告起诉时的诉讼请求不明确，一审法院没有给予必要的指导和释明，即以重复起诉为由裁定不予受理。	裁判理由：原告在起诉时的诉讼请求不明确，一审法院没有给予必要的指导和释明，即以重复起诉为由裁定不予受理，二审驳回上诉，维持原裁定，适用法律存在瑕疵。但最高人民法院予以释明后，其诉讼请求经审查，亦不符合法律规定的起诉条件。 裁判主文：维持原裁定。

续表

序号	案号	释明内容及情况	最高人民法院裁判理由及判决主文
5	(2019)最高法行再73号	一审法院认为错列被告，释明要求原告去基层法院起诉。	裁判理由：本案应当在立案受理后，在查明相关案件事实的基础上确定适格被告。一审径行裁定不予立案显属不当。即使在立案后开庭前发现被告不适格，不属于其管辖或者不宜由其审理，应当释明后裁定移送有管辖权的法院受理。 裁判主文：指定受理本案。
6	(2017)最高法行再18号	原告错列被告，法院没有释明告知，直接进行实体审查。	裁判理由：原告错列被告，法院没有释明，直接进行实体审查，程序违法。且本案认定事实不清。 裁判主文：裁定重新审理。
7	(2017)最高法行再49号	原审法院认为原告错列被告，且经释明仍拒绝变更，裁定驳回起诉。	裁判理由：原审法院释明错误，显属不当，依法应予纠正。 裁判主文：指令继续审理。
8	(2018)最高法行再99号	法院对被诉行政行为及适格被告等问题进行释明，原告坚持认为其起诉的被告适格且不同意变更本案被告。	裁判理由：一审以错列被告且拒绝变更为由裁定驳回起诉，认定事实不清，对于原告作出的释明指引缺乏法律依据，应予纠正。对复议决定的可诉性判断错误，认定事实不清、适用法律错误，亦应予以纠正。 裁判主文：指定继续审理。
9	(2018)最高法行再128号	对于错列被告，再审法院也应当释明。	裁判理由：撤销一审、二审判决后，就赔偿诉讼而言本案属于错列被告，本院本应按照该规定作出释明，并根据释明结果作出相应处理。再审申请人已就赔偿另案起诉，本案应裁定予以驳回起诉。 裁判主文：撤销一审、二审判决，裁定驳回起诉。
10	(2016)最高法行再61号	一审法院认为，复议维持的应当以原机关为被告，遂向原告释明告知其变更被告。	裁判理由：原告起诉的被告适格，以被告不适格为由裁定驳回起诉显属不当。 裁判主文：指定审理本案。

续表

序号	案号	释明内容及情况	最高人民法院裁判理由及判决主文
11	(2016)最高法行再90号	原告在同一案起诉原行为和复议行为，一审、二审法院认为属于共同被告，以不属于中院管辖为由裁定不予立案。	裁判理由：本案不属于复议共同被告情形，对于原行为，一审法院应当向起诉人释明可向有管辖权的基层人民法院提起行政诉讼，经释明仍坚持起诉的，可以依法不予立案，对于复议行为，应当立案。 裁判主文：指令对复议决定的起诉予以立案。
12	(2017)最高法行再22号	复议维持共同被告下，一审法院未释明要求追加被告，未释明另行向有管辖权的基层人民法院起诉，直接裁定驳回起诉。	裁判理由：一审、二审未释明直接裁定驳回起诉，处理方式确有不当，但当事人的诉权已通过直接到基层法院起诉的方式得以行使，无须指令再审。 裁判主文：维持原审裁定。
13	(2018)最高法行再114号	一审法院认为未经确认违法起诉要求赔偿于法无据，裁定驳回起诉。二审法院认为被告不适格，维持一审裁定。	裁判理由：二审法院即使认定被告不适格，亦应予以告知原告变更被告，在未予释明的情况下径行以此为由裁定驳回原告的起诉，亦有不当，本案符合赔偿诉讼的条件。 裁判主文：指令继续审理。
14	(2016)最高法行再105号	受理法院对不具有本案管辖权作了释明，告知去有管辖权的法院起诉。一审法院认为自收到释明函到再起诉已经超过了起诉期限。	裁判理由：本案无管辖权的法院在收到起诉状后，邮寄释明函和原起诉材料，告知向有管辖权法院起诉，不违反法律规定。但收到释明函六天后即向一审法院邮寄起诉状，没有怠于行使诉权，属于合理期限，不应因此承担不利后果。 裁判主文：指令继续审理。
15	(2019)最高法行再63号	法院未释明，引导原告通过单独提起行政赔偿诉讼程序实现自身主张。	裁判理由：出于实质性救济及便利救济的考虑，一审法院在起诉阶段可向起诉人释明，引导其通过单独提起行政赔偿诉讼程序实现自身主张，行政赔偿之诉适用两年的申请赔偿时效，原审法院以超过起诉期限为由不予立案错误。 裁判主文：指定受理本案。

以上文书涉及的释明内容包括对起诉材料的释明、对诉讼请求的释明、对被告的释明、对管辖的释明，以及释明引导当事人提起赔偿诉讼便于救济等。指出的释明不适当的情形包括怠于释明、释明不充分、释明错误等。

（一）对起诉材料的释明

对起诉材料释明的目的，是使当事人的起诉从形式上符合诉的基本要求，即符合《行政诉讼法》第四十九条和《适用解释》第五十四条的规定。对于起诉材料欠缺或有错误，法院应当给予指导和释明，并一次性告知补正。法院不释明、不一次性告知，按照《行政诉讼法》第五十一条的规定，可以向上级法院投诉，由上级法院责令改正。因法院不对起诉材料释明要求补正导致超过起诉期限是否也可能符合提起再审的条件，最高人民法院（2018）最高法行再50号裁定书中指出："一审法院没有及时通知原告补正起诉状，原告再次递交起诉状尽管时隔两年多，虽然不排除可能具有拖延诉讼的主观故意，但并不违反法律规定。一审法院认为超过起诉期限，裁定驳回起诉，适用法律错误，依法应予纠正。"当然，本案是二审裁定指令一审法院受理的特殊情形，不具有普遍性。

（二）对诉讼请求的释明

具体的诉讼请求是行政诉讼起诉条件之一。《适用解释》第六十八条规定了诉讼请求的主要类型，这是我国发展诉讼类型化之尝试。诉讼请求不具体，实践中主要表现为：完全没有书写诉讼请求；诉讼请求书写较为混乱，难以判断其真实诉求；诉讼请求针对多个独立、完整的被诉行政行为；诉讼请求围绕同一被诉行政行为，但包含多个请求且相互不能并存。[①] 对诉讼请求的释明，既包括法院协助诉讼能力不足的当事人在一个行政案件中恰当确定一个被诉行政行为，便于审查和救济，也体现了当事人对诉讼请求的选择权。当事人起诉多个行为或诉讼请求不明确，法院未经释明即裁定驳回起诉，构成程序违法，[②] 或适用法律存在瑕疵，[③] 若其中的某项诉讼请求符合受理条件，应当指令受理或继续审理。[④] 还有另外一种情形，当事人诉讼请求不明确时，法院未经释明直接进入实体审查，易导致相应的判决中遗漏诉讼请求，

---

① 章文英：《当事人诉讼请求不具体的裁判规则——兼谈对行诉解释第68条规定的理解》，载《法律适用·司法案例》2018年第8期。

② 参见最高人民法院（2017）最高法行再31号裁定书。

③ 参见最高人民法院（2017）最高法行再20号裁定书。

④ 参见最高人民法院（2017）最高法行再31号裁定书。

或者遗漏基本事实，[①] 可能影响到当事人诉权的依法合理行使。[②]

（三）对被告的释明

确定行政诉讼适格的被告，是原告和人民法院共同的责任和义务。[③] 在选取的案例中涉及对错列被告的释明案例最多，情形也较复杂。

1. 是否错列被告在立案阶段难以查明

案件起诉了多个被告，且在立案阶段并不能确定具体适格被告，应当进入实体审查来判断。最高人民法院（2019）最高法行再73号裁定书指出："一审在未经立案受理查明有关案件事实、尚不能确定政府是否是本案适格被告的情况下，即以错列被告为由裁定不予立案，二审维持一审裁定，认定事实不清，适用法律不当，应予纠正。"

2. 对错列被告不释明

案件属于错列被告的情形，但法院未经告知和释明，直接进行实体审查，属于程序违法。[④]

3. 对错列被告的释明错误

原告提起诉讼，法院认为错列被告并予以释明要求变更，原告拒绝变更，遂驳回起诉，经上级法院审查发现该释明错误，应予纠正。[⑤] 在这种情形下，即使原告依照法院的释明变更了被告，法院作出实体判决，也应当予以纠正。还有法院对被诉行政行为的可诉性判断错误，对诉讼请求和变更被告都进行了释明，经上级法院审查发现该释明错误，属于认定事实不清，对原告作出的释明指引缺乏法律依据，应予纠正。[⑥]

4. 对复议机关作共同被告的释明错误

复议机关作共同被告情形下，原告只起诉原行政机关或复议机关的，法院应当告知原告追加被告，不同意追加的，法院应当列为共同被告。一是未向原告释明追加共同被告，直接裁定驳回起诉，处理方式不当，影响当事人

---

① 参见最高人民法院（2017）最高法行再17号裁定书。

② 参见最高人民法院（2019）最高法行终1号判决书。最高人民法院认为："原审裁定未显示原审法院进行了相关指导和释明，有欠妥当，但从接下来对上诉人所提诉讼请求逐项分析的情况看，此种欠妥并未影响到上诉人诉权的依法合理行使。"

③ 参见最高人民法院（2018）最高法行申11236号裁定书。

④ 参见最高人民法院（2017）最高法行再18号裁定书。

⑤ 参见最高人民法院（2017）最高法行再49号裁定书。

⑥ 参见最高人民法院（2018）最高法行再99号裁定书。

对诉权的行使。[①] 二是法院对复议机关决定是否属于"维持"认识错误，将不属于共同被告的情形误以为是共同被告导致释明错误。[②] 这两种情形都需要通过再审进行纠正。[③]

5. 二审法院或再审法院发现错列被告是否应当释明，或不释明能否径行驳回起诉

最高人民法院（2017）最高法行申5617号裁定书认为："二审过程中发现被告不适格的，人民法院亦应当向原告释明。原告同意变更被告的，人民法院可以裁定撤销一审判决，发回一审法院或者指令有管辖权的法院重新审理；原告不同意变更被告的，人民法院才能裁定驳回起诉。"最高人民法院（2018）最高法行再114号裁定书认为："二审法院在未予释明的情况下径行以被告不适格为由裁定驳回起诉，亦有不当。"再审法院撤销原审判决后，发现本案属于错列被告，也应当予以释明处理。[④]

（四）对管辖的释明

很多错列被告的案件或经复议后再起诉的案件都涉及法院对管辖的释明，有的受理法院没有管辖权，有的违反级别管辖或专属管辖的规定，有的是当事人为了提级管辖故意只起诉复议机关。受诉法院没有管辖权的，法院可以向当事人释明后由当事人另行向有管辖权的人民法院提起诉讼，或者将案件直接移送至有管辖权的人民法院。[⑤] 只有当受诉法院没有管辖权，而当事人又坚持到受诉法院起诉时才能不予立案。[⑥]

（五）便于救济的指引释明

实质性化解行政争议是行政诉讼的立法目的和重要理念之一。释明指引原告去起诉更便利救济的行为也是法院释明的重要目的。最高人民法院（2019）最高法行再63号裁定书指出："出于实质性救济及便利救济的考虑，

---

① 参见最高人民法院（2017）最高法行再22号裁定书。

② 参见最高人民法院（2016）最高法行再90号裁定书。

③ 再审申请人许明法与被申请人广东省质量技术监督局行政复议决定案，案号为最高人民法院（2017）最高法行再22号，由于当事人的诉权已经通过直接到基层人民法院起诉的方式得以行使，遂维持原审裁定。

④ 参见最高人民法院（2018）最高法行再128号裁定书。

⑤ 参见最高人民法院（2017）最高法行再22号裁定书。

⑥ 江必新：《行政审判中的立案问题研究》，载《法律适用》2018年第3期。

一审法院在起诉阶段可向起诉人释明，引导其通过单独提起行政赔偿诉讼程序实现自身主张。”

二、法院对受理条件释明的边界

通过对上述裁判文书进行整理，得出释明的范围、释明不适当的情形以及具体适用规则虽不全面，但基本形成了对受理条件释明规则的框架。行政诉讼中的释明规则主要包括释明的范围、释明的方式、释明的限度以及对释明不适当的救济等。可以将释明的范围、方式、限度统称为释明的边界。法院进行释明在某一限度上是义务，在该限度以上称为权限，超过一定限度时则为违法。① 如果法院给当事人释明指引过少，相当一部分行政争议就会被卡在诉讼大门之外，实质解决行政争议就无从谈起。如果走向另一个极端，给法院的释明任务过重，又会使释明丧失其应有的灵活性，并在司法责任制的作用下形成对法官的沉重负担。② 界定释明的边界，首先需要澄清的问题是释明的性质。

释明的性质不仅是理论问题，而且会实质影响释明边界的确定，即是否存在一片缓冲地带，对这些事项释明或不释明取决于法官的自由裁量，而不会被判定为违反法律，不构成程序瑕疵。③ 行政诉讼案件对受理条件释明的性质应把握以下两点：

一是该释明是法院的义务。法院的释明究竟是权利还是义务，一直都有争议。我国虽然将释明表述为释明权，但并不意味着法官可为可不为。④ 法院对行政诉讼受理条件审查的目的，是更好地保护和规范当事人依法行使诉权，引导当事人合理表达诉求，促进行政争议实质化解。⑤ 行政诉讼要求有一定的受案门槛，而相当一部分原告诉讼实施能力偏低，导致“立案难”是法院长期解决的重要问题。《行政诉讼法》及相关司法解释中用多个条文规定了法院应当对当事人予以“告知”或“释明”的内容。“应当”反映了法

① ［日］谷口安平：《程序的正义与诉讼》，王亚军、刘荣军译，中国政法大学出版社2002年版。

② 任重：《我国民事诉讼释明边界研究》，载《中国法学》2018年第6期。

③ 姜世明：《民事诉讼法》（第3版），新学林出版股份有限公司2014年版，第614页、第620页。

④ 我国一般表述为“释明权”。参见沈德咏主编：《最高人民法院民事诉讼法司法解释理解与适用》，人民法院出版社2015年版。

⑤ 参见《最高人民法院关于进一步保护和规范当事人依法行使行政诉权的若干意见》。

院的一种义务，法官若不履行告知或释明义务，可能构成司法不作为。

二是该释明是法院的积极释明。释明可分为消极释明和积极释明。法院审理行政案件，对行政行为是否合法进行审查，并不局限于当事人的诉讼请求。行政诉讼的性质以及当事人双方诉讼实施能力不对等的现状，要求行政诉讼中的释明是以积极释明为主，同时也在审理过程中包括一定范围的消极释明。对受理条件的审查是法院依职权进行的，法院的释明显然只应当是积极释明。

（一）对受理条件释明的范围

释明的权源来自法定，即必须按照《行政诉讼法》及司法解释中关于受理条件释明的规定来确定。这些规定既包括明确的释明要求，也有隐含着释明内容的规则。

表2　《行政诉讼法》及《适用解释》中关于受理条件释明的相关规定

序号	条文	内容	备注
1	《行政诉讼法》第五十一条第三款	起诉状内容欠缺或者有其他错误的，应当给予指导和释明，并一次性告知当事人需要补正的内容。不得未经指导和释明即以起诉不符合条件为由不接收起诉状。	明示
2	《适用解释》第六条	当事人以案件重大复杂为由，认为有管辖权的基层人民法院不宜行使管辖权或者根据行政诉讼法第五十二条的规定，向中级人民法院起诉，中级人民法院应当根据不同情况在七日内分别作出处理……（三）书面告知当事人向有管辖权的基层人民法院起诉。	明示
3	《适用解释》第十三条	债权人以行政机关对债务人所作的行政行为损害债权实现为由提起行政诉讼的，人民法院应当告知其就民事争议提起民事诉讼，但行政机关作出行政行为时依法应予保护或者应予考虑的除外。	明示
4	《适用解释》第二十六条第一款	原告所起诉的被告不适格，人民法院应当告知原告变更被告；原告不同意变更的，裁定驳回起诉。	明示
5	《适用解释》第五十五条第二款	起诉状内容或者材料欠缺的，人民法院应当给予指导和释明，并一次性全面告知当事人需要补正的内容、补充的材料及期限……	明示
6	《适用解释》第六十七条第二款	起诉状列写被告信息不足以认定明确的被告的，人民法院可以告知原告补正……	明示

续表

序号	条文	内容	备注
7	《适用解释》第六十八条第三款	当事人未能正确表达诉讼请求的，人民法院应当要求其明确诉讼请求。	隐含
8	《适用解释》第六十九条第二款	前款所列情形可以补正或者更正的，人民法院应当指定期间责令补正或者更正；在指定期间已经补正或者更正的，应当依法审理。	隐含
9	《适用解释》第一百三十四条第一款	复议机关决定维持原行政行为的，作出原行政行为的行政机关和复议机关是共同被告。原告只起诉作出原行政行为的行政机关或者复议机关的，人民法院应当告知原告追加被告……	明示
10	《适用解释》第一百三十八条第二款	公民、法人或者其他组织请求一并审理相关民事争议，人民法院经审查发现行政案件已经超过起诉期限，民事案件尚未立案的，告知当事人另行提起民事诉讼……	明示
11	《适用解释》第一百三十九条第一款	有下列情形之一的，人民法院应当作出不予准许一并审理民事争议的决定，并告知当事人可以依法通过其他渠道主张权利……	明示

2017 年 8 月 31 日公布的《最高人民法院关于进一步保护和规范当事人依法行使行政诉权的若干意见》（以下简称《若干意见》），其中包括大量关于法院释明的条文，除对上表中部分条文细化外，主要还有以下具体规定：（1）对于当事人欠缺法律知识的，人民法院必须做好诉讼引导和法律释明工作。（2）人民法院发现没有管辖权的，应当告知当事人向有管辖权的人民法院起诉；已经立案的，应当移送有管辖权的人民法院。（3）要依法保障经济困难和诉讼实施能力较差的当事人的诉权。通过法律援助、司法救助等方式，让行使诉权确有困难的当事人能够顺利进入法院参与诉讼。（4）对于明显不符合法定起诉条件的起诉，对于违反“一事不再理”原则的起诉，人民法院依法不予立案，但应当向当事人说明不予立案的理由。（5）当事人针对行政机关未设定其权利义务的重复处理行为、说明性告知行为及过程性行为提起诉讼的，人民法院依法不予立案，并向当事人做好释明工作，避免给当事人造成不必要的诉累。（6）当事人对层级监督行为、内部指示行为等提起诉讼的，人民法院在裁定不予立案的同时，可以告知当事人依法直接对下级行政机关的行政行为提起诉讼。

从以上条文看，立法和司法解释对受理条件释明范围的规定较为完备，涵盖了实践中案件受理的大多数情形，而且有原则性的兜底条款。[1] 但法院适用时需要区分哪些属于应当释明的内容，哪些属于可释明的范围。应当释明但不释明的，法院需要承担一定责任或需要给予当事人一定程度的救济。可释明，则可视为是法官的一种据情自由裁量权。[2] 应当释明与可释明的范围并非按法条中表述为“应当”或“可以”来作为区分标准，而是以是否对当事人的程序和实体权利产生显著影响为标准，换言之，在不释明的情形下，法院是否需要承担一定的责任。如《适用解释》第十三条规定的“债权人以行政机关对债务人所作的行政行为损害债权实现为由提起行政诉讼的，人民法院应当告知其就民事争议提起民事诉讼……”虽然表述为“应当”，但法院如果不就此事项释明通常不影响当事人提起民事诉讼的权利。《适用解释》第六十七条第二款规定的“起诉状列写被告信息不足以认定明确的被告的，人民法院可以告知原告补正……”表述为“可以”，但结合《行政诉讼法》第五十一条第三款、《适用解释》第二十六条第一款的规定来看，此项属于法院应当释明的内容。

显然，界定应当释明的范围更为重要。在对前述最高人民法院 15 个再审裁判文书的整理分析中也得出了应当释明的大多数情形：（1）对起诉材料欠缺或有错误的释明；（2）对诉讼请求不明确的释明；（3）对错列被告或被告不适格的释明；（4）对管辖的释明。其中，对错列被告的释明不包括复议机关共同被告时只起诉某一机关的情形，因为法院即使未释明也应当依职权追加共同被告。可释明的典型情形是其他便于救济的指引性释明或对不予立案等情形的解释，如告知就民事争议提起民事诉讼，告知依法通过其他渠道主张权利，告知直接起诉赔偿等。需要指出的是，上述应当释明的范围并非一成不变，还应根据案件具体情况确定，仍以对当事人的程序和实体权利产生显著影响为判断标准。

（二）对受理条件释明的方式

从《行政诉讼法》和相关司法解释的条文表述看，释明的方式主要为

---

① 《最高人民法院关于进一步保护和规范当事人依法行使行政诉权的若干意见》第三条中规定，对于当事人欠缺法律知识的，人民法院必须做好诉讼引导和法律释明工作。

② 毕玉谦：《民事证据原理与实务研究》，人民法院出版社 2003 年版，第 498 页。

“告知”。告知可采用口头形式或书面形式。实践中，法官对受理条件的释明大多采用口头形式，也有少部分书面告知，如最高人民法院（2016）最高法行再105号裁定书中“一审法院制作的释明函”。但是否需要将释明及其内容以书面形式记录下来，实践中往往容易忽视。应当释明而法院未作释明，可能成为上一级法院责令改正或案件提起再审的原因，当事人可能因此而向上一级法院主张。释明的实施者是法官，证明法院已作了释明通常只体现在法院形成的书面材料中。上级法院审查“案件是否经过释明”，一般从原审裁判文书和庭审或询问笔录中查阅。如最高人民法院（2019）最高法行终1号判决书认为：“人民法院应当进行必要的指导和释明，以便协助诉讼能力不足的公民、法人或其他组织在一个行政案件中恰当地确定一个被诉行政行为。原审裁定未显示原审法院进行了相关指导和释明，有欠妥当。”因此，法院作过释明后，以释明函、告知书等书面形式记录，或者在庭审笔录、询问笔录、裁判文书中体现是必要的。

（三）对受理条件释明的限度

虽然法院进行多大程度的释明与当事人的诉讼能力有关，但仍需要符合一定的限度。如果对当事人提起诉讼的方式、预期结果、相关法律等释明不够，则不足以引导案件纳入实体审理，保护当事人的合法权益，而过度释明可能会影响当事人诉权的行使。确定对受理条件释明的限度，首先要明确释明的目的。

释明可以补充处分权主义和辩论主义之不足，旨在保护权利、实现实质正义。[①] 修订《行政诉讼法》的目的之一是解决“立案难”，《若干意见》的出台是以实质化解行政争议为目标，依法保障经济困难和诉讼实施能力较差的当事人的诉权，让行使诉权确有困难的当事人能够顺利进入法院参与诉讼。这说明，对受理条件释明的对象主要是诉讼实施能力较差的当事人，对受理条件释明的目的在于依法保障公民、法人和其他组织的诉讼权利，将符合受理条件的行政争议纳入行政诉讼予以解决，从而保障公民、法人和其他组织的合法权益。因此，对受理条件释明的限度应当与释明的目的相统一，即保护权利、维护实质正义。本文将“告知其依法通过其他渠道主张权利”等划分为可

① 严仁群：《释明的理论逻辑》，载《法学研究》2012年第4期。

释明的范围，是指对当事人的程序和实体权利不产生显著影响，而这种释明仍符合保护权利、维护实质正义的目的，应当在释明的限度范围内。

另外，释明在一定程度上还有宣教的目的，如向当事人说明理由，避免给当事人造成不必要的诉累等。特别是对滥用诉权、恶意诉讼等行为的规制上，最高人民法院（2019）最高法行申3602号裁定书认为："为制止滥诉行为，人民法院对于明显不属于行政诉讼受案范围的起诉，可以参照《适用解释》第五十五条第二款规定，由一审法院给予指导和释明，退回诉状并记录在册；坚持起诉的，书面通知不予立案并载明不予立案的理由。"

过度释明是指超越了释明的限度，即背离了保护权利、维护实质正义的释明主旨。这体现在对处分原则、中立原则的突破，通过释明误导甚至代替当事人处分了权利。法院对受理条件的释明极为广泛，释明不足是实践中的主要问题，过度释明则较为少见。

三、对受理条件释明不适当的救济

行政诉讼中对受理条件的释明，在不同阶段分别由立案庭法官和行政庭法官作出。法官对案件定性的准确性、适用法律的水平、对释明的理解，乃至法官的职业操守，都可能会造成释明的不适当。对受理条件释明的不适当情形主要有怠于释明、释明不充分、释明错误、过度释明等。释明的不适当如何救济，在《行政诉讼法》及《适用解释》中涉及较少。一是通过向上级法院投诉。《行政诉讼法》第五十一条第四款规定，对于不接收起诉状、接收起诉状后不出具书面凭证，以及不一次性告知当事人需要补正的起诉状内容的，当事人可以向上级人民法院投诉，上级人民法院应当责令改正，并对直接负责的主管人员和其他直接责任人员依法给予处分。二是通过二审或再审纠正。释明不适当会导致适用法律法规错误、严重违反法定程序、认定事实错误，根据《行政诉讼法》第八十九条或《适用解释》第一百二十二条、第一百二十三条予以纠正。另外，还有部分法院出台了内部规定进行规范，规定释明不适当的可以向法院纪检监察部门投诉。[①] 上述规定仅限于起诉材

① 《北京市第四中级人民法院登记立案释明规则》第五条规定："人民法院应当推进标准化释明，按照法律、司法解释规定的权限、范围、程序等标准化事项进行释明。当事人认为释明超过规定的权限、范围、程序的，可以向人民法院纪检监察部门进行投诉。"

料部分的释明，以及释明不适当达到了适用法律法规错误、严重违反法定程序等程度，对于其他释明不适当的情形当事人该如何进行救济，并没有具体规定。

通常权利受到损害才会产生救济问题，且有侵害必有救济。由于某一种释明不适当的情形，在不同案件中对当事人造成的损害基本不同，因此对释明不适当的救济应当按照对当事人程序和实体权利的影响程度来分层处理。

（一）释明不适当对当事人程序和实体权利造成严重影响

在法院应当释明的范围出现释明不适当情形，很可能会对当事人权利造成严重影响，选取的15份样本文书中大多数通过二审或再审程序来纠正。对于不予立案的情形，如果原告经过补正符合受理条件，也应当再次予以受理，使之重新进入诉讼程序。对于法院可释明的范围，一般不会对当事人权利造成严重影响，但也有例外。如给当事人提供便于救济的指引性释明，因释明错误，当事人根据指引无法得到救济，并导致再提起行政诉讼可能超过起诉期限或重复起诉的情形，可以通过法院内审判程序来纠正。

（二）释明不适当对当事人权利基本没有影响或影响极小

有很多可释明的情形更多的是一种宣教式、指引式、出于法律援助目的的释明，虽然可释明的情形下未释明、释明错误、过度释明，如果不影响当事人的主张权利的行使，对其利益没有产生实质性的损害，则不需要救济。

（三）释明不适当对当事人权利有一定的影响

“一定影响”是指没有达到需要通过法院内审判程序纠正的程度。有学者在民事诉讼释明问题研究中提出，可以通过释明异议来救济。[①] 不过，对于受理条件的释明问题上，给予释明异议进行救济并无太多必要。对受理条件释明的对象绝大多数是诉讼能力相对欠缺的当事人，也包括极少数可能构成滥诉的当事人，现有向上级人民法院投诉或向法院纪检监察部门投诉的渠道基本可以使当事人的权利得到保障。另外，可以在立法上赋予当事人释明请求权。当事人认为法官应释明而未释明，或者认为自己法律知识欠缺，可申请法院释明或就未释明作出合理解释，以弥补法院在可释明的情形下怠于释明的问题。

---

① 任重：《我国民事诉讼释明边界研究》，载《中国法学》2018年第6期。

但是，对于前述释明不适当的补救措施，应当充分认识其局限性：即使通过二审或再审撤销原裁判，释明不当造成的损失也已是既成事实。[①] 因此，避免造成当事人程序和实体权利损害的最上策是明确划定释明的边界，并能得到法官的自觉遵守。[②]

四、结语

人民法院在行政诉讼受理条件的审查中，释明已成为一项重要工作。面对诉讼实施能力参差不齐、形形色色的行政诉讼原告，确定一种普适的、刚性的释明标准显然不太合理。对受理条件的释明，是法院依职权履行的一项义务，也是法官据情自由裁量的范围。本文讨论了行政诉讼受理条件释明的边界及释明不适当的救济，试图通过对当事人诉权影响和法院责任的标准来界定“应当释明”和“可释明”的范围，探寻对受理条件审查中释明制度的立法目的来规范释明的限度，并提出按对当事人诉权影响程度予以分层救济的方式，力求为法官释明工作提供相对可借鉴的参考。

（作者单位：山西省高级人民法院）

① ［日］高桥宏志：《民事诉讼法：制度与理论的深层分析》，林剑锋译，法律出版社 2003 年版，第 362 页。

② 任重：《我国民事诉讼释明边界研究》，载《中国法学》2018 年第 6 期。

规划许可听证与听取利害关系人意见程序探究

姚爱国

【摘要】《行政许可法》中的听取利害关系人意见与听证都是听取当事人意见的程序，但就重大利益、重大利益关系的关联度而言，后者的盖然性超过前者。明确而直接的相邻人应当认定为利害关系人；在利害关系人不确定的情况下，可以采取公示、公告等方法“寻找”，但公示、公告不能代替告知程序，除非公示、公告中明确含有相关告知内容。听证会只是听取利害关系人意见的方式之一，而不是唯一，但选择其他方式不能规避《行政许可法》第四十七条的特别规定。规划方案听证后，只要未修改控详规划和方案内容的，规划许可时无需重新听取利害关系人的意见。

【关键词】程序公正　听证　重大利益关系　利害关系人

2019年1月29日，最高人民法院对河南省漯河市永冠房地产开发有限公司因诉漯河市人民政府行政复议决定一案作出行政裁定书，驳回永冠公司的再审申请。裁定书判理部分指出：“行政机关在作出建设工程规划许可决定前，应当查明该行政许可是否直接涉及许可申请人与他人之间重大利益关系。有重大利益关系的，应当依法告知申请人及相关利害关系人享有要求听证的权利……行政机关作出建设工程规划许可时，未告知利害关系人享有听证权利，未依法举行听证的行政许可，属于重大违反法定程序的行政行为。”① 该案纠正了一段时间以来有关行政许可听证及与其相关联的听取利害关系人意见程序的不当认识，对于规划许可实践具有较强的指导意义和警示作用。

一、听取利害关系人意见与听证

《全面推进依法行政实施纲要》（以下简称《实施纲要》）将“程序正

① 最高人民法院（2018）最高法行申4760号行政裁定书。

当”列为依法行政的六大原则之一，有关行政处罚、行政许可、行政强制等立法均将其作为基本价值取向。听取利害关系人意见与听证都是正当程序原则的重要内容。

（一）听取利害关系人意见

《实施纲要》确定了“不利行政决定听取当事人意见”要求。[①] 上述行政决定应当包括但不限于行政许可、行政处罚、行政强制等。行政许可中的听取利害关系人意见依据为《行政许可法》第三十六条，法条规定的是“应当”。显然，事先告知与听取意见均为行政机关的法定义务。具体要求有：

1. 告知的节点为“对行政许可申请进行审查时”，即申请与受理后至作出许可决定前。

2. 需要告知的情形为“发现行政许可事项直接关系他人重大利益”，即并非所有行政许可事项均需履行该程序，只有“行政许可事项直接关系他人重大利益的”才需要。“直接”，指不经过中间事物的，不通过第三者的；“关系”，指人与人之间、人与事物之间、事物与事物之间的相互联系；“重大”，指意义或事情的程度，大而重要。唯物辩证法认为，任何事物都不能孤立地存在，都同其他事物发生着联系。这里的联系是指事物的存在和运动所固有的、不以人的意识为转移的客观联系，是普遍联系。所以，唯有明确排除“直接”“重大”的利益，才能豁免该程序。然而尴尬的是，国家层面至今未见“直接”“重大”的具体规定或者解释。

3. 告知的内容为审查发现的该行政许可事项直接关系他人重大利益的基本情况，陈述、申辩等权利及其行使期限，怠于行使权利的法律后果等。

（二）听证

我国的行政听证包括行政处罚听证、行政许可听证、价格听证、规划听证、立法听证、重大行政决策听证等。行政许可听证有“依职权听证”[②]“依

---

① 《实施纲要》提出：“行政机关作出对行政管理相对人、利害关系人不利的行政决定之前，应当告知行政管理相对人、利害关系人，并给予其陈述和申辩的机会。”

② 根据《行政许可法》第四十六条的规定，该类听证事项事关公共利益，系行政机关主动发起，包括法律、法规、规章规定实施行政许可应当听证的事项，或者行政机关认为需要听证的其他涉及公共利益的重大行政许可事项。

申请听证”[①] 两种形式。关于“依申请听证”，法条规定是“应当”。显然，告知听证权与组织听证均为行政机关的法定义务。具体要求有：

1. 告知的节点为“在作出行政许可决定前”，具体起因为“行政许可直接涉及申请人与他人之间重大利益关系”。即并非所有行政许可事项均需履行“依申请听证”程序，只有出现“行政许可直接涉及申请人与他人之间重大利益关系的”才需要。同样尴尬的是，国家层面至今未有关于认定“直接”“重大”的具体规定。实践中，有的地方政府规章进行了界定[②]，但部委规章层面大多是对《行政许可法》第四十六条、第四十七条进行叠加处理[③]，行政规范性文件也基本如出一辙[④]。

2. 告知的对象为“申请人、利害关系人”。其中，“申请人”的概念、范围均十分明确，但“利害关系人”的概念、范围不确定。

3. 告知的内容为行政许可直接涉及申请人与他人之间重大利益关系的基本情况，听证权利及其行使期限，怠于行使权利的法律后果等。

（三）听取利害关系人意见与听证的联系与区别

行政许可法上的听取利害关系人意见与听证都是行政机关听取当事人意见的程序，存在若干联系之处，比如：两者都是正当程序原则的体现；两者的节点都是在作出行政许可决定前；两者都属于行政许可实施程序的重要内容，未依法实施均可能导致行政许可违法，等等[⑤]。

但也有明显区别：一是时间不同。听证是行政机关对行政许可已经形成

---

① 根据《行政许可法》第四十七条的规定，该类听证事项事关申请人与他人之间重大利益关系，因申请人、利害关系人提出听证申请而发起。

② 如《山东省实施行政许可听证办法》（山东省人民政府令第194号）第六条第二款规定：“前款第（三）项规定的直接涉及申请人与他人之间重大利益关系的行政许可情形为：（一）多人同时申请有数量限制的行政许可，不能满足所有申请人要求的（招标、拍卖等公平竞争方式取得行政许可的除外）；（二）准予申请人行政许可直接关系其相邻权人重大利益的；（三）对直接关系公共利益的特定行业的市场准入，准予申请人行政许可直接关系其他同业经营者重大经济利益的；（四）其他直接涉及申请人与他人之间重大利益关系的。”

③ 如《林业行政许可听证办法》（2008年8月1日国家林业局令第25号）第五条规定：“法律、法规、规章规定实施林业行政许可应当听证的事项，或者林业主管部门认为需要听证的其他涉及公共利益的重大林业行政许可事项，应当向社会公告，并举行听证。”第六条规定：“直接涉及申请人与他人之间重大利益关系的林业行政许可事项，林业行政许可申请人、利害关系人提出听证申请的，林业主管部门应当举行听证。”

④ 如原建设部《建设行政许可听证工作规定》第三条。

⑤ 姚爱国、陈发辉：《关于城市规划行政许可若干问题的思考》，载《规划师》2004年第9期。

审查意见，在作出行政许可决定前告知申请人、利害关系人；听取利害关系人意见则是在行政许可受理后至作出决定前均可。二是程序不同。听证是听取利害关系人意见的“顶级版”，具有法定性、程式性、辩论性等特点；而听取利害关系人意见则较为简便——听取的主体可以是审查该行政许可申请的工作人员，听取的方式也未见规定性要求。三是结果不同。根据《行政许可法》第四十八条的规定，行政机关应当根据听证笔录作出行政许可决定，因此，听证笔录对行政许可决定具有拘束力，“笔录以外无许可”是行政案卷制度的要求，而对于当事人的陈述和申辩意见如何处置，法律未予规定。

二、规划许可听取利害关系人意见程序实践

（一）听取利害关系人意见不容疏忽

《行政许可法》颁布施行后，有观点认为该法及相关法律法规对于何为“重大利益”未作出具体规定，因此“对于申请人和第三人来说，许多事关自身的利益都被认为是其重大利益，本法中将认定权授予行政机关，行政机关对此有一定的自由裁量权”。实践中有的案例也体现了这一思路，如《河北法制报》刊载的苗某与某市规划局建设用地规划许可行政复议案，复议机关认为：“由于该规定对何为‘直接关系他人重大利益的行政许可事项’没有作出具体规定，实践中需要由行政机关来辨明其行为是否‘直接关系他人重大利益’，也就使得将行政许可事项告知利害关系人成为行政机关的自由裁量权。如行政机关认为某项行政许可没有直接关系他人重大利益，就可以不予告知。”但亦有相反判例，如最高人民法院公布的环境保护行政案件十大案例中的“夏春官等4人诉东台市环境保护局环评行政许可案”提出：涉及民生利益的问题，不应排除在“重大利益关系”之外。①

规划许可直接关系相邻权益。《物权法》第八十九条规定：“建造建筑物，不得违反国家有关工程建设标准，妨碍相邻建筑物的通风、采光和日

---

① 盐城市中级人民法院（2014）盐环行终字第2号行政判决书认为：“对何谓‘重大利益关系’，我国现行法律、法规、规章以及司法解释虽无具体规定，但涉及民生利益的问题，不应排除在‘重大利益关系’之外。夏春官等4个家庭作为与本案审批项目直接相邻的利害关系人，应当认定与审批项目存在重大利益关系。环保机关在审查和作出这类事关民生权益的行政许可时，应当告知夏春官等人享有陈述、申辩和听证的权利，并听取其意见。”

照。”其中的“不得”属于禁止性条款，表明条款内的事项涉及重大利益关系，法律予以严格限制。因此，绝不能简单地认为重大利益的认定纯属自然资源和规划部门自由裁量权范围，并因此疏忽听取利害关系人意见程序的正确履行，导致规划许可违法。

（二）听取利害关系人意见、听证的交织与选择

如前所述，听取利害关系人意见与听证程序存在交织。但是，《行政许可法》第三十六条、第四十七条有两个细微差别，一是听取利害关系人意见针对的是“发现行政许可事项直接关系他人重大利益”，而听证针对的是“行政许可直接涉及申请人与他人之间重大利益关系”。即前者行政许可事项正在审查过程中，尚未形成审查意见；后者已经审查完毕，形成了初步审查意见。二是听取利害关系人意见是“直接关系”他人重大利益，而依申请听证是“直接涉及”申请人与他人之间重大利益关系。“关系”指人与人之间、人与事物之间、事物与事物之间的相互联系，“涉及”指关联到、牵涉到。“涉及”的盖然性理应超过“关系”。

在寻求对策中，我们对行政许可立法将听取利害关系人意见与听证两个程序并存的意图得到了解答：听取利害关系人意见较之听证，属于“门槛较低”的程序，具有简易性、便捷性特点，是“第一道关口”。规划许可中发现许可事项直接关系他人重大利益的，应当首先启动听取利害关系人意见程序。在对申请人、利害关系人所提意见进行核实后，若许可事项“直接涉及申请人与他人之间重大利益关系”，则启动听证程序，发挥“第二道关口”作用，依法、全面、审慎地保护各方当事人权益；若没有直接涉及，则可依法作出许可。

（三）参照行政处罚执法实践，同时进行行政许可事先告知和听证告知

《行政处罚法》第三十一条、第三十二条、第四十二条分别对行政处罚事先告知程序和听证程序作了规定。通说认为，听证程序针对的是重大行政处罚，需分别进行行政处罚事先告知、听证告知。考虑到执行的便捷高效，实践中对于适用听证程序的案件，往往一并进行行政处罚事先告知和听证告知，但听取当事人陈述申辩、听证则根据当事人选择分别进行。

行政许可法有关事先告知、听证告知的制度设计与行政处罚法具有高度相似性，因而，行政处罚告知的做法完全可以移到行政许可程序。规划许可

中，可将听取利害关系人意见环节稍作后移，在形成初步审查意见阶段，对“直接关系他人重大利益的”许可事项同时进行事先告知和听证告知。申请人、利害关系人有权进行陈述和申辩，有权要求举行听证，也可以在陈述和申辩的同时提出听证要求。

三、规划许可听证程序实践

（一）依职权听证

《行政许可法》第四十六条的规定主要包括“法律、法规、规章规定实施行政许可应当听证的”规划许可事项，以及规划许可机关“认为需要听证的其他涉及公共利益的”重大规划许可事项。后者属于自由裁量范围，不再赘述。实践中，“法律、法规、规章规定实施行政许可应当听证的”规划许可事项包括：

1. 国家层面。比如修改修建性详细规划、建设工程设计方案的总平面图①，审批历史文化街区、名镇、名村核心保护范围内的建设活动②，变更房地产开发项目规划方案等。

2. 地方层面。比如，《江苏省城乡规划条例》就在以下五个环节分别作了规定：

（1）选址意见书。第四十条第二款规定，可能对居住环境造成重大影响的建设项目，城乡规划主管部门在核发选址意见书前，应当以公示、听证会、座谈会等形式，听取利害关系人的意见。

（2）建设用地规划许可证。第三十六条第二款规定，城乡规划主管部门对改建、扩建项目在核发建设用地规划许可证前，应当采取公示、听证会、座谈会等形式，听取利害关系人的意见。

---

① 《城乡规划法》第五十条第二款规定：“经依法审定的修建性详细规划、建设工程设计方案的总平面图不得随意修改；确需修改的，城乡规划主管部门应当采取听证会等形式，听取利害关系人的意见；因修改给利害关系人合法权益造成损失的，应当依法给予补偿。”

② 《历史文化名城名镇名村保护条例》第二十九条规定：“审批本条例第二十八条规定的建设活动，审批机关应当组织专家论证，并将审批事项予以公示，征求公众意见，告知利害关系人有要求举行听证的权利。公示时间不得少于20日。利害关系人要求听证的，应当在公示期间提出，审批机关应当在公示期满后及时举行听证。”

（3）修建性详细规划、建设工程设计方案。第四十条第一款规定，城乡规划主管部门应当就下列建设工程的修建性详细规划、建设工程设计方案，以公示、听证会、座谈会等形式，听取利害关系人的意见：与居住建筑相邻，可能影响居民合法权益的；位于文物保护单位建设控制地带、历史文化街区和风景名胜区内的。

（4）建设工程规划许可证。第四十条第三款规定，核发建设工程规划许可证时，涉及修改修建性详细规划、建设工程设计方案的，应当重新听取利害关系人的意见。

（5）规划条件和规划许可内容变更。第四十五条规定，建设单位或者个人应当按照规划条件和规划许可的内容进行建设，不得擅自变更；确需变更的，应当向城乡规划主管部门申请，对房地产开发项目，除因公共利益需要外，申请变更的内容涉及提高容积率、改变使用性质、降低绿地率、减少必须配置的公共服务设施和基础设施的，城乡规划主管部门不得批准。城乡规划主管部门在审批变更规划许可前应当采取公示、听证会、座谈会等形式，听取利害关系人的意见。因变更规划许可内容给利害关系人合法权益造成损失的，申请变更的建设单位或者个人应当依法给予补偿。该条与《城乡规划法》第五十条的规定是一致的。

笔者认为，作为法律，《城乡规划法》理应具有原则性，不可能面面俱到。规划许可环节较多、流程复杂，与立项、用地、环评、施工许可等审批事项相互交错，地方立法进行配套制度设计，完全符合立法权分配原则，从实际需求看也值得倡导。实践中，一些规章以下的行政规范性文件亦对“依职权听证”作了规定，这些文件一经制定即应遵守。如广东省东莞市中级人民法院（2014）东中法行终字第47号至第50号行政判决书提出：“不管是……原东莞市城建规划局制定的《东莞市城建规划局城市规划行政许可事项公示暂行办法》第十四条，还是市规划局之后制定的《东莞市城乡规划局城乡规划管理事项公示办法》第十四条，都有规定‘当反馈意见较为集中、矛盾较大时，应当举行听证会’，故市规划局应当遵守自己制定的关于依职权举行听证会的规则。本案中，鸿怡花园26位业主均提出了楼间距问题，矛盾集中，抵触意见较大，且关系到上述业主及鸿怡花园C座业主的重大利益，市规划局应当举行听证会，但市规划局没有提交证据证明曾举行听证会，故市规划局作出涉案《建设工程规划许可证》存在程序瑕疵。”因此，自然资源和规划部门必须严格遵守自己制定的关于依职权举行听证会的规则，不能以该规则没有上位法依据或者严于上位法而作自由取舍。

（二）依申请听证

根据《行政许可法》第四十七条，主要适用于“直接涉及申请人与他人之间重大利益关系”的情形，具体由规划许可机关告知听证权利以及申请人、利害关系人申请听证发起。

1. 重大利益关系的认定。如前所述，国家层面至今未见“重大利益关系”的具体规定或者解释。实践中，一些地方的规划许可机关常以此为借口，强调重大利益关系的认定属于行使自由裁量权范畴，僭越事先告知和听证告知程序，规避司法监督。对此，一些判例已进行指正。如广东省韶关市中级人民法院（2011）韶中法行终字第3号行政判决书指出：“城市规划许可事项影响到利害关系人的房屋日照、通行、通风、采光、截水、排水等民事相邻权关系的，是重大利益关系，行政机关应履行听证告知程序。行政机关未告知听证便颁发许可证，其行为属违反法定程序行为。”最高人民法院（2018）最高法行申4760号行政裁定书指出：“根据本案原审查明事实以及河南省高级人民法院（2015）豫法行终字第00236号判决查明的事实，国庆氧气厂与涉案工程规划许可具有重大利益关系，且国庆氧气厂建设在先，涉案工程规划许可在后，漯河规划局应当告知国庆氧气厂享有要求听证的权利……漯河规划局在未告知许可申请人以及利害关系人听证权利，未充分听取各方意见、调查论证的情形下，作出涉案工程规划许可，其侵害的不仅是国庆氧气厂的程序性权利，且对国庆氧气厂的安全生产，以及涉案住宅的安全居住等实体性权利，都可能产生重大损害。据此，涉案工程规划许可行为不具有合法性。”

笔者认为，听证制度是现代行政程序法的核心。在规划许可中设立听证程序，目的是提高规划许可的公正性、公开性、可接受性。简单地认为重大利益关系的认定属于自由裁量权范畴，最终将会使听证制度落空。有学者对此已提出批评。[①] 因此，对于何为“重大利益关系”虽法无规定，也绝不可

---

① 万靖、胡俊辉：《行政许可中重大利益关系的认定》，载《人民司法（案例）》2013年第24期。作者认为：“行政机关自定标准，容易将涉及重大利益关系的事物主观臆断为不涉及重大利益关系而无需进行事前听证，既剥夺了申请人和利害关系人的知情权，也让他们无法救济，行政许可的公正性将备受质疑，申请人、利害关系人的合法权益无法有效保护，官民矛盾容易激化，不利于维护公共利益和社会秩序。”

薄唇轻言。在尊重行政机关首次判断权的同时，按照“司法最终裁决”原则，最终的认定权应归于司法机关。令人欣喜的是，有的地方已经进行了探索，通过行政规范性文件规定重大利益关系的具体情形。①

2. 利害关系人的认定。在法律、法规未对利害关系人进行界定的情况下，同样，有的地方已经进行了探索，通过行政规范性文件规定了利害关系人的具体范围。②

笔者认为，建设工程规划许可中，明确而直接的相邻人应当认定为利害关系人。但是，日照、通风、采光等间距又极具复杂性、技术性。有时，直接相邻的被遮挡建筑却满足日照标准，真正受到影响的是非直接相邻的建筑；符合日照间距系数却不满足日照标准，不符合日照间距系数却满足日照标准。因此，在利害关系人不确定的情况下，可以采取公示、公告等方法“寻找”利害关系人。③ 实践中各地实行的规划许可批前公示、批后公布做法，正是“发现”利害关系人的最为有效的方法。公示、公告后，未在规定的期限内主张权利或者因其他客观原因不能发现利害关系人的，应当豁免告知程序逸失的责任，因为规划许可机关已经穷尽发现利害关系人的全部方法手段。

---

① 如《重庆市规划局听证办法》第二十五条规定：“对已作出建设工程规划行政许可并进行销售的建设项目的修建性详细规划、建设工程设计方案的总平面图进行修改，涉及建设用地范围、地上建筑总规模、小区出入口位置，以及各期共有和共同管理的绿地、配套设施的规模和位置调整的，应当认定为涉及利害关系人（房屋购买人）的重大利益。”上述内容虽尚未全面，但已切中问题之要害。

② 如《重庆市规划局听证办法》第二十四条规定：“有下列情形之一的，应当认定为城乡规划行政许可中的利害关系人：（一）已作出建设工程规划行政许可并对房屋进行销售，对原规划行政许可内容进行变更的，已购买房屋的买受人；（二）依据依法审定的同一修建性详细规划或建设工程设计方案的总平面图，分期核发建设工程规划行政许可的建设项目，核发后期建设工程规划行政许可时，对修建性详细规划或建设工程设计方案的总平面图进行修改的，若后期与前期项目存在业主共有的权属关系，则已购买前期房屋的买受人应当认定为利害关系人；（三）市规划局及其分局实施规划行政许可时认为直接涉及其利益的其他相关人。”

③ 如《浙江省实施城市规划行政许可听证办法》第十八条第二款规定：“因行政许可事项可能直接涉及他人之间重大利害关系但利害关系人不确定的，城市规划行政主管部门应当在作出行政许可决定前在项目现场公示告知，也可以同时采取其他方式公示告知利害关系人享有要求听证的权利。”又如《温州市行政复议与行政审判联席会议综述》规定：“公示、公告后，未在规定的期限内主张权利或者因其他客观原因不能发现利害关系人的，应当视为城乡规划主管部门已经承担谨慎发现利害关系人的义务。”

四、相关问题的延伸思考

（一）听取利害关系人意见的方式选择

《城乡规划法》没有对听证会以外的其他形式进行具体列举，表明听取利害关系人意见的方式允许多样性。[①] 一些地方性法规也遵从了这一立法精神，如《江苏省城乡规划条例》第三十六条第二款、第四十条、第四十五条等均规定“应当采取公示、听证会、座谈会等形式，听取利害关系人的意见”。因此，一般而言，听证会只是听取利害关系人意见的方式之一而不是唯一；除了听证会以外，规划许可机关还可视情况选择“公示、座谈会等其他方式”。但是，选择“公示、座谈会等其他方式”不能规避《行政许可法》第四十七条适用听证程序的特别规定。也就是说，凡属于“直接涉及申请人与他人之间重大利益关系的”，在听取利害关系人意见的方式上除了听证别无选择。

（二）规划许可公示与听取利害关系人意见、听证的关系

实践中，各地均试行或者推行了规划公示制度，取得了良好的成效，有的地方还制定了专门规定，如《江苏省城市规划公示制度（2009）》。自然资源和规划部门一些同志认为，在办理建设工程规划许可证之前就修建性详细规划、建筑设计方案进行公示征询意见，意味着已履行了行政许可事先告知、听证告知义务。一些案例也持这样的观点，认为上述规定没有明确对行政许可申请审查过程中将行政许可事项告知利害关系人的方式。在实际工作中，行政机关能够知悉利害关系人的，可以直接向利害关系人转送行政许可申请书及申请材料；涉及不特定的多数人或者公共利益的，行政机关可以采取将行政许可申请及申请人的材料予以公告等方式。

笔者认为，听取利害关系人意见、听证是《行政许可法》规定的行政许可程序；规划公示是就规划方案征询公众意见，属于公众参与制度。两者虽有交集，但不属于同一范畴。住房和城乡建设部《关于印发〈关于城乡规划公开公示的规定〉的通知》将规划公开公示界定为“包括城乡规划及其修改、实施规划许可的批前公示和听证会、论证会等”。上述做法与《行政许

---

① 《城乡规划法》第五十条规定，城乡规划主管部门应当采取听证会等形式，听取利害关系人的意见。

可法》《城乡规划法》保持了一致。因此，以规划许可公示代替事先告知和听证告知的做法没有法律法规依据。但是，考虑到“重大利益”“利害关系人”的不确定性，如果在规划许可公示中增加“申请人、利害关系人有权要求陈述、申辩和听证”等内容，即可视为已经通过规划公示履行了事先告知和听证告知义务。遗憾的是，自然资源和规划部门的规划许可公示中鲜有上述内容。

（三）建设工程设计方案听证与规划许可听证的关系

建设工程设计方案是对规划条件的落实，直接指导具体项目的建设，除承载着城市功能完善、城市风貌塑造、城市品位提升外，还担负着公共利益、市场主体权益、利害关系人权益保护的重任，是工程建设中矛盾最为突出的环节。为了能够超前暴露矛盾、解决矛盾，确保建设工程规划许可的合法性，有的地方性法规规定了方案听证制度①。实践中，同一建设项目若已就方案进行听证，在核发建设工程规划许可证前是否需要再次组织听证？

笔者认为原则上不再需要。根据《城乡规划法》第四十条第二款规定，在建设工程规划许可程序中，规划许可机关应当对申请人提交的建设工程设计方案进行审查，符合控制性详细规划和规划条件的，核发建设工程规划许可证。方案审查是建设工程规划许可的核心环节，经审定的建设工程设计方案是规划许可的重要内容，与规划许可具有同等法律效力。可以认为，对方案进行的听证，实际上就是对建设工程规划许可的听证，方案听证后再对建设工程规划许可进行听证，必然造成听证程序的重复和空转，实无必要，也浪费行政资源，但涉及修改修建性详细规划、建设工程设计方案的，应当重新听取利害关系人的意见。欣慰的是，有的地方性法规已对此进行了科学的、周密的、可行的制度设计。②

（作者单位：扬州市司法局）

① 如《江苏省城乡规划条例》第四十条第一款规定：“城乡规划主管部门应当就下列建设工程的修建性详细规划、建设工程设计方案，以公示、听证会、座谈会等形式，听取利害关系人的意见……”

② 如《江苏省城乡规划条例》第四十条第三款规定：“核发建设工程规划许可证时，涉及修改修建性详细规划、建设工程设计方案的，应当重新听取利害关系人的意见。”即只要未涉及修改修建性详细规划、建设工程设计方案的，就不需要重新听取利害关系人的意见。

案例分析

行政机关履责遵循属地管辖原则

郭修江　林　路

【裁判要旨】

行政机关履行法定职责，遵循属地管辖原则。行政相对人申请行政机关履责，亦应遵循属地管辖原则向有管辖权的行政机关提出。越级提出履职申请的，实质上是行政相对人向上级行政机关的信访行为，而对当事人权利义务不产生实际影响的信访行为，不属于行政复议、行政诉讼的受案范围。

【案号】

一审：北京市第一中级人民法院（2019）01 行初 49 号。
二审：北京市高级人民法院（2019）京行终 3815 号。
再审：最高人民法院（2019）最高法行申 13872 号。

【案情】

原告（上诉人、再审申请人）：李清林。
被告（被上诉人、再审被申请人）：国家药品监督管理局。

2018 年 9 月，李清林向国家药品监督管理局（以下简称国家药监局）提交《申请送达举报反映“假药大案”受理立案通知书和查证情况处理意见书》，申请事项为：“一、送达该局药品稽查处受理申请人投诉举报‘假药大案’决定和立案决定通知书。二、送达举报反映安阳市食药局包庇制假人不依法查处违法行政侵民权益查证情况处理意见书。”

同年11月26日，国家药监局向李清林作出信访答复：1. 2000年你向药品监管部门投诉举报违法违规行为时，相关投诉举报管理办法尚未出台。现行药品投诉举报办理办法仅要求对不受理的举报告知投诉举报人。无论是当时还是现在，均无要求监管部门向投诉举报人出具“受理立案通知书”的规定。因此，我局无你要求出具的受理立案通知书。2. 对于你在现行药品投诉举报管理办法实施后的投诉举报，在未被告知不予受理的情况下，你可以依据有关规定，要求承办部门告知你处理结果。李清林不服，申请行政复议，请求：1. 撤销国家药监局于2018年11月26日作出的回复；2. 依法确认国家药监局交办有权处理机关市场司不依法出具受理立案告知单和查证打击“假药大案”涉嫌构成犯罪违法行为情况及处理意见书的行为违法；3. 责令国家药监局交办有权处理机关市场司送达受理立案告知单和查证打击“假药大案”涉嫌构成犯罪违法行为情况及处理意见书；4. 依法送达国家药监局对反映安阳市食药局和河南省食药局的诸多违法行政行为进行查证的情况及处理意见书；5. 责令其下级部门依法打击查处“假药大案”违法行为制假责任人和依法将涉嫌制假构成犯罪案件移交司法机关。2018年12月12日，国家药监局作出药监复不受字（2018）6号《行政复议不予受理决定书》（以下简称6号复议决定），以申请事项属于信访事项，不属于行政复议范围为由，决定不受理李清林的复议申请。2018年12月20日，李清林提起本案行政诉讼，请求撤销6号复议决定。

另查明，2018年8月6日，李清林以国家药监局不履行法定职责为由，提起另案行政诉讼。该案中，李清林诉称：自2000年开始，作为既是受害人又是投诉举报人的李清林，多次向国家药监局投诉举报平原制药厂的高学文制售假冒的本厂药品，李清林举报的假药已经销售至全国范围，属于全国大案，应由国家药监局负责查处。国家药监局曾分别于2003年10月13日、2004年6月10日、2007年2月12日接待李清林的走访，并多年多次受理李清林举报。但是，国家药监局在认定假药大案制假违法事实后，不依法履行法定职责，追究涉嫌制假构成犯罪的责任人的法律责任，不作出受理通知书，未将查处结果书面送达李清林。请求确认国家药监局不履行依法查处假药大案法定职责行为违法，责令国家药监局履行法定职责。2018年9月25日，北京市第一中级人民法院作出（2018）京01行初1240号行政裁定，以起诉超期为由，驳回李清林的起诉。

【审判】

北京市第一中级人民法院经审理认为，李清林在向国家药监局提出本案履责申请时，其诉国家药监局不履行查处“假药大案”法定职责的行政案件正在本院审理中。李清林在本案中提出的履责申请，包含在（2018）京01行初1240号案件的诉讼请求中。在此情形下，国家药监局针对李清林在本案中提出的履责申请作出信访答复，进而认定李清林提出的复议申请不属于行政复议范围，决定不予受理，并无不当。李清林提起的本案诉讼，明显不属于行政诉讼受案范围，不符合法定起诉条件，依法应予以驳回。依照《行政诉讼法》第四十九条第四项、《最高人民法院关于适用〈中华人民共和国行政诉讼法〉的解释》第一条第二款第十项、第六十九条第一款第一项规定，裁定驳回李清林的起诉。李清林不服，提起上诉。

北京市高级人民法院认为，李清林基于国家药监局对其申请所作回复不服申请行政复议，进而提起本案行政诉讼。但是，根据李清林的申请内容，并结合查明事实可以认定，李清林的申请实质上是以信访途径提出投诉请求，国家药监局对其申请所作答复，亦属于对信访事项的处理，对李清林的权利义务不产生实际影响。故李清林因对国家药监局回复不服提起行政复议，进而提起的本案诉讼，不属于行政诉讼的受案范围。依照《行政诉讼法》第八十九条第一款第一项的规定，裁定驳回上诉，维持一审裁定。

李清林仍不服，向最高人民法院申请再审。最高人民法院经审查认为，李清林举报他人制售假药违法行为，根据属地管辖原则，应当向违法行为所在地的县级人民政府药监部门举报，李清林直接向国家药监局举报，实质是向国家药监局的信访行为，药监局对其信访事项不作处理，不属于行政复议的范围。国家药监局作出6号复议决定，不受理其复议申请，本质上亦属于对信访事项的处理，不属于行政诉讼的受案范围。一审、二审裁定驳回李清林的起诉，并无不当。李清林主张，本案系全国重大影响案件，国家药监局是受理机关。但是，其主张没有法律根据。根据《行政处罚法》第二十条规定，除非有法律、法规另有规定，当事人举报应当向违法行为所在地的县级人民政府相关职能部门提出。是否属于重大影响，应由上级职能部门管辖，属于行政机关决定的事项，举报人没有权利确定行政机关对违法事项的级别管辖。以此为由申请再审，理由不能成立。

【评析】

本案的主要争议焦点在于，李清林申请国家药监局履责的行为应如何定性。《行政复议法》第二条规定，公民、法人或者其他组织认为行政行为侵犯其合法权益的，有权依法提出行政复议申请。也就是说，如果行政行为根本不可能侵犯公民、法人或者其他组织合法权益、对当事人的权利义务不产生实际影响的，不属于行政复议的受案范围。

参照《最高人民法院关于适用〈中华人民共和国行政诉讼法〉的解释》第一条第四项、第九项、第十项规定，驳回当事人对行政行为提起申诉的重复处理行为，行政机关针对信访事项作出的登记、受理、交办、转送、复查、复核意见等行为，以及其他对公民、法人或者其他组织权利义务不产生实际影响的行为，均不属于行政复议的受案范围。参照《最高人民法院关于不服县级以上人民政府信访行政管理部门、负责受理信访事项的行政管理机关以及镇（乡）人民政府作出的处理意见或者不再受理决定而提起的行政诉讼人民法院是否受理的批复》的规定，信访人对信访工作机构依据《信访条例》处理信访事项的行为或者不履行《信访条例》规定的职责不服申请行政复议的，因前述行为对信访人的权利义务不产生实际影响，不属于行政复议的受案范围。《行政处罚法》第二十条规定，行政处罚由违法行为发生地的县级以上地方人民政府具有行政处罚权的行政机关管辖。属地管辖，是行政机关管辖权分配的基本原则。根据《最高人民法院关于适用〈中华人民共和国行政诉讼法〉的解释》第十二条第五项规定，为维护自身合法权益向行政机关投诉，具有处理投诉职责的行政机关作出或者未作出处理的，举报人不服处理或不予处理行为提起行政诉讼，有权依法提起行政诉讼。适用该项规定的前提是，举报人要向具有处理投诉职责的行政机关举报。如果举报人违反属地管辖原则，向有处理权的行政机关的上级机关投诉，实质是向上级行政机关的信访行为，上级行政机关不履行对信访事项作出处理法定职责行为，对举报人的权利义务不产生实际影响，不属于行政诉讼和行政复议的受案范围。本案中，李清林举报他人制售假药违法行为，根据属地管辖原则，应当向违法行为所在地的县级人民政府药监部门举报，但李清林却直接向国家药监局举报，该行为实质是向国家药监局的信访行为，国家药监局对其信访事项不作处理，不属于行政复议的范围，其作出 6 号复议决定，不受理其复议申请，本质上亦属于对信访事项的处理，不属于行政诉讼的受案范围。一审、二审裁定驳回李清林的起诉，并无不当。

（作者单位：最高人民法院）

政府信息公开中“说明理由”的司法审查

景 象

【裁判要旨】

修订后的《政府信息公开条例》进一步细化了“说明理由制度”。违反信息公开说明理由可分为“无说明理由”“说明理由错误”“说明理由不充分”三种类型。“无说明理由”“说明理由错误”导致行政行为丧失其合法性，应予撤销；“说明理由不充分”需基于行政机关的补正情况再行评判其合法性。

【案号】

一审：重庆市第一中级人民法院（2019）渝01行初75号。

【案情】

原告：重庆劲松法律咨询服务有限公司。

被告：重庆市沙坪坝区人民政府邮寄。

2019年6月26日，原告重庆劲松法律咨询服务有限公司向被告重庆市沙坪坝区人民政府邮寄《信息公开申请书》，申请公开事项为：要求区政府将沙坪坝区覃家岗镇新桥村原石壁山社、龙洞湾社、黄桷凼社、凤鸣山社、百佳坡社、荒沟社这六个社的历年被征土地与其签订的《征地补偿协议》及划拨款项的信息。2019年7月8日，重庆市沙坪坝区人民政府根据该申请作出《政府信息公开告知书》，主要载明：你司提交的申请内容是国土资源管理部门负责制作或保存的，按照《信息公开条例》第三十六条规定，请你司向沙坪坝区规划和自然资源局进行申请。原告遂提起诉讼要求撤销该《政府信息公开告知书》。

【审判】

重庆市第一中级人民法院经审理认为，根据《政府信息公开条例》第三十六条第一款第五项的规定，所申请公开信息不属于本行政机关负责公开的，告知申请人并说明理由；能够确定负责公开该政府信息的行政机关的，告知申请人该行政机关的名称、联系方式。被告所作《政府信息公开告知书》程序合法、结论正确，但“说明理由”部分较为欠缺，应按《土地管理法实施条例》第二十五条的规定对市、县人民政府、土地行政主管部门在集体土地征地中的职责作出阐述并予以区别，故对案涉《政府信息公开告知书》说明理由部分予以指正。经审查，原告要求被告公开其申请政府信息的理由不能成立，故判决驳回原告重庆劲松法律咨询服务有限公司的诉讼请求。

判决书送达后，原被告双方均未上诉，该判决已发生法律效力。

【评析】

政府信息公开说明理由制度隐含在个别条文中，且规定较为简单，致使行政机关在履行职能时说明理由观念不强，常在公开过程中忽视甚至违反该制度。综观理论学界及司法实务界，对政府信息公开中的说明理由制度尚未充分梳理及论述，笔者结合本案实际，探讨行政机关在政府信息公开中违反说明理由制度的类型及相应的司法审查及裁判。

一、政府信息公开中的说明理由制度

说明理由制度是一项重要的行政程序制度，指行政主体在作出影响相对人权利义务的行政行为时，须向相对人阐明该行为的事实依据、法律依据及裁量依据。因我国未制定行政程序法，说明理由制度系统性不足，散见于各法律法规中，在《行政处罚法》《行政许可法》中均有所体现。如《行政许可法》第三十八条第二款规定：“行政机关依法作出不予行政许可的书面决定的，应当说明理由，并告知申请人享有依法申请行政复议或者提起行政诉讼的权利。”

修订前的《政府信息公开条例》明确规定了说明理由制度，即“属于不予公开范围的，应当告知申请人并说明理由”；修订后的《政府信息公开条例》对“说明理由”进行了更为详尽的规定，可将其分为两类：一类是对不予公开的政府信息说明理由。行政机关依据政府信息公开条例的规定决定不予公开的，告知申请人不予公开并说明理由；若申请公开的信息中含有不应当公开或者不属于政府信息的内容，但是能够作区分处理的，行政机关应当向申请人提供可以公开的政府信息内容，并对不予公开的内容说明理由。另一类是申请人所申请公开的信息不属于本行政机关负责公开的，告知申请人并说明理由。

二、政府信息公开说明理由的步骤、特质和形式

说明理由本身系行政机关作出行政行为的附随性行为，其对象主要包含作出行政行为的事实依据、法律依据和自由裁量的依据。政府信息公开中的“说明理由”可以分为三个阶段：第一个阶段是事实依据及理由，即对行政相对人提起申请公开政府信息的内容，行政机关予以核实确认。第二个阶段是法律依据及理由，即行政机关根据申请内容，适用相应的法律规定。第三个阶段是裁量依据及理由，行政机关在申请内容、法律法规规定、查找信息情况的基础上，综合评判后作出公开或不予公开的决定。由此，信息公开中的说明理由具有法定性、确定性和说理性，上述特性分别要求行政机关说明理由需符合法律规定、内容正确无误、理由完备具体。这不仅是防止行政机关专横任意地作出决定，更是让申请人清楚公开或不公开的结论如何而来，以增强其对政府信息公开制度及公开结果的接受程度。

《政府信息公开条例》中并未对“说明理由”的形式作出规定，从保护行政相对人的合法权益、规范行政机关依法行政的角度，政府信息公开中的“说明理由”应具备书面表现形式，即行政机关须在告知书中一并阐述不予公开政府信息的相应理由。但在特殊情况下，应给予行政机关一定范畴的裁量权，如针对重复申请政府信息的行政相对人，“说明理由”亦可采用口头告知的形式进行。

三、违反说明理由的类型和司法审查

政府信息公开中违反说明理由制度按程度不同可分为无说明理由、说明理由错误和说明理由不充分三类，这三类情形因特质不同在司法审判中会导致不同的裁判结果。“无说明理由”会导致行政主体作出的公开行为事实不清、证据不足，如仅告知当事人不公开政府信息，但缺乏事实认定、没有法律依据，仅有结论自然无法证明其合法性；“说明理由错误”系行政主体作出行为时所依据的理由，并不能支持该行为的合法性，如因商业秘密不予公

开的政府信息，却告知当事人不公开的理由为涉及他人隐私。理由的缺乏或错误违背了说明理由制度的“法定性”和“明确性”，进而导致该行政行为丧失其合法性，故上述两种类型的政府信息公开行为均应被判决撤销并责令其重作。“说明理由不充分”系未能完全实现“说理性”的特质，即行政机关履行了说明理由程序但分析并未周详，如说明太过简略、理由不够详尽等，无法使行政相对人直观全面地了解该行政行为的理由。“说明理由不充分”的情形较为特殊，裁判时需考量行政效率与保障当事人权益之间的平衡，因行政机关作出公开与否的结论是正确的，径直判决撤销会导致矛盾无法化解、行政程序空转，应在行政复议或者诉讼过程中，给予行政机关完善说理的机会。当行政机关能够将“理由”补充完整、阐释清楚，则行政行为的效力不受影响；如行政机关无法将“理由”阐述完整，则仍属于判决撤销并责令重作的范畴。

本案中，区政府所作告知书未完整载明法律依据及裁量依据，属于典型的“说明理由不充分”。但考虑到本案审理过程中，行政机关通过答辩并举示了《土地管理法实施条例》第二十五条的规定，证明了在集体土地征地补偿过程中，市、县人民政府的职责主要体现为征收土地方案的公告和征地补偿、安置方案的批准等；而土地行政主管部门的职责主要是负责对征地补偿、安置方案的组织实施，其中包括签订征收补偿协议、征收土地的各项费用的支付等。由此，行政相对人申请公开“签订的补偿协议及划拨款”按上述法律规定系土地行政主管部门的职责，相应政府信息也确由其制作，向其申请公开才合乎法律规定及客观实际。鉴于行政机关对其信息公开中说明理由的瑕疵部分进行了弥补，且经司法审查符合法律法规的规定，故应对该告知书的合法性予以认可。

（作者单位：重庆市第一中级人民法院）

越权无效原则在离婚登记行为中适用的例外

黄　河

【裁判要旨】

婚姻登记机关颁发离婚证之时，离婚登记即已完成，当事人之间的婚姻关系随即解除，离婚证所确认的婚姻解除情况即产生对外效力，具有社会公信力。婚姻登记机关以其作出登记之时超越法定职权为由确认符合离婚实质要件的离婚登记行为无效，不符合离婚登记行为的不可逆性特征，会使相关人身法律关系处于随时可变化的不稳定状态以及造成社会秩序的紊乱。人民法院应将婚姻登记机关超越职权作出的离婚登记行为，视为越权无效原则的例外情形，不应支持婚姻登记机关的自行纠错措施。

【案号】

一审：江苏省徐州市中级人民法院（2018）苏03行初139号。

二审：江苏省高级人民法院（2018）苏行终1715号。

【案情】

原告（上诉人）：梁超启。

被告（被上诉人）：徐州市云龙区民政局。

原审第三人：HUANG HAIHONG（中文名为黄海红，国籍：新加坡共和国）。

上诉人梁超启因与徐州市云龙区民政局婚姻登记行政确认一案，徐州市中级人民法院一审查明：梁超启与黄海红于1985年11月登记结婚。2007年黄海红取得新加坡国籍。2015年8月10日，梁超启与黄海红以感情破裂为由持中国居民身份证、户口簿等至云龙区民政局婚姻登记处办理离婚登记。二人就离婚、子女抚养、财产分割等签订离婚协议书，同时签署了申请离婚登记声明书，声明书中，国籍部分打印为“中华人民共和国”，二人填写的常住户口所在地均为云龙区住所。经审查，云龙区民政局婚姻登记处当日为二人办理离婚登记，并颁发离婚证。

2018 年 2 月 27 日，云龙区民政局婚姻登记处负责人与梁超启电话联系，口头告知其因黄海红办理离婚登记时已取得新加坡国籍，二人 2015 年办理的离婚登记无效，并要求梁超启将离婚证交回。同年 3 月 5 日，云龙区民政局婚姻登记处作出《关于黄海红隐瞒国籍与梁超启办理离婚登记的情况说明》（以下简称案涉《离婚登记情况说明》），记载：梁超启，国籍中国，黄海红，国籍新加坡。2015 年 8 月 10 日，黄海红隐瞒新加坡国籍，持有未注销的中国内地户口簿、身份证，与梁超启在云龙区民政局婚姻登记处办理了离婚登记，离婚证字号：L320303－2015－000689。根据《婚姻登记条例》第二条、《婚姻登记工作规范》第五条第二款规定，云龙区民政局婚姻登记处无权办理涉外婚姻登记，双方当事人于上述时间办理的离婚登记应为无效登记，双方如未在指定的涉外婚姻登记机关或法院办理离婚登记手续，仍系夫妻关系，由此产生的相关法律责任应由当事人承担。案涉《离婚登记情况说明》存放至徐州市云龙区档案馆。梁超启在云龙区档案馆复印获取案涉《离婚登记情况说明》。另，云龙区民政局婚姻登记处收回了黄海红持有的离婚证，但梁超启仍持有离婚证。

江苏省高级人民法院二审对一审判决认定的事实予以确认。

另查明：云龙区民政局是徐州市云龙区办理婚姻登记的法定职能机关，云龙区民政局婚姻登记处是该局设置的具体办理婚姻登记的部门。在二审审理期间，针对法院的询问，梁超启与黄海红均确认，截至 2019 年 7 月 17 日，两人未通过涉外婚姻登记机关或法院离婚，亦均未与他人再次结婚。

【审判】

徐州市中级人民法院一审认为，根据《行政诉讼法》第六十二条和第七十四条第二款第二项、《最高人民法院关于适用〈中华人民共和国行政诉讼法〉的解释》第八十一条、《江苏省行政程序规定》第一百零三条第一款等规定，对于行政机关作出的违法行政行为，行政机关应当依职权或者依申请自行纠正。本案中，云龙区民政局对梁超启、黄海红作出离婚登记后发现登记错误，即作出确认离婚登记无效的行为。依据上述规定，云龙区民政局当然可依职权或依申请自行纠正原离婚登记行为。

首先，云龙区民政局认定的无效行政行为具有事实和法律依据。根据《国籍法》第三条、第九条规定，我国不承认双重国籍，中国公民取得外国国籍的，自动丧失中国国籍。梁超启与黄海红办理离婚登记之前，黄海红已取得了新加坡国籍，其在办理离婚登记时已属外国人，不是中国公民，对于该事实，梁超启、黄海红在办理离婚登记时是明知的，诉讼过程中二人对此并未提出异议。根据《婚姻登记条例》第二条第二款、《婚姻登记工作规范》第五条第一款第二项、《江苏省婚姻登记工作规范》第三条规定，江苏省民政厅设置婚姻登记处，负责办理全省涉外、涉港澳台居民、华侨、出国人员的婚姻登记。云龙区民政局婚姻登记处办理梁超启、黄海红的离婚登记显然属于事实清楚超越职权的无效行政行为。

其次，云龙区民政局确认离婚登记无效的行为妥当。因不具备涉案离婚登记的行政主体资格，云龙区民政局于 2015 年 8 月 10 日作出的离婚登记行为属于超越职权行为，该行政行为无效。对于自行纠错时可采取的处理方式，根据江苏省民政厅《关于进一步明确婚姻登记工作有关事项的通知》规定，婚姻登记机关在登记事后自主发现登记瑕疵时，应及时采取补正、更正、确认无效等方式予以纠正，同时将纠正内容存入或记录在婚姻档案中，并告知婚姻当事人纠正事项和内容。因此，在有规范性文件明确规定的情况下，云龙区民政局以确认无效方式纠正原违法离婚登记行为并无不当。

最后，云龙区民政局确认离婚登记无效的行为符合正当程序原则。案涉《离婚登记情况说明》作出前，云龙区民政局婚姻登记处负责人电话告知了梁超启拟作出的行政行为及相应的事实依据，梁超启在通话过程中也发表了自己的意见。后，梁超启又与他人至该负责人处获取了相关的婚姻登记规范文件。案涉《离婚登记情况说明》作出后虽未向梁超启送达，但行政机关告知了获取途径，梁超启通过该途径也实际取得了记载行政行为的书面材料。

综上，一审判决驳回梁超启的诉讼请求。

梁超启不服一审判决，提起上诉。

江苏省高级人民法院二审认为，本案涉及以下两个问题：

一、关于行政越权无效原则的适用问题

就离婚登记，《婚姻法》第三十一条规定，男女双方自愿离婚的，准予离婚。双方必须到婚姻登记机关申请离婚。婚姻登记机关查明双方确实是自愿并对子女和财产问题已有适当处理时，发给离婚证。因在婚姻登记机关颁发离婚证之时，婚姻登记机关对当事人之间的离婚登记即已完成，当事人之间的婚姻关系即已解除，离婚证所确认的婚姻解除情况即产生对外效力，具有社会公信力。在已离婚人员持有离婚证的情况下，符合法定条件的其他人员完全可以对离婚证所反映的婚姻解除情况产生信赖，进而与已离婚人员建立合法的婚姻关系或其他特定关系。如果婚姻登记机关或其他职能部门可以对离婚登记中的被解除的婚姻关系确认无效或予以撤销，将会使相关人身法律关系处于随时可变化的不稳定状态，也会使社会公众对婚姻登记机关的离婚登记行为产生不安全感及不信任感，使《婚姻法》确定的一夫一妻等基本原则和基本社会关系架构遭到破坏，进而损害现实的法律秩序和社会公共利益，故当事人之间的婚姻关系一经离婚登记予以解除后便具有不可逆性。而该不可逆性在我国法律法规中亦有体现，《婚姻法》《婚姻登记条例》针对结婚规定了无效婚姻和可撤销婚姻情形，但对离婚没有规定无效离婚或可撤销离婚情形，亦没有法律规范授权婚姻登记机关对已完成的离婚登记中被解除的婚姻关系能够确认无效或予以撤销。因此，一旦婚姻登记机关以颁发离婚证的形式完成离婚登记后，该婚姻登记机关并无确认该离婚登记无效或撤销该离婚登记的职权。对于已完成的离婚登记，如在登记过程中确有违法情形，则由存在相关违法行为的当事人或登记机关及其工作人员依法承担相应的民事责任、行政责任、刑事责任。

就涉外离婚登记，《婚姻登记条例》第二条第二款规定，中国公民同外国人，内地居民同香港特别行政区居民、澳门特别行政区居民、台湾地区居民、华侨办理婚姻登记的机关是省、自治区、直辖市人民政府民政部门或者省、自治区、直辖市人民政府民政部门确定的机关。《江苏省婚姻登记工作规范》第三条规定，省民政厅设置婚姻登记处，负责办理全省涉外、涉港澳台居民、华侨、出国人员的婚姻登记。本案中，梁超启与黄海红办理案涉离婚登记之前，黄海红已取得了新加坡国籍，其在办理案涉离婚登记时系外国人，并非中国公民。因此，云龙区民政局并无办理该离婚登记的职权，梁超启与黄海红应在江苏省民政厅办理涉外婚姻登记的部门进行离婚登记。黄海红与

梁超启于2015年8月10日在云龙区民政局自愿办理离婚登记时，未告知云龙区民政局黄海红系新加坡国籍，在黄海红持有未注销的中国内地户口簿、身份证的情况下，云龙区民政局依规定审查了黄海红与梁超启提交的离婚申请材料后，为黄海红与梁超启颁发了离婚证，以法定形式完成了离婚登记。即使此后云龙区民政局发现其没有办理涉外离婚登记的职权，其亦无职权确认该离婚登记无效或撤销该离婚登记。

据此，云龙区民政局作出案涉《离婚登记情况说明》，确认案涉离婚登记应为无效登记以及由此形成的相关后果，缺乏法律依据。原审法院关于云龙区民政局以确认无效方式纠正原违法离婚登记行为并无不当的认定错误，应予纠正。

二、关于行政程序法律原则的适用问题

《江苏省行政程序规定》第三十九条规定，本规定所称行政执法，是指行政机关依据法律、法规和规章，作出的行政许可、行政处罚、行政强制、行政给付、行政征收、行政确认等影响公民、法人或者其他组织权利、义务的行政行为。云龙区民政局以《婚姻登记条例》第二条等法律规范为依据作出的案涉《离婚登记情况说明》，是对黄海红、梁超启的权利、义务产生直接影响的行政确认行为，虽然没有法律规范对该类行政行为的程序作出特别规定，但在《江苏省行政程序规定》对此已有一般规定的情形下，云龙区民政局应当履行该程序规定所确定的程序义务，包括听取相对人的陈述申辩并记录在案、向当事人直接送达案涉《离婚登记情况说明》。而原审法院在未查明案涉相关行政程序可适用的具体法律规范的情况下，直接援引相关行政程序法律原则对案涉行政程序进行合法性评价不当，应予纠正。

江苏省高级人民法院二审判决：撤销徐州市中级人民法院（2018）苏03行初139号行政判决；确认徐州市云龙区民政局于2018年3月5日作出的案涉《离婚登记情况说明》无效。

【评析】

婚姻是人类社会最普遍、最持久、最具特色的一种男女两性的结合形式，同时也是人类文化的重要组成部分，对推动社会劳动分工，促进社会发展，维护社会稳定均具有重要意义。因而，无论是结婚登记，还是离婚登记，于登记对象而言都属于重大事项并关涉切身权益。在离婚登记案件中，婚姻登记机关在已经作出离婚登记行为后，又以自身超越法定职权为由确认离婚登记行为无效，是否符合依法行政的原则，争议较大。

一、行政越权无效原则

行政越权，是指行政主体在行政活动中，超越其法定的权力范围或权力限度而作出的行政行为。行政越权无效（含可撤销），是行政法的基本原则，并体现在我国相关具体法律规范中，如《行政诉讼法》第七十条第四项、第七十五条等规定。理论上和实践中，绝大多数行政越权行为可以通过行政机关自纠、层级监督及法院裁判等途径以确认无效或予以撤销的方式加以纠正。但对于极少数特定的行政越权行为，若以确认无效或撤销的形式予以纠正，将会给国家利益、社会公共利益及相关法律秩序带来重大损害，且该损害客观上难以得到有效恢复与补救，则该类行政越权行为应当作为行政越权无效原则的例外情形，相关机关不应确认无效或予以撤销。

二、离婚登记行为的法律属性及相关分类

离婚登记是婚姻登记机关依当事人的申请，对当事人之间自愿解除婚姻关系及子女抚养、财产等问题所达成的协议予以认可，并以颁发离婚证的形式确认当事人之间婚姻关系解除的行政行为，在性质上属于行政确认行为。离婚登记的作用，在于推定了其所登记的当事人离婚协议的合法性且即时生效，颁发给当事人离婚证，使离婚具有足以可由外部辨认的表征，使当事人婚姻关系的解除具有社会公信力，起到公示作用。因此，相关符合条件人员完全可以对具有公示效力的离婚登记产生信赖，进而与离婚人员成立新的婚姻关系或其他特定关系（如同居关系）；如对这种信赖利益不予保护，则明显违背我国《婚姻法》的一夫一妻等重要原则，势必会造成社会关系和伦理道德的紊乱，损害现实的法律秩序和社会公共利益。

根据离婚登记行为是否缺乏离婚的实质要件（即是否属于自愿离婚），可以对离婚登记行为作如下分类：（1）合法有效的离婚登记行为。即离婚登记既符合《婚姻法》第三十一条规定的离婚实质要件，又符合《婚姻登记条例》规定的职权、程序等法定要件的离婚登记行为。（2）可撤销的离婚登记行为。即婚姻登记行为具有离婚登记实质要件即男女双方自愿离婚，但又不完全具备离婚登记其他要件的离婚登记行为。（3）无效离婚登记行为。即离婚登记缺乏登记的实质要件，即违背男女双方自愿离婚原则的离婚登记行为。

三、越权无效原则不适用离婚登记行为

婚姻法只在结婚上规定了无效婚姻和可撤销婚姻情形，没有对无效离婚或可撤销离婚的规定，《婚姻登记条例》也未授权登记机关可以自行撤销离婚登记或自行确认离婚登记无效。现行诉讼制度也未设立无效离婚或可撤销离婚之诉，而针对生效离婚判决书、调解书所解除的婚姻关系，我国民事诉讼制度已经作出了不可逆的特别规定。《民事诉讼法》第二百零二条规定，当事人对已经发生法律效力的解除婚姻关系的判决、调解书，不得申请再审。《最高人民法院〈关于规范人民法院再审立案的若干意见（试行）〉》第十四条第三项也规定，人民法院判决、调解解除婚姻关系的案件，当事人提出再审申请的，人民法院不予受理，但当事人就财产分割问题申请再审的除外。《最高人民法院关于适用〈中华人民共和国婚姻法〉若干问题的解释（三）》第一条第二款规定，当事人以结婚登记程序存在瑕疵为由提起民事诉讼，主张撤销婚姻登记的，告知其可以依法申请行政复议或者提起行政诉讼。基于此，对于离婚，无论是婚姻登记机关作出的离婚登记，还是法院判决、调解离婚，当事人在领取离婚证之时或法院准予离婚的判决书、调解书生效之时，其婚姻关系即被解除，且被解除的婚姻关系不具有可逆性。

之所以作此规定，是因为离婚登记行为涉及婚姻家庭关系，不同于一般的行政行为，其对家庭的稳定、地区的公序良俗、社会的和谐秩序都有较大的影响。从上述相关法律和司法解释的规定来看，基于人身关系的自身特性和维护社会的稳定性，离婚行为无论是经行政确认还是司法确认，其中的人身关系均不可逆。因为在离婚登记行为或离婚判决、调解书生效后，第三人有可能在离婚登记后再婚，产生新的社会关系。如果人民法院在受理离婚登记案件后，经审查认定婚姻登记机关对该离婚登记是违法的，而予以撤销或确认无效，很有可能造成法律上的重婚，徒添社会关系的混乱，损害现实的法律秩序和社会公共利益。同时，这也会使婚姻登记机关与相对人之间的法律关系处于随时变化的不稳定状态中，让公众对婚姻登记机关的婚姻登记行为产生不信任感。为此，从维护社会秩序的角度出发，国家机关不能为了维护个案的正义而使社会秩序遭到新的破坏。否则，不但不能使受害人得到公正，反而会造成新的不公正。

因此，对于错误的离婚登记，无论是在行政程序中还是在司法程序中，均应保留这一离婚登记中人身关系部分的效力而不撤销或确认无效，从而使

其效力得以存续，以尊重后一新的婚姻的效力，维护现实的法律秩序。如果认为离婚登记中的身份状态可以逆转，那么判决离婚后的身份状态也同样可以逆转，而这显然是与现行司法解释的规定相悖的。

（作者单位：江苏省高级人民法院）

部门规范性文件的选择适用标准与综合考量

孙继发　余晓龙

【裁判要旨】

根据《立法法》的规定，在上下级规范性文件规定存在冲突时如何处理不够明晰。司法实践中，在选择适用部门规范性文件时，首先，应审查部门规范性文件的合法性、地域性和有效性；其次，在上下级部门规范性文件均有效的情况下，如果下级部门规范性文件与上级部门规范性文件不一致，应优先适用上级部门规范性文件规定；最后，在优先适用上级部门规范性文件的一般标准时，还应遵循对相对人有利的特殊标准。

行政奖励既是一种规定，也是政府的公开承诺，在公民、法人或其他组织对食品药品的举报符合规定时，应遵循诚信原则给予承诺的行政奖励。同时，对投诉举报行为予以行政奖励应结合社会形势，并与相关政策相一致，在营造营商环境、鼓励投诉举报和抑制“职业打假人”之间进行兼顾和平衡。

【案号】

一审：山东省济南市历城区人民法院（2018）鲁0112行初91号。

二审：山东省济南市中级人民法院（2018）鲁01行终441号。

【案情】

原告（上诉人）：贾洪泷。

被告（被上诉人）：济南市历城区食品药品监督管理局。

2017年3月13日，原告贾洪泷向被告济南市历城区食品药品监督管理局举报济南历城大润发销售过期食品，并申请奖励。2017年9月4日，被告作出（济历城）食药监食罚〔2017〕310号行政处罚决定书，认定原告举报事项属实，并对历城大润发作出以下处罚：1. 没收违法所得2.02元；2. 罚款5万元。被告于2017年9月25日通知原告提交相关材料申请举报奖励，并于2017年10月24日向原告支付奖励款0.2元。2017年11月10日，被告作出《奖励情况说明》，主要内容为：原告向被告举报的历城大润发经营超过保质期的面包案，被告已依法处理完毕，根据《济南市食品药品违法行为举报奖励办法》（济食药监稽〔2015〕142号）（以下简称《济南市奖励办法》）的有关规定，应给予原告的奖励金额为0.2元。原告不服，提起行政诉讼，请求撤销《奖励情况说明》，重新依法作出举报奖励。

【审判】

济南市历城区人民法院认为，针对原告的举报，被告依法查明事实，对被举报人依据《济南市食品药品违法行为举报奖励办法》第十条第一款规定："……（一）属于一级举报奖励的，按案件货值金额的10%给予奖励……"作出涉案商品货值金额2.02元10%的奖励，适用规范性文件准确，对原告要求撤销《奖励情况说明》，并对原告重新作出举报奖励无事实和法律依据，不予支持。

原告不服，向济南市中级人民法院提起上诉。

济南市中级人民法院认为，国家食品药品监管总局和财政部的《食品药品违法行为举报奖励办法》（食药监稽〔2017〕67号）（以下简称67号《奖励办法》）与《济南市奖励办法》均是合法有效的规范性文件，均可适用于济南地区。该两个规范性文件均有效的情况下，适用《济南市奖励办法》的结果是奖励0.2元，而适用67号《奖励办法》的结果则是奖励2000元。从上下级部门规范性文件适用的一般标准出发，遵循诚信原则和对相对人有利的角度，以及综合权衡当前社会形势、在营造营商环境、鼓励投诉举报和抑制"职业打假人"之间进行兼顾和平衡的角度，应当优先适用67号《奖励办法》对上诉人予以奖励，作出（2018）鲁01行终441号行政判决，判决撤销济南市历城区人民法院（2018）鲁0112行初91号行政判决；撤销被上诉人济南市历城区食品药品监督管理局对上诉人贾洪泷作出的奖励行为；责令被上诉人济南市历城区食品药品监督管理局于本判决送达之日起15日内依法重新对上诉人贾洪泷作出奖励行为。

【评析】

在本案处理过程中，上诉人贾洪泷的诉讼请求表述为请求撤销《奖励情况说明》，并对上诉人重新作出举报奖励。从案件事实看，上诉人贾洪泷举报食品违法行为并详细提供了被举报方的违法事实、线索及直接证据，举报内容与违法事实相符，该举报行为符合一级举报奖励的要求。对于一级举报奖励，上诉人认为被上诉人济南市历城区食品药品监督管理局应当根据67号《奖励办法》而非《济南市奖励办法》给予其举报奖励，其诉讼实质系对被上诉人作出的奖励行为所适用的规范性文件不服而提起。因此，本案的争议焦点可归纳为：被上诉人历城区食品药品监督管理局对上诉人贾洪泷作出的奖励行为适用规范性文件是否正确。

从现行法律规定看，关于法律规范的选择适用准则主要体现在《立法法》的有关条款中。该法确立了上位法、下位法，新法、旧法，一般规定与特别规定之间的选择适用标准，为司法实践处理法律规范的适用问题提供了较为明确的依据。但是，在除法律、法规、规章之外的规范性文件选择适用上，特别是在具体的个案中，如果规范性文件规定不一致并导致行政行为结果不同时，在如何选择适用上，现行法律、法规并未作出明确规定，司法适用存在一定的模糊进而导致裁判的不统一，实践中也未形成较为科学规范、能为普遍认同的裁判适用准则。本案的裁判正是基于对该问题的分析探索，通过对案件中具体因素的判断把握，提出类型化、一般性的裁判规则，形成了对规范性文件选择适用的一般性准则，以期为司法实践提供可供选择的裁判思路和对策。

一、规范性文件选择适用的前提：规范性文件的合法性、地域性、有效性

（一）关于合法性的分析

行政是指由一定的国家组织或社会公共组织执行国家法律和权力机关（立法机关）意志，以实现国家和社会的职能而进行的公共管理和组织的活动及其过程。[①] 从这一阐释可见，行政最为核心的特征在于其是执行法律规

① 应松年主编：《行政法》，北京大学出版社2010年版，第2页。

范的活动，合法性是其应当遵循的首位原则和要求。在我国权力体系中，行政权是一种执行性权力，行政机关的主要职责是严格执行国家法律，其采取的行政行为不得违背立法的规定。[①] 对于规范性文件而言，其制定主体为行政机关等行政主体，制定目的是为实现在特定领域相较于法律、法规等更加具体化的管理。虽然与具体行政行为相比，规范性文件的制定属于一种抽象行为，但本质上仍系对法律、法规的贯彻和实施，仍然应当恪守合法性的基本要求。

在适用规范性文件的过程中，合法性主要体现在两个方面：

一是选择适用规范性文件的操作程序是否合法。更进一步讲，涉及的主要问题就是行政机关怠于履行甄别选择要求应当承担何种责任。从《立法法》第九十四条、第九十五条的规定看，已经涉及适用法律规范时的甄别选择义务。根据这两条规定，法律之间对同一事项的新的一般规定与旧的特别规定不一致不能确定如何适用以及地方性法规、规章之间不一致时，应当报请有关机关裁决。如果没有报请径直适用某个规范，就违背了《立法法》的规定，应当是违法的。具体到本案涉及的规范性文件选择上，因规范之间存在明显冲突，适用不同的规范性文件对当事人的利益影响显著，济南市历城区食品药品监督管理局在具体适用时应当履行相应的甄别选择要求，否则应当承担一定的不利后果。如此可以督促行政机关全面依法行政，节省执法和司法资源，同时对谙熟特定行政管理领域的行政机关也非过分的要求。

二是特定的规范性文件内容本身是否合法。理论上讲，任何规范都可能会因规定内容上的欠缺导致产生合法性问题，比如违反了法律保留原则、与上位法相抵触等。实践中，特别是近些年，随着科学立法、民主立法水平的不断提升，国家法律、法规在严格的程序审查保障下，较少存在内容本身的合法性问题。与之不同的是，行政管理实践中存在的大量行政规范性文件因制发主体繁多、制发程序不完善、部门利益不当干扰等原因，导致内容不合法的问题在一定程度上存在。在这样的现实情况下，审查规范性文件内容的合法性就成为选择适用规范性文件的重点和首要工作。

---

① 严格执法是对行政机关一贯的要求。无论是原有的“有法可依、有法必依、执法必严、违法必究”，还是现在的“科学立法、严格执法、公正司法、全民守法”，对执法不变的要求都是严格性，其核心内涵就是严格执行国家法律。

本案中，涉及食品领域投诉举报奖励的国家层面的法律规范主要是作为部门规章存在的《食品药品投诉举报管理办法》。该办法第三条第二款规定，各级食品药品监督管理部门应当加强对食品药品投诉举报管理工作的指导协调，加强宣传，落实举报奖励制度，鼓励并支持公众投诉举报食品药品违法行为。该办法虽然对举报奖励进行了导向性规定，但就如何落实举报奖励制度缺乏具体的规定。为细化《食品药品投诉举报管理办法》的规定，国家食品药品监管总局和财政部制定了67号《奖励办法》，该规范性文件是在《食品药品投诉举报管理办法》规定指导下进行的规范细化，符合该办法的规定精神，并且不存在具体规定上的冲突，满足合法性的要求。相应地，《济南市奖励办法》是依据《食品药品投诉举报管理办法》和当时有效的《食品药品违法行为举报奖励办法》（国食药监办〔2013〕13号）（以下简称13号《奖励办法》）制定的，其本身也未与法律、法规、规章相抵触，也具有合法性。因此，涉案的67号《奖励办法》和《济南市奖励办法》均满足合法性的要求。

（二）关于地域性和有效性的分析

在地域性上，67号《奖励办法》的制定主体为国家食品药品监管总局和财政部，该两部门为全国相关业务的总体归口和指导部门，若在规范的适用地域上未作特别规定时，其效力范围应当覆盖全国，当然适用于涉案的济南地区。《济南市奖励办法》是专门针对济南市食品药品领域举报进行奖励的规定，效力范围显然为济南地区。在有效性上，67号《奖励办法》是合法的规范性文件，同时也不存在被修订、废止等情形，裁判时文件尚在施行期限之内，因此属于有效的规范性文件。《济南市奖励办法》同样也是现行有效的规范性文件。综上，涉案的两个规范性文件均具有合法性和有效性，适用范围存在重合，都可以在济南市行政区划内适用。

二、规范性文件选择适用的一般标准：规定不一致情形下上级规范适用的优先性

如前文所述，针对上级规范性文件和下级规范性文件在具体事项规定不一致时的选择适用问题上，现行立法并未作出具体、明确的规定。通过对《立法法》规定精神的理解和规范性文件本身性质作用的分析，当上下级规范性文件在具体事项规定不一致导致行政行为结果出现较大差别时，应当优先适用上级规范性文件的规定。

（一）《立法法》规定的参照

《立法法》从正反两个方面[①]作出了上位法优于下位法或者上位法效力高于下位法效力的规定。与法律、法规、规章等法律规范相比，规范性文件也具有一定的规范效力，其适用同样会对个人利益、社会公共利益产生重要影响。与此同时，规范性文件的数量较法律规范要多得多，通过规范性文件的制定履行社会管理职责也是行政机关常用的手段。甚至有研究指出："在现实生活中，行政机关及公务员处理日常管理工作，其实施的具体行政行为往往不是根据国家法律、行政法规、国务院各部委制定的规章或者地方立法权机关制定的地方性法规，而是依据非法律渊源的规范性文件。"[②] 在这样的情况下，对规范性文件同样，甚至更要强化合法性的底线约束。当上下级规范性文件在特定事项上规定不一致，导致产生行政行为的结果出现较大差异时，可以而且应当参照《立法法》关于上、下位法律规范选择适用的规定，以实现规范性文件适用的合法性、规范性、妥当性、统一性。对于上、下位规范性文件效力的理解，曾有学者直接指出"下级规范性文件不能同上级规范性文件内容相抵触"[③]。还有观点[④]从下级规范性文件制定的必要性和遵循的规则角度，说明了上级规范性文件效力要高于下级规范性文件。综合来看，参照《立法法》的规定精神予以把握是符合法律规定精神的，也是恰当的。

（二）规范性文件性质和作用的内在要求

从规范性文件的性质和实现的作用看，在上下级规范性文件就特定事项规定不一致时，也应当依据上级规范性文件的规定对具体案件作出认定。

---

① 《立法法》第八十七条至第八十九条分别规定了宪法具有最高的法律效力；法律的效力高于行政法规、地方性法规、规章，行政法规的效力高于地方性法规、规章；地方性法规的效力高于本级和下级地方政府规章，省、自治区的人民政府制定的规章的效力高于本行政区域内的设区的市、自治州的人民政府制定的规章。这是从正面对上位法优于下位法作出的规定。《立法法》第九十六条规定，下位法违反上位法规定的，由有关机关依照规定的权限予以改变或者撤销，这可以看作从反面对上位法优于下位法作出的规定。

② 黄飞、张希华：《论行政规范性文件效力与适用》，载《天津大学学报》（社会科学版）2008 年第 2 期。

③ 湛中乐：《论行政法规、行政规章以外的其他规范性文件》，载《中国法学》1992 年第 2 期。

④ "一般情况下，国务院部门、地方人民政府及其部门在法律、行政法规、规章或者上级规范性文件对某一方面的行政工作尚未作出明确规定，或者虽有规定但规定不具体、不便操作，以及法律、行政法规、规章或者上级规范性文件授权制定规范性文件时可以制定规范性文件。"参见程琥：《新〈行政诉讼法〉中规范性文件附带审查制度研究》，载《法律适用》2015 年第 7 期。

首先，从规范性文件的制发主体看，主要是行政机关和具有管理公共事务职能的特定组织。对各类行政主体间关系的分析可以为理解规范性文件的性质作用，进而在彼此冲突时进行选择的取舍提供分析的基点。《地方各级人民代表大会和地方各级人民政府组织法》第六十六条规定："省、自治区、直辖市的人民政府的各工作部门受人民政府统一领导，并且依照法律或者行政法规的规定受国务院主管部门的业务指导或者领导。自治州、县、自治县、市、市辖区的人民政府的各工作部门受人民政府统一领导，并且依照法律或者行政法规的规定受上级人民政府主管部门的业务指导或者领导。"虽然地方人民政府的工作部门系受人民政府统一领导，上级部门与下级地方人民政府相应部门不存在直接的领导关系，但在业务上是存在指导或领导关系的。上级主管部门发布的部门规范性文件在性质上更符合行政命令的特征，上级主管部门以规范性文件的形式发布政令，对下级相关部门业务起到指导或领导的作用，也有利于提升行政的效率，下级部门应当遵从。对于这一点，也有人认为应当按照制发行政主体行政级别来判断文件的层级效力，[①] 对于相同事项的规范而言，行政级别高的主体制发的规范性文件要高于行政级别低的主体制发的规范性文件。

其次，实践中大量的规范性文件是由行政机关在行使管理职能的过程中制定的，该类规范性文件被称为行政规范性文件，涉案的两个文件即为此类。从该类规范性文件实现的作用看，其基本的功能是贯彻执行上级行政机关管理目标和职能作用发挥的需要。根据《国务院办公厅关于加强行政规范性文件制定和监督管理工作的通知》（国办发〔2018〕37 号）的规定，行政规范性文件是除国务院的行政法规、决定、命令以及部门规章和地方政府规章外，由行政机关或者经法律、法规授权的具有管理公共事务职能的组织依照法定权限、程序制定并公开发布，涉及公民、法人和其他组织权利义务，具有普遍约束力，在一定期限内反复适用的公文。该通知进一步规定，制发行政规范性文件是行政机关依法履行职能的重要方式。因此，上级部门规范性文件作出具体规定的，下级部门在制定规范性文件时应保持一致，特别是不得额外非法减损公民、法人或者其他组织的权利或者增加其义务，否则，无论是从依法行政的内在要义，还是从行政管理合理性的要求角度，均是极不妥当

① 朱剑：《行政规范性文件效力在行政法治中的动态考察》，载《湖北警官学院学报》2006 年第 5 期。

的。因此，若适用上下级规范性文件导致行政行为结果出现较大差异时，则应当优先选择适用上级部门规范性文件的规定。

此外，本案中《济南市奖励办法》是根据67号《奖励办法》之前的13号《奖励办法》制定的。随着我国食品药品安全形势的发展变化，为鼓励社会公众积极举报食品药品违法行为，严厉打击食品药品违法犯罪，推动食品药品安全社会共治，国家食品药品监管总局和财政部对13号《奖励办法》进行了修订，涉及本案主要体现在对举报奖励数额进行了提升。在这种背景下，虽然《济南市奖励办法》并未随着13号《奖励办法》的废止而失去效力，但其关于举报奖励的规定目的和精神却已经失去了上位规范的支撑，在同样有效适用于济南地区的《济南市奖励办法》和新出台的67号《奖励办法》之间，作为行政管理主体，应当恰当选择适用67号《奖励办法》处理涉案争议问题，而不是简单地理解为只要有效皆可适用，不分具体情形和适用于特定事项的效果僵化操作。

三、规范性文件选择适用的特殊标准：对行政相对人有利

相较于上、下级规范性文件适用标准而言，对行政相对人有利属于特殊标准。既属"特殊"就要说明其能够排除一般标准适用的理由以及特殊性的限度。

（一）对相对人有利的法源基础

在行政权行使的目标体系中，公共利益处于首要地位。在满足公共利益的同时，还应充分照顾到行政行为相对人的利益，这一点的强调对实现行政行为合法性和合理性而言尤为重要。从理论上讲，公共权力来源于私人权利。相应地，"在行政法关系中……私人权益处于更为基础的地位。基于此，在行政法律关系中，维护相对人权益即为公共利益的实现"[①]。同时，对相对人有利原则作为一项原则虽然没有明确具体的规定，但在现有的法律法规中有相应体现。比如《立法法》第九十三条规定，法律、行政法规、地方性法规、自治条例和单行条例、规章不溯及既往，但为了更好地保护公民、法人和其他组织的权利和利益而作的特别规定除外。具体到行政法规范领域，我国台湾地区"行政罚法"第五条规定，行为后法律或自治条例有变更者，适用行

---

① 闫尔宝：《行政法诚信原则的内涵分析——以民法诚信原则为参照》，载《行政法学研究》2007年第1期。

政机关最初裁处时之法律或自治条例。但裁处后之法律或自治条例有利于受处罚者，适用最有利于受处罚者之规定。这些都是对相对人有利原则的具体展开和运用。

（二）对相对人有利的法律限度

对相对人有利特殊标准的排除效力并非绝对，而是存在一定的限度。为保障限度掌握的规范性和科学性，实践操作中应当以立法的规定为根据。以《立法法》的规定为例，以对相对人有利标准破除规章以上法律规范一般性适用标准的，只存在于新旧法适用的领域。这是立法的明确规定。除此之外，如果要超出法律适用的一般标准而采对相对人有利的标准，则应当严格把握，仍应当根据《立法法》确立的一般标准予以选择适用。本案中涉及的是规范性文件的适用问题，在该问题上，现有规定并未有强制性的限制，适用对相对人有利的标准并不违反法律等强制性规定，不存在突破法律规定的情形，因而是符合法律规定的，也是适当的。

（三）对相对人有利的公共利益维护目标考量

具体到本案，2017 年 8 月 9 日实施的 67 号《奖励办法》根据我国经济的发展情况，作出了“一般按涉案货值金额或者罚没款金额的 4%—6%（含）给予奖励。按此计算不足 2000 元的，给予 2000 元奖励”的规定。《济南市奖励办法》对一级举报奖励的规定则为“按案件货值金额的 10% 给予奖励”。本案涉案商品货值金额为 2.02 元，如适用 67 号《奖励办法》，上诉人贾洪泷获得的奖励金额至少为 2000 元，如适用《济南市奖励办法》，上诉人贾洪泷获得的奖励金额为 0.2 元，结果存在较大差异，应当遵循有利于行政相对人的原则。申言之，历城食药监局于 2017 年 9 月对贾洪泷实施奖励时，应适用 67 号《奖励办法》的相关规定。而且，行政机关制定并发布的有关违法行为举报奖励办法既属规范性文件，又属政府的公开承诺，有关行政机关在执法过程中应严格遵守。在公民、法人或其他组织的举报行为符合上述办法的规定时，应遵循诚信原则给予承诺的行政奖励。这也符合举报者对行政机关支付应得奖励金额利益信赖保护的需要。67 号《奖励办法》关于奖励数额不低于 2000 元的规定，应属对举报人的承诺，若不予兑现，则有违诚信原则，也会减损政府应有的权威。同时，本案中，本着对相对人有利的原则，实现对相对人利益更优的维护，通过选择适用 67 号《奖励办法》加大对相对人举报食品违法行为的奖励，能够鼓励积极举报行为、起到打击食品违法行为的效果。在这一点上，对相对人有利原则与公共利益维护目标更加紧密地结合在一起，选择适用对相对人利益更优的规范性文件也就具有更大程度的科学性和合理性。

四、规范性文件选择适用的考量：形势政策的综合权衡

对规范性文件的选择适用还应当进行社会形势政策的综合权衡。有学者将规范性文件适用的该种考量提炼为一种原则，即“符合国家政策原则”。

（一）规范性文件制定与形势政策的关联

强调该种考量，主要原因在于规范性文件本身的特质，其存在的理由主要在于国家政策具有时效性、补充性、灵活性等特点，在法律性文件规定不明确或者法律“缺位”的情况下，制定规范性文件就要依据国家的有关政策、充分考量社会大的形势任务。具体而言，行政机关适用法律规范还应当结合社会形势，并与相关政策相一致。特别是本案涉及的食品药品安全直接关系到人民群众的切身利益。近几年，出售过期食品、无证无照经营食品、无合法手续制售药品等现象屡禁不止，食品药品安全事件不断出现，凸显了该领域安全问题的紧迫性，严重影响到人民群众对食品药品安全的信赖。严厉打击食品药品违法犯罪行为，确保食品药品安全，既是法律规定的刚性要求，也是当前社会形势政策的必然体现。

（二）打击食药领域违法行为的特殊要求

本案中，为及时发现、控制和消除食品药品安全隐患，2003 年 11 月 27 日，国家食品药品监督管理局和财政部联合发布了《举报制售假劣药品有功人员奖励办法》，2013 年 1 月 8 日，国家食品药品监督管理总局、财政部印发 13 号《奖励办法》，2017 年 8 月，食药监总局会同财政部发布 67 号《奖励办法》，将单次举报奖励限额从原先的 30 万元提高到 50 万元，体现了鼓励社会公众参与举报食品药品违法行为的积极性，彰显了通过社会公众来发现并积极举报食品药品违法行为，以达到打击食品药品违法犯罪，保障食品药品安全的目的。适用 67 号《奖励办法》的相关规定对上诉人贾洪泷予以奖励，更加契合当前的食品药品监管政策和食品药品违法行为举报奖励办法的立法目的。

（三）综合权衡的要点与展开

规范性文件的适用绝非单一因素的甄别选择所能完全解决。其中还可能涉及各种政策性取向和利益的权衡考量。本案中，还有一个争点在于对上诉人贾洪泷举报目的和身份的怀疑，认为其为“职业打假人”。不可否认的是，对食品药品违法行为举报奖励在一定程度上催生了“职业打假人”这一特殊群体。但是，“职责打假人”滋生的土壤还在于食品、药品领域存在安全问题。在现有行政监管力量不充足的情况下，对该领域安全违法问题的打击还有赖于发动人民群众的力量，以进一步扩大监管的覆盖面，提升打击的精准度。为此，应在营造营商环境、鼓励投诉举报和抑制“职业打假人”之间进行兼顾和平衡。所谓兼顾，就是在支持鼓励企业发展的同时，必须确保食品药品安全；所谓平衡，就是在三者之间寻求一个结合点和平衡点。举报者向食品药品监管部门举报食品药品违法行为，经查实符合奖励条件的，依法应当获得奖励，现行的食品药品投诉举报奖励办法也并未对“职业打假人”进行明确界定并排除。依法打假具有正当性，有利于社会健康发展，应予支持。本案中，被上诉人历城食药监局在二审法庭调查结束后提交了《关于对贾洪泷相关情况的说明》及相关证据，主张上诉人贾洪泷系“职业打假人”，并存在涉嫌敲诈勒索、扰乱行政机关办公秩序等行为。对上诉人贾洪泷的上述行为，被上诉人历城食药监局在行政程序中未予以认定并处置，在本案一审、二审诉讼过程中也未向人民法院提出答辩意见并提供相应证据，根据行政诉讼相关举证规则，对被上诉人历城食药监局提交的《关于对贾洪泷相关情况的说明》及相关证据不予采信。在法律允许的范围内进行打假对规范食品药品安全行为具有积极意义，但是以打假的名义对食品药品生产、销售厂商等进行威胁、敲诈的行为就会扰乱营商秩序，不具有正当性，不应予以支持。如果被上诉人历城食药监局确有证据证明上诉人贾洪泷在投诉举报过程中存在违法行为，可另行依法予以查处，这样的裁判并未堵塞对违法行为查处救济的通道。

（作者单位：山东省济南市中级人民法院）

食品行政处罚案件中食品标签错误行为的认定和审查标准

——以得元商贸公司诉甘肃省市场监督管理局食品行政处罚案为例

薛　扬

【裁判要旨】

食品标签是向消费者传递产品信息的重要载体，对消费者的消费行为有直接的指引作用，与消费者的食品安全密切相关。对食品标签标注内容的要求属于食品安全标准之一，食品的生产经营者应当严格遵照执行。食品生产经营者应对其提供的标签内容负责，食品标签应与包装中的食品内容相符，并按照要求真实、准确、审慎标示具体内容。食品标签错误行为包括标签瑕疵行为和标签违法行为，二者的区分和认定，尤其是生产经营标签不符合《食品安全法》规定食品的行为和食品标签瑕疵行为在实践中不易区分，在具体适用中要注意加强甄别，避免“重者轻罚、轻者重罚”的状况发生。食品标签和内容不符，标签标示不真实、不准确，且足以对消费者造成误导的行为，属于食品标签违法行为。对于食品安全监督管理部门依法查处食品标签违法行为，人民法院应当依法予以支持。

【案号】

一审：甘肃省兰州市中级人民法院（2018）甘01行初73号。

二审：甘肃省高级人民法院（2019）甘行终168号。

【案情】

原告（上诉人）：兰州得元商贸有限公司（以下简称得元商贸公司）。

被告（被上诉人）：甘肃省市场监督管理局（原甘肃省食品药品监督管理局，以下简称省食药局）。

一审法院经审理查明，2017 年 5 月 24 日，甘肃省食品检验研究院对北京华联综合超市股份有限公司临夏分公司销售的得元商贸公司于同年 5 月 4 日生产的规格型号为 500 克/袋、质量等级为优级的白砂糖进行了抽样检验。经检验，色值实测值为 166，高于 GB/T317 - 2006《白砂糖》标准指标“≤60”，检验结论为不合格。省食药局于 2017 年 6 月 29 日向得元商贸公司七里河分公司送达了《国家食品安全抽样检验结果通知书》及甘肃省食品检验研究院出具的《检验报告》（N0：GC17620495110）、《国家食品安全抽样检验告知书》《国家食品安全抽样检验抽样单》。2017 年 7 月 3 日省食药局对得元商贸公司七里河分公司现场进行了检查，并向其发出了《责令改正通知书》，要求立即召回不符合食品安全国家标准的白砂糖；停止销售存放于该公司成品库中的白砂糖共计 4500 袋。同年 7 月 10 日省食药局以得元商贸公司的行为涉嫌违反了《食品安全法》第三十四条第一款第十三项的规定为由，予以立案。随后，省食药局进行了调查取证，2017 年 7 月 19 日得元商贸公司向甘肃省食品药品稽查局提交了《食品召回总结报告表》，经统计生产数量 500 克白砂糖 8894 袋，合格产品 4244 袋，不合格产品 4650 袋，其中封存 4500 袋，销售 150 袋（召回 80 袋，封存 19 袋，销售 51 袋）。2017 年 12 月 7 日省食药局经会议讨论决定，拟给予得元商贸公司行政处罚。2017 年 12 月 14 日省食药局向得元商贸公司送达了（甘）食药监罚告〔2017〕90 号《行政处罚事先告知书》和（甘）食药监听告〔2017〕90 号《听证告知书》，拟决定给予得元商贸公司以下行政处罚：1. 该公司生产经营白砂糖（生产日期：2017. 05. 04，规格：500 克/袋，质量等级：优级）无生产过程记录，无出厂检验合格证明、产品验收台账、销售记录台账的行为，违反了《食品安全法》第五十一条的规定。依据《食品安全法》第一百二十六条第一款第三项的规定，予以警告的行政处罚。2. 该公司生产经营与标签内容不符食品白砂糖的行为，违反了《食品安全法》第七十一条第三款的规定。依据《食品安全法》第一百二十五条第一款第二项和《行政处罚法》第二十七条第一款第一项的规定，给予以下行政处罚：（1）没收违法所得 285. 6 元；（2）处以货值金额五倍的罚款 130200 元。以上罚没款合计 130485. 6 元（壹拾叁万零肆佰捌拾伍元陆角整）。得元商贸公司在法定期限内提出听证申请。省食药局于

2018年1月4日组织听证后，认为得元商贸公司提出的理由不成立，决定维持原处罚意见。2018年6月5日省食药局作出了（甘）食药监罚〔2018〕50号《行政处罚决定书》并于同年6月11日送达得元商贸公司。得元商贸公司不服，提起诉讼。

【审判】

甘肃省兰州市中级人民法院经审查认为，《行政处罚法》第三条规定："公民、法人或者其他组织违反行政管理秩序的行为，应当给予行政处罚的，依照本法由法律、法规或者规章规定，并由行政机关依照本法规定的程序实施。"《食品安全法》第一百一十条规定："县级以上人民政府食品安全监督管理部门履行食品安全监督管理职责，有权采取下列措施，对生产经营者遵守本法的情况进行监督检查：（一）进入生产经营场所实施现场检查；（二）对生产经营的食品、食品添加剂、食品相关产品进行抽样检验；（三）查阅、复制有关合同、票据、账簿以及其他有关资料；（四）查封、扣押有证据证明不符合食品安全标准或者有证据证明存在安全隐患以及用于违法生产经营的食品、食品添加剂、食品相关产品；（五）查封违法从事生产经营活动的场所。"本案原告得元商贸公司七里河分公司生产的白砂糖（生产日期：2017.05.04，规格：500克/袋，质量等级：优级）在国家食品安全监督抽检中被检验为色值项目不符合要求。省食药局立案后，对得元商贸公司生产场地进行了现场检查、发出召回和停止销售不符合标准白砂糖的责令改正通知，并经过调查取证，依法向得元商贸公司告知给予行政处罚的事实、理由和依据，举行听证听取了当事人的陈述和申辩后，作出（甘）食药监罚〔2018〕50号《行政处罚决定书》。得元商贸公司提出省食药局召回和封存其公司生产的白砂糖不具备《食品安全法》第六十三条规定的条件，违反了《行政强制法》的相关规定，其行为应当被确认违法。经审查，根据国家食品药品监督管理总局公布的《食品安全抽样检验管理办法》第三十九条的规定，食品生产经营者收到监督抽检不合格检验结论后，应当立即采取封存库存问题食品、暂停生产、销售和使用问题食品，召回问题食品等措施。食品生产经营者不按规定及时履行前款规定义务的，食品药品监督管理部门应当责令其履行。《食品安全法》第六十三条第三款规定："……对因标签、标志或者说明书不符合食品安全标准而被召回的食品，食品生产者在采取补救措施且能保证食品安全的情况下可以继续销售；销售时应当向消费者明示补救措施。”故省食药局责令得元商贸公司改正，并非采取查封、扣押强制措施，其行政行为并无不当；且得元商贸公司自述已将召回的白砂糖（生产日期：2017.05.04，规格：500克/袋，质量等级：优级）改装为“一级”白砂糖。《食品安全法》第五十一条规定：“食品生产企业应当建立食品出厂检验记录制度，查验出厂食品的检验合格证和安全状况，如实记录食品的名称、规格、数量、生产日期或者生产批号、保质期、检验合格证号、销售日期以及购货者名称、地址、联系方式等内容，并保存相关凭证。记录和凭证保存期限应当符合本法第五十条第二款的规定。”生产企业建立食品出厂检验记录制度，既是对消费者身体健康的保障，也是对企业自身声誉的保障。得元商贸公司生产的白砂糖（生产日期：2017.05.04，规格：500克/袋，质量等级：优级）没有生产过程记录，没有出厂检验合格证明、产品验收台账和销售记录台账，省食药局依据《食品安全法》第一百二十六条第一款第三项的规定，予以警告的行政处罚是正确的。《食品安全法》第七十一条规定：“食品和食品添加剂的标签、说明书，不得含有虚假内容，不得涉及疾病预防、治疗功能。生产经营者对其提供的标签、说明书的内容负责。食品和食品添加剂的标签、说明书应当清楚、明显，生产日期、保质期等事项应当显著标注，容易辨识。食品和食品添加剂与其标签、说明书的内容不符的，不得上市销售。”得元商贸公司生产的白砂糖（生产日期：2017.05.04，规格：500克/袋，质量等级：优级）经检验不符合“优级”标准，与标签内容不符，省食药局依据《食品安全法》第一百二十五条第一款第二项和《行政处罚法》第二十七条第一款第一项的规定，给予没收违法所得285.6元；处以货值金额五倍的罚款130200元的行政处罚，适用法律并无不当。得元商贸公司提出其误将部分“一级”白砂糖装入标注为“优级”的包装袋，且在临夏州只销售了11袋，处罚决定书认定的违法所得及货值金额均不准确，认为处罚决定认定事实不清、证据不足。经审查，得元商贸公司生产的白砂糖（生产日期：2017.05.04，规格：500克/袋，质量等级：优级）的库存、出库、召回及销售数据均与其于2017年7月19日向省食药局提供的《食品召回总结报告表》数据一致，故其该主张不能成立。关于得元商贸公司提出GB317－2006不是食品安全标准，其生产的白砂糖属于“以次充好”但并无安全隐患，其行为应该按照《食品安全法》第一百二十五条第二款“生产经营的食品、食品添加剂的标签、说明书存在瑕疵但不影响食品安全且不会对消费者造成误导的，由县级以上人民政府食品安全监督管理部门责令改正；拒不改正的，处二千元以下罚款”的规定处理。该院经审查，原告得元商贸公司生产的白砂糖（生产日期：2017.05.04，规格：500 克/袋，质量等级：优级），色值实测值为 166，高于 GB/T317－2006《白砂糖》标准指标“≤60”，即该白砂糖的质量等级达不到标签上的“优级”，足以对消费者造成误导。省食药局依据《食品安全法》第一百二十五条第一款第二项的规定予以处罚，认定事实清楚，适用法律正确。关于得元商贸公司提出省食药局立案审批表定性错误的主张，因立案审批表仅表述为当事人的行为涉嫌违反了《食品安全法》第三十四条第一款第十三项的规定，省食药局经调查后认定得元商贸公司的行为违反了《食品安全法》第五十一条和第七十一条第三款的规定，并据此作出行政处罚的决定，故立案审批表涉嫌原告违法的定性并未影响其合法权益。关于得元商贸公司提出省食药局办案程序不合法的主张。经审查，省食药局在调查过程中，执法人员均为 2 人，并出示了执法证件，告知了被调查人申请回避的权利，符合《食品药品行政处罚程序规定》第二十条第一款规定。省食药局在《行政处罚事先告知书》中告知得元商贸公司违法事实、理由、法律依据与其作出的（甘）食药监罚〔2018〕50 号《行政处罚决定书》内容并无不同。至于得元商贸公司提出省食药局在听证会结束后时隔近半年才作出行政处罚决定，违反法定程序的主张。经审查，《行政处罚法》和《食品药品行政处罚程序规定》并未对食品药品监督管理部门执法程序的期限作出规定。但是，省食药局有必要优化工作流程，提高办事效率，及时作出行政决定，以稳定行政管理秩序。综上，原告得元商贸公司的诉讼理由依据不足，其要求确认省食药局封存强制措施违法及要求撤销（甘）食药监罚〔2018〕50 号《行政处罚决定书》的诉讼请求，不予支持。据此，根据《行政诉讼法》第六十九条的规定，判决如下：

驳回原告兰州得元商贸有限公司的诉讼请求。

得元商贸公司不服一审判决上诉称：本案白砂糖的等级与包装标注的等级不同，是印刷公司印刷错误和我们工作疏忽导致，不是上诉人故意为之。被上诉人在作出检验报告时所选用的标准是错误的，从而导致整个行政处罚行为无效；被上诉人在调查时，认定不合格白砂糖数量不清，违法所得数额不清，被上诉人的认定以偏概全；被上诉人《立案审批表》中审批人员越权审批、行政执法人员不符合法律规定；被上诉人对上诉人库存的4500袋白砂糖的封存行为程序违法；涉案白砂糖并未违反食品安全标准，在食品安全上没有任何问题，系标签存在瑕疵，不会对消费者造成误导，应当对上诉人不予处罚或适用《食品安全法》第一百二十五条第二款的规定予以处罚。综上，请求撤销一审判决书，依法改判或发回重审；判决被上诉人承担所有诉讼费用。

甘肃省高级人民法院经审查认为，食品安全事关国计民生，食品生产经营者应当依照法律、法规和食品安全标准从事生产经营活动，保证食品安全，诚信自律，对社会和公众负责，承担社会责任。食品药品监督管理部门根据《食品安全法》和《食品药品行政处罚程序规定》（原国家食品药品监督管理总局令第3号）的规定，具有对辖区内涉嫌食品违法的行为进行调查，并依法予以查处的法定职责。本案审查的主要焦点是省食药局的行政处罚程序是否合法，被诉的（甘）食药监罚〔2018〕50号《行政处罚决定书》第二项（即没收违法所得285.6元和罚款130200元），认定事实是否清楚、适用法律和处罚结果是否正确。

一、关于处罚决定认定事实是否清楚

食品标签是向消费者传递产品信息的重要载体，对消费者的消费行为有直接的指引作用，与消费者的食品安全密切相关。《食品安全法》第六十七条第一款规定："预包装食品的包装上应当有标签。标签应当标明下列事项……（九）法律、法规或者食品安全标准规定应当标明的其他事项。"第七十一条规定："食品和食品添加剂的标签、说明书，不得含有虚假内容，不得涉及疾病预防、治疗功能。生产经营者对其提供的标签、说明书的内容负责。食品和食品添加剂的标签、说明书应当清楚、明显，生产日期、保质期等事项应当显著标注，容易辨识。食品和食品添加剂与其标签、说明书的内容不符的，不得上市销售。"我国《食品安全国家标准预包装食品标签通则》规定，食品标签包括食品包装上的文字、图形、符号及一切说明物，食品标签应真实、准确，不得以虚假、夸大、使消费者误解或欺骗性的文字、图形等方式介绍食品。并在4.1.11.4节中规定："食品所执行的相应产品标准已明确规定质量（品质）等级的，应标示质量（品质）等级。"而《白砂糖》国家标准中明确规定白砂糖分为精制、优级、一级和二级共四个级别，优级白砂糖关于色值的标准指标是≤60IU。故食品生产经营者应对其提供的标签内容负责，生产经营的白砂糖标签应与内容相符，并按标准要求真实、准确标示质量（品质）等级。本案中，上诉人得元商贸公司生产的白砂糖（生产日期：2017.05.04，规格：500克/袋，质量等级：优级）在国家食品安全抽检中经甘肃省食品检验研究院检验，色值实测值为166IU，远远高于优级白砂糖的色值指标。该批次白砂糖的包装标签上注明等级为优级，上诉人将非优级白砂糖装在其中予以销售，足以使消费者误解，违反了《食品安全法》和食品安全标准对食品标签的具体要求。据此，省食药局认定上诉人生产销售与标签内容不符的白砂糖事实清楚。

关于上诉人认为省食药局认定的不合格白砂糖数量不清、违法所得数额不清的问题。根据上诉人于2017年7月19日向省食药局提供的《食品召回总结报告表》证实，其当天生产数量为500克的不合格白砂糖产品是4650袋，共销售51袋。在省食药局的调查过程中，上诉人的管理人员陈述500克的白砂糖送至兰州市各超市进行销售，报价是每袋5.6元。按照每袋5.6元的销售价格计算，销售51袋违法所得共285.6元。省食药局的该认定并无不当，上诉人的该上诉理由不能成立。

二、关于处罚决定适用法律和处罚结果是否正确

《食品安全法》第一百二十五条第一款规定："违反本法规定，有下列情形之一的，由县级以上人民政府食品安全监督管理部门没收违法所得和违法生产经营的食品、食品添加剂，并可以没收用于违法生产经营的工具、设备、原料等物品；违法生产经营的食品、食品添加剂货值金额不足一万元的，并处五千元以上五万元以下罚款；货值金额一万元以上的，并处货值金额五倍以上十倍以下罚款；情节严重的，责令停产停业，直至吊销许可证……（二）生产经营无标签的预包装食品、食品添加剂或者标签、说明书不符合本法规定的食品、食品添加剂……"本案中，上诉人生产销售与标签内容不符的白砂糖违反法律规定，省食药局依据上述规定，作出没收违法所得和罚款的行政处罚，适用法律正确。另外，上诉人违法生产经营的货值金额超过10000元，省食药局充分考虑上诉人能够及时整改和召回部分不合格食品，主动减轻了违法行为的危害后果，对上诉人按照处罚下限处以货值金额五倍的罚款130200元并无不当。

关于上诉人认为检验报告所选用的标准错误导致整个行政处罚行为无效

的问题。虽然《白砂糖》强制性国家标准（GB 317－2006）已转化为推荐性国家标准，标准代号由 GB 改为 GB/T，但其中关于白砂糖色值指标的要求一致，上诉人对检验报告未提出复检或审核申请，且对色值实测值 166IU 以及所售白砂糖标签与包装袋内所装白砂糖等级不符没有异议，故省食药局对于上诉人生产经营与标签内容不符的白砂糖行为予以行政处罚并无不当。

关于上诉人认为涉案白砂糖并未违反食品安全标准，系标签存在瑕疵，不会对消费者造成误导，应当对上诉人不予处罚或适用《食品安全法》第一百二十五条第二款的规定予以处罚的问题。本院认为，《食品安全法》第六十七条、第七十一条和《食品安全国家标准预包装食品标签通则》关于食品标签有明确规定。尤其是《食品安全法》第二十六条规定："食品安全标准应当包括下列内容……（四）对与卫生、营养等食品安全要求有关的标签、标志、说明书的要求……"因此，对食品标签标注内容的要求，属于食品安全标准之一，食品的生产经营者应当严格遵照执行。本案中，上诉人生产的涉案白砂糖在包装袋上标示了"优级"标签，经检验涉案白砂糖色值实测值与"优级"指标相去甚远，而色值指标是白砂糖质量等级划分的主要依据之一，且是白砂糖杂质多寡的一种反映，普通消费者购买时通常会通过包装标签判断白砂糖等级品质，很难通过外观进行判断。故涉案白砂糖关于"优级"等级的标签和内容不符，该标示不真实、不准确，违反了食品安全标准，足以对消费者造成选择性误导。上诉人的该上诉理由于法无据，不能成立。

三、关于处罚程序是否合法

本案中，省食药局依据《行政处罚法》《食品安全法》和《食品药品行政处罚程序规定》（原国家食品药品监督管理总局令第 3 号）的相关规定，经过现场检查、立案、调查取证、事先告知、听证、集体讨论等程序作出被诉行政处罚决定，充分保障了上诉人陈述、申辩权的行使，处罚程序合法。

关于上诉人认为省食药局《立案审批表》中审批人员越权审批、行政执法人员不符合法律规定的问题。《食品药品行政处罚程序规定》第十八条第二款规定，符合立案条件的，应当报分管负责人批准立案，并确定 2 名以上执法人员为案件承办人。第二十条第一款规定，食品药品监督管理部门进行案件调查时，执法人员不得少于 2 人，并应当出示执法证件。省食药局经立案审批，确定 2 名执法人员为本案承办人，在案件调查时均有 2 名执法人员进行并出示了执法证件，并未违反上述规定，上诉人的该上诉理由不能成立。

关于上诉人认为省食药局封存其库存的4500袋白砂糖的行为不符合《行政强制法》的问题。根据《食品安全抽样检验管理办法》（原国家食品药品监督管理总局令第11号）第三十九条规定，食品生产经营者收到监督抽检不合格检验结论后，应当立即采取封存库存问题食品，暂停生产、销售和使用问题食品，召回问题食品等措施控制食品安全风险，排查问题发生的原因并进行整改，及时向住所地食品药品监督管理部门报告相关处理情况。食品生产经营者不按规定及时履行前款规定义务的，食品药品监督管理部门应当责令其履行。本案中，上诉人在收到食品抽检不合格检验结论后，封存、召回问题食品属于其应履行的义务，省食药局要求上诉人封存库房不合格食品属于告知上诉人履行义务，并未采取查封、扣押强制措施，上诉人的该上诉理由不能成立。

综上，省食药局作出的（甘）食药监罚〔2018〕50号《行政处罚决定书》认定事实清楚，行政程序合法，适用法律正确。一审判决认定事实清楚，审判程序合法，适用法律正确，判决结果并无不当。上诉人的上诉理由不能成立。依照《行政诉讼法》第八十九条第一款第一项的规定，判决如下：

驳回上诉，维持原判。

【评析】

当前，我国食品安全面临严峻形势，违反食品安全标准的违法行为层出不穷，部分违法行为比较隐蔽，很容易被消费者忽视。本案涉及的食品白砂糖是人们日常饮食中必不可少的一种食物，与人民群众的身体健康息息相关。本案中，得元商贸公司生产经营的标示“优级”标签的白砂糖，在原甘肃省食药局食品安全抽样检验中被检验为色值指标不合格，被省食药局认定为生产经营与标签内容不符的白砂糖的行为，处以罚没款合计130485.6元的处罚。

一、白砂糖的等级划分和色值指标

白砂糖是以甘蔗或甜菜为原料，经提取糖汁、清净处理、煮炼结晶和分蜜等工艺加工制成的蔗糖结晶。根据《白砂糖》（GB/T317－2006）标准，白砂糖分为精制、优级、一级和二级共四个级别，每个级别针对蔗糖分、还原糖分、电导灰分、干燥失重、色值、混浊度、不溶于水杂质等理化要求，都有不同的理化指标。其中关于色值的理化指标，精制白砂糖为≤25，优级白砂糖为≤60，一级白砂糖为≤150，二级白砂糖为≤240。

色值是食糖的品质指标之一，是白砂糖、绵白糖、冰糖等质量等级划分的主要依据之一，它主要影响糖品的外观，是杂质多寡的一种反映，也是生产工艺水平的一种体现。本案中，得元商贸公司生产的涉案白砂糖在包装袋上标示了"优级"标签，但经甘肃省食品检验研究院检验，其色值实测值为166，远远高于我国白砂糖国家标准中关于优级白砂糖色值"≤60"的指标，即该白砂糖的质量等级达不到标签上所标示的"优级"，属于生产销售与标签内容不符的白砂糖的行为。

二、我国食品安全法和国家标准中关于食品标签的规定

食品标签是向消费者传递产品信息的重要载体，对消费者的消费行为有直接的指引作用，与消费者的食品安全密切相关。《食品安全法》第二十六条规定："食品安全标准应当包括下列内容……（四）对与卫生、营养等食品安全要求有关的标签、标志、说明书的要求……"该法第六十七条第一款规定："预包装食品的包装上应当有标签。标签应当标明下列事项……法律、法规或者食品安全标准规定应当标明的其他事项。"第三款规定："食品安全国家标准对标签标注事项另有规定的，从其规定。"该法第七十一条规定："食品和食品添加剂的标签、说明书，不得含有虚假内容，不得涉及疾病预防、治疗功能。生产经营者对其提供的标签、说明书的内容负责。食品和食品添加剂的标签、说明书应当清楚、明显，生产日期、保质期等事项应当显著标注，容易辨识。食品和食品添加剂与其标签、说明书的内容不符的，不得上市销售。"我国《食品安全国家标准预包装食品标签通则》（GB 7718 - 2011）规定，食品标签包括食品包装上的文字、图形、符号及一切说明物，食品标签应真实、准确，不得以虚假、夸大、使消费者误解或欺骗性的文字、图形等方式介绍食品。并在 4.1.11.4 节中规定："食品所执行的相应产品标准已明确规定质量（品质）等级的，应标示质量（品质）等级。"而根据上述分析，我国白砂糖国家标准中明确规定了白砂糖的质量等级，且优级白砂糖关于色值的标准指标是≤60。因此，对食品标签标注内容的要求，属于食品安全标准之一，食品的生产经营者应当严格遵照执行，食品生产经营者应对其提供的标签内容负责，生产经营的白砂糖标签应与包装中的白砂糖内容相符，并按标准要求真实、准确标示白砂糖的质量等级。

三、食品标签错误行为的认定和审查标准

食品标签错误行为包括标签瑕疵行为和标签违法行为。食品生产经营过程中针对标签瑕疵行为和标签违法行为的法律责任，我国《食品安全法》第一百二十五条第一款和第二款规定的处罚差异巨大，这也是本案双方当事人之间的巨大分歧之处。《食品安全法》第一百二十五条第一款规定："违反本法规定，有下列情形之一的，由县级以上人民政府食品安全监督管理部门没收违法所得和违法生产经营的食品、食品添加剂，并可以没收用于违法生产经营的工具、设备、原料等物品；违法生产经营的食品、食品添加剂货值金额不足一万元的，并处五千元以上五万元以下罚款；货值金额一万元以上的，并处货值金额五倍以上十倍以下罚款；情节严重的，责令停产停业，直至吊销许可证……（二）生产经营无标签的预包装食品、食品添加剂或者标签、说明书不符合本法规定的食品、食品添加剂……"该条第二款规定："生产经营的食品、食品添加剂的标签、说明书存在瑕疵但不影响食品安全且不会对消费者造成误导的，由县级以上人民政府食品安全监督管理部门责令改正；拒不改正的，处2000元以下罚款。"据此，如果仅是食品标签存在瑕疵且不会对消费者造成误导的，法律后果只是责令改正，拒不改正的处二千元以下罚款，而对于生产经营标签不符合食品安全法规定的食品，则要处以巨额罚款甚至责令停产停业、直至吊销许可证的处罚。因此，判断食品标签属于标签瑕疵还是标签违法，以及是否会对消费者造成误导，便是此类案件审查的核心。

标签违法行为是指在生产经营的预包装食品、食品添加剂上没有标签，或者生产经营标签不符合食品安全法规定的食品、食品添加剂，并应承担食品安全法上法律责任的行为。对食品标签违法行为而言，具体包括生产经营无标签的食品和生产经营标签不符合食品安全法规定的食品两类。而食品标签瑕疵行为是指食品的标签中存在小的错误但不影响食品安全且不构成食品标签违法行为。关于食品标签违法行为和食品标签瑕疵行为的区分和认定，对于生产经营无标签的食品毫无疑问属于食品标签违法行为，主要是生产经营标签不符合《食品安全法》规定食品的行为和食品标签瑕疵行为在实践中不易区分，在具体适用中要注意加强甄别，既要防止轻微的食品标签瑕疵行为被认定为违法行为而处以重罚，也要避免食品标签违法行为被认定为瑕疵行为而逃避国家法律制裁。

笔者认为，区分食品标签违法行为中生产经营标签不符合《食品安全法》规定食品的行为和食品标签瑕疵行为主要包括以下三点：（1）是否违反食品安全法的明确规定，是则构成食品标签违法行为，否则构成食品标签瑕疵行为；（2）是否影响食品安全，影响食品安全或可能影响食品安全则构成食品标签违法行为，不影响食品安全则构成食品标签瑕疵行为；（3）是否会对消费者造成误导，对消费者造成误导且不符合食品安全法的规定属于食品标签违法行为，不会对消费者造成误导且不影响食品安全的小的错误则属于食品标签瑕疵行为。从本案的具体情况来看，第一，得元商贸公司生产的涉案白砂糖在包装袋上标示了“优级”标签，但经检验其包装中的白砂糖色值实测值与“优级”指标相去甚远，违反了《食品安全法》第七十一条第三款关于“食品和食品添加剂与其标签、说明书的内容不符的，不得上市销售”的明确规定，另外，根据《食品安全法》第二十六条第四项的规定，对食品标签标注内容的要求，也属于食品安全标准之一，因此本案也违反了食品安全标准的要求。第二，色值指标是白砂糖质量等级划分的主要依据之一，且是白砂糖杂质多寡的一种反映，色值指标达 166 的白砂糖即使不影响食品安全，也完全达不到其标签标示的“优级”白砂糖的营养标准。第三，现实中，普通消费者购买时通常会通过包装标签判断白砂糖等级品质，很难通过肉眼判断白砂糖的质量品质，涉及白砂糖的违法行为不易被消费者察觉，本案的违法行为也是省食药局在食品安全抽样检验中发现后才作出行政处罚的。因此，涉案白砂糖关于“优级”等级的标示不真实、不准确，足以对消费者造成选择性误导。综上，本案得元商贸公司的行为属于食品标签违法行为，得元商贸公司认为省食药局行政处罚认定事实不清、涉案白砂糖并未违反食品安全标准、系标签存在瑕疵、不会对消费者造成误导、应当对其不予处罚或适用《食品安全法》第一百二十五条第二款的规定予以处罚等上诉理由，不能成立。

四、本案例的指导意义

食品安全事关国计民生。本案例旨在明确食品标签违法行为和食品标签瑕疵行为的区别和判断标准，分析了涉案行为不属于食品标签瑕疵行为而属于食品标签违法行为的具体理由，指出食品生产经营者应对其提供的标签内容负责，食品标签应与包装中的食品内容相符，并按照要求真实、准确、审慎标示具体内容，进一步呼吁食品生产经营者应当依照法律、法规和食品安全标准从事生产经营活动，保证食品安全，对社会和公众负责，承担社会责任。

人民法院在审查涉及食品标签的行政处罚案件时，应严格按照《食品安全法》《食品安全国家标准预包装食品标签通则》（GB 7718－2011）和具体食品的国家标准等相关规定进行审查，既要维护广大消费者的合法权益，也要加强食品安全管理、促进行业健康发展。在当前对食品安全实行“最严谨的标准、最严格的监管、最严厉的处罚、最严肃的问责”的背景下，对于食品安全监督管理部门依法查处食品安全领域的违法行为，人民法院应当依法予以支持，以维护人民群众“舌尖上的安全”。本案关于食品标签和食品标签违法行为的细致解读，有利于增进食品安全执法人员和审判人员对食品标签相关内容的理解和认识，加强对食品标签违法行为和食品标签瑕疵行为的甄别，有利于避免“重者轻罚、轻者重罚”的状况发生，对于食品安全执法人员处理和审判人员审理同类案件具有一定的参考作用。

（作者单位：甘肃省高级人民法院）

形式作为而实质不作为的合法性审查

——大连中睿科技发展有限公司诉深圳市财政委员会招投标监管行政处理决定案

王成明

【裁判要旨】

行政机关对投诉举报事项履行调查处理职责，不仅要在形式上符合法律规定的程序，更要在实体上查清事实真相，在处理结果上实现公平正义，杜绝形式主义，实现实质法治。法院对行政机关履职行为的合法性审查，既要对履职行为进行形式上的审查，更要对其进行实质性审查，形式作为但实质不作为的，应当认定为没有全面、正确履行法定职责，判决撤销其履职行为并责令其重新履行法定职责。

【案号】

一审：广东省深圳市盐田区人民法院（2017）粤0308行初1241号。

二审：广东省深圳市中级人民法院（2018）粤03行终378号。

【案情】

原告（上诉人）：大连中睿科技发展有限公司。

被告（被上诉人）：深圳市财政委员会。

2016年6月30日，大连中睿科技发展有限公司向深圳市政府采购中心就“探地雷达综合检测车采购”提出质疑，质疑事项为供应商武汉滨湖电子有限责任公司自身没有探地雷达研制能力也没有探地雷达产品，该公司提供的招标文件中关于其多通道雷达主机及天线产品资料均是虚假的。深圳市政府采购中心于2016年8月19日组织专家就大连中睿科技发展有限公司投诉组织复评，《专家评审意见表》中可见“依据武汉滨湖电子有限责任公司提供的承诺函，对投标文件的真实性承担法律责任，质疑无效”等意见，评议结果为“维持原评标结果”。2016年8月30日，深圳市政府采购中心作出深府购函〔2016〕451号《关于探地雷达综合检测车采购项目有关情况的答复函》，没有支持大连中睿科技发展有限公司的质疑请求。2016年9月24日，大连中睿科技发展有限公司代理人向深圳市财政委员会递交投诉书，称武汉滨湖电子有限责任公司向深圳市政府采购中心提交的投标文件中关于产品“多通道雷达主机及天线”是虚假技术产品资料，请求深圳市财政委员会对其投诉作出回复，查明武汉滨湖电子有限责任公司提供虚假资料谋取中标的违法行为，取消武汉滨湖电子有限责任公司中标人资格。大连中睿科技发展有限公司同时提交了证据材料及其向深圳市政府采购中心提出质疑的函及该中心的复函。2016年9月28日，深圳市财政委员会将大连中睿科技发展有限公司的投诉书转交给深圳市政府采购中心及武汉滨湖电子有限责任公司。2016年9月29日，深圳市政府采购中心回函给深圳市财政委员会称，其已就大连中睿科技发展有限公司就涉案项目的质疑于2016年9月1日向大连中睿科技发展有限公司回函，现将该函抄送深圳市财政委员会，并无新的意见。武汉滨湖电子有限责任公司对深圳市财政委员会转交的投诉书并未回应。2016年10月31日，深圳市财政委员会作出深财书〔2016〕229号《投诉处理决定书》，驳回了大连中睿科技发展有限公司的投诉，并送达给大连中睿科技发展有限公司。另查明，大连中睿科技发展有限公司在一审庭审中提交一张照片，拟证明武汉滨湖电子有限责任公司实际交付的产品系GSSI的产品，其本身并无投标产品，大连中睿科技发展有限公司投诉有依据；深圳市财政委员会对大连中睿科技发展有限公司该份证据真实性不予认可。双方在庭审中均确认投标文件中对产品的描述为“探地雷达综合检测车，拒绝进口”。再查明，2017年7月11日，武汉滨湖电子有限责任公司取得《机动车整车出厂合格证》，显示其湖光牌BHJ5043TLJ型号道路检测车经过检验，准予出厂。2017年9月6日，武汉滨湖电子有限责任公司交付的探地雷达综合检测车通过专家验收。2017年9月20日，劳雷公司在其网站发布新闻，标题为：“劳雷八通道探地雷达综合检测车解决方案助力深圳道路安全”；内容为：“日前，劳雷技术团队研发集成的深圳市道路综合检测车成功完成验收。作为国内首套采用美国GSSI八通道探底雷达高精度快速扫描系统为核心单位的道路综合检测车，未来将在路面平整、路基结构、易塌陷区、混凝土层脱空等方面发挥重要作用，为城市道路安全保驾护航……2016年，劳雷技术团队接到了深圳市地面坍塌防治工作领导小组办公室关于道路综合检测车的需求，从开始设计方案到最终集成，经过多轮磨合，最后终于在2017年9月如期完成验收。集成以后，该道路综合检测车以美国GSSI公司八通道探底雷达系统为核心单元的检测车，该系统由八通道SIR30雷达主机……”

【审判】

一审判决认为，根据《政府采购供应商投诉处理办法》第三条第三款规定，深圳市财政委员会作为深圳市政府财政部门负责本级预算项目政府采购活动中的供应商投诉事宜，系本案适格深圳市财政委员会，大连中睿科技发展有限公司对此无异议，原审法院予以确认。本案的争议焦点为：深圳市财政委员会认定大连中睿科技发展有限公司投诉事实不成立依据是否充分；深圳市财政委员会在武汉滨湖电子有限责任公司未向其作出书面说明的情况下，作出驳回投诉的决定是否违法。关于焦点一，《政府采购供应商投诉处理办法》第十四条规定，财政部门处理投诉事项原则上采取书面审查的办法。财政部门认为有必要时，可以进行调查取证，也可以组织投诉人和被投诉人当面进行质证。深圳市财政委员会在接到大连中睿科技发展有限公司的投诉后，向被投诉人深圳市政府采购中心及涉案采购项目的中标人武汉滨湖电子有限责任公司送达了投诉书副本，也收到了深圳市政府采购中心提交的复函及相关专家复议结果。经过审查双方提交的证据材料，深圳市财政委员会认定大连中睿科技发展有限公司投诉事项不能查证属实，并阐述投诉事项不能成立的理由，其据此作出驳回投诉的决定，并无不当之处，原审法院予以支持。大连中睿科技发展有限公司主张武汉滨湖电子有限责任公司实际交货并非其自身产品，但并未提供充分证据证明；故大连中睿科技发展有限公司据此认为深圳市财政委员会作出的涉案决定依据不足，不能成立，原审法院不予支持。关于焦点二，《政府采购供应商投诉处理办法》第十四条规定，被投诉人和与投诉事项有关的供应商应当在收到投诉书副本之日起5个工作日内，以书面形式向财政部门作出说明，并提交相关证据、依据和其他有关材料。第十六条规定，投诉人拒绝配合财政部门依法进行调查的，按自动撤回投诉处理；被投诉人不提交相关证据、依据和其他有关材料的，视同放弃说明权利，认可投诉事项。综合上述两条规定可以看出，作为中标的供应商武汉滨湖电子有限责任公司有义务配合深圳市财政委员会的调查，但由于其并非被投诉人，其未作出回应并不能视为被投诉人深圳市政府采购中心放弃说明权利，认可投诉事项。因此，深圳市财政委员会在武汉滨湖电子有限责任公司未尽说明义务，根据深圳市政府采购中心提交的相关函件及证据材料可以作出认定的情况下，作出涉案决定书并不违法，大连中睿科技发展有限公司据此主张深圳市财政委员会违法不能成立，原审法院不予支持。判决驳回大连中睿科技发展有限公司的诉讼请求。

二审判决认为，涉案的探地雷达综合检测车采购项目招投标文件中明确规定产品拒绝进口，大连中睿科技发展有限公司认为项目中标人存在申报材料弄虚作假的行为，向深圳市财政委员会提出投诉。深圳市财政委员会在接到投诉材料后，向被投诉人深圳市政府采购中心和中标人转交了投诉材料，但一方面，中标人没有作任何回复；另一方面，被投诉人深圳市政府采购中心回复函也没有对投诉书的内容作针对性回应。在此情况下，深圳市财政委员会未对大连中睿科技发展有限公司投诉材料中提及的问题进行实质性调查，就直接作出涉案行政处理决定，属于认定事实不清，依法应予撤销。此外，大连中睿科技发展有限公司在二审中提交的经过公证的《美国劳雷工业公司在其网站的新闻截图》中关于“劳雷八通道探地雷达综合检测车解决方案助力深圳道路安全”的描述，可能与大连中睿科技发展有限公司投诉的相关事实存在关联性。深圳市财政委员会应当结合新出现的证据对大连中睿科技发展有限公司投诉的相关事实进行进一步的调查并重新作出处理决定。原审判决认定事实不清，依法应予改判。大连中睿科技发展有限公司的上诉请求成立，依法应予支持。根据《行政诉讼法》第七十条第一项、第八十九条第一款第二项之规定，判决如下：

一、撤销广东省深圳市盐田区人民法院（2017）粤 0308 行初 1241 号行政判决。

二、撤销被上诉人深圳市财政委员会于 2016 年 10 月 31 日作出的深财书（2016）229 号《投诉处理决定书》。

三、被上诉人深圳市财政委员会于本判决生效之日起30个工作日内针对上诉人大连中睿科技发展有限公司的投诉重新作出处理。

【评析】

一、形式作为而实质不作为的行为界定

对形式作为而实质不作为的行为的研究，要从行政不作为说起。对于行政不作为的认识存在一个发展的过程，传统观点一般认为，行政不作为是指行政主体负有积极作为的义务但逾期没有履行该义务的行为，包括作为义务的存在、作为之可能性和程序上的不为三个构成要件。随着监督行政的司法实践及依法行政理念的深入，行政执法出现了一种新情形，就是形式作为而实质不作为的行为。从形式上看，行政机关已经按照法律规定的程序履行了应尽的义务，但没有作出任何实质性决定，没有解决实际问题，没有对当事人的权利义务产生新的实际效果。也就是说，行政机关履职了，但是没有引起行政法律关系的任何变化。该类行为的危害性更大，一方面行政机关容易以此为由竭力推卸责任，另一方面让当事人苦不堪言，严重损害政府法治形象。本案就属于这种情形。投诉人主张，招投标项目是拒绝进口，但中标人武汉滨湖电子有限责任公司在投标文件中对其所谓多通道探地雷达产品技术指标的说明全盘照抄了美国GSSI探地雷达的指标，就连格式也写的是GSSI专有的，并且就连其产品外观尺寸和重量也与美国的GSSI雷达SIR－30完全一样。行政机关却以武汉滨湖电子有限责任公司投标文件提供的承诺函对其投标文件的真实性做出承诺，其产品证明文件均符合招标文件要求，评委会予以认可为由驳回投诉，但对投诉人提出的问题却一概不予审查和回应。投诉人拿出GSSI公司在中国的唯一销售代理商美国劳雷公司在其官网发布的新闻图片，内容为劳雷技术团队研发集成的深圳市道路综合检测车于2017年9月成功完成验收，被告仍坚持认为自己已经全面履行了法定职责，明显不具有说服力，属于典型的形式作为但实质不作为的行为。

二、法院对行政机关履行法定职责的全面审查

行政机关对投诉举报事项的调查处理，不仅要在形式上符合法律规定的程序，更要在实体上查清事实真相，在处理结果上实现公平正义。法院对这类行政案件的审查，不能流于形式，既要对行政机关履职行为进行形式上的审查，更要对其进行实质性审查，形式合法但实质内容明显缺乏公平正义，与常理不符的，也应认定为没有全面履行法定职责，应当判决其全面履行法定职责。

其一，要对照法定程序进行形式审查。对于行政机关来说职权法定，法无明文规定不得为之。故法院对行政机关的履职行为进行合法性审查，先要按照法律规定的程序进行对照审查，要看法律规范规定的方式、步骤、时间和顺序等，行政机关是否都做到了，这是合法性审查最基本的要求。

其二，要对照作为程度进行实质审查。因行政管理活动的复杂性、灵活性、多变性，法律对行政机关如何作为难以有全面、详细的规定，多数管理行为在实践中如何操作还需要行政机关结合具体案情而实施。譬如关于被投诉人下落不明的认定，实践中有人投诉网店存在价格欺诈行为，工商行政管理机关去被投诉人公司注册地发现人去楼空就认定被投诉人下落不明，但事实上被投诉的网店还在正常经营，被投诉的公司在工商登记档案中预留的联系人和联系方式还可以联系，此时工商行政管理机关认定被投诉人下落不明就难以成立，法院就不应该支持行政机关的该项认定。行政机关是否充分履行了法定职责，应当以调查过程是否穷尽了一切手段、调查手段是否具有说服力，调查结果是否具有合理性为标准。

三、行政机关全面、正确履行法定职责的意义

行政机关依法全面履行法定职责，具有极其重大的意义。近年来出现的食品安全、疫苗事故等社会问题，都与行政机关监管长期不到位有一定的关系。行政机关要作为，更要实质性作为，不能仅仅走程序，不解决实际问题，尤其是对投诉举报事项的调查处理，不仅要在形式上符合法律规定的程序，更要在实体上查清事实真相，在处理结果上实现公平正义。

（作者单位：广东省深圳市中级人民法院）

变更判决在行政协议诉讼中的适用边界

曹 巍

【裁判要旨】

对于当事人诉请人民法院判决变更行政协议内容的行政协议诉讼，相关内容经审查后不宜由人民法院直接判决变更，但行政协议内容违法或明显不当的，人民法院可以根据《行政诉讼法》第七十条的规定直接判决撤销并责令行政机关重新作出行政行为。

【案号】

一审：四川省彭州市人民法院（2019）川0182行初4号。

二审：四川省成都市中级人民法院（2019）川01行终1213号。

【案情】

原告（被上诉人）：杜顺。

被告（上诉人）：四川省金堂县淮口镇人民政府（以下简称淮口镇政府）。

杜顺系金堂县淮口镇五星村5组人，其被拆迁的房屋位于金堂县淮口镇五星村5组。2014年12月28日，成都市人民政府作出成府土〔2014〕633号《关于成都市2014年第138批（金堂县）城镇建设用地实施方案的批复》，同意将金堂县淮口镇五星村5组的集体农用地转为建设用地，并征收为国家所有。2014年12月29日金堂县人民政府作出〔2014〕第12号《金堂县人民政府征收土地公告》，该公告中载明被征地村组涉及淮口镇五星村5组。2015年1月12日金堂县国土资源局作出〔2014〕第12号《征收土地补偿安置方案公告》，载明被征地村组涉及淮口镇五星村5组，及征收土地补偿费用、安置补助费的标准及支付方式。2015年1月28日金堂县人民政府作出

《关于淮口镇五星村4组等征收土地补偿安置方案的批复》。2017年11月1日，杜顺的父亲杜其建代表杜顺在《金堂县国家建设征收土地地面附着物补、赔偿登记表》上签字确认杜顺房屋面积为88.48平方米，及土地地面附着物情况及赔偿金额，并与淮口镇政府签订《拆迁安置补偿协议》，该协议对房屋及其他附着物补偿、住房安置，统规统建安置的过渡期限、搬家费用、搬迁期限等进行了约定。同时由杜顺的父亲向淮口镇政府提交了杜顺的身份证和中国农业银行银行卡复印件。淮口镇政府于2017年11月14日通过银行转账方式向杜顺支付拆迁安置补偿费22382.00元。2017年11月16日杜顺向四川省彭州市人民法院提起行政诉讼，请求依法确认2017年11月1日杜其建代杜顺与淮口镇政府签订的《拆迁安置补偿协议》无效。经审理，四川省彭州市人民法院判决驳回了杜顺的诉讼请求。杜顺又于2019年1月21日向四川省彭州市人民法院提起本案诉讼，请求依法对2017年11月1日签订的《拆迁安置补偿协议》中拆迁房屋面积88.48平方米予以变更为165.60平方米，并按照金堂府发〔2014〕12号《金堂县集体土地征收补偿安置实施办法》中的标准对拆迁安置补偿费用进行计算。

四川省彭州市人民法院一审认为，杜顺提起行政诉讼并未超过起诉期限，也不构成重复起诉。关于杜顺主张要求对《拆迁安置补偿协议》中拆迁房屋面积88.48平方米予以变更为165.60平方米的诉讼请求。在杜顺的《金堂县国家建设征收土地地面附着物补、赔偿登记表》上，其父亲杜其建对杜顺拆迁房屋面积为88.48平方米进行了签字确认。确认后，淮口镇政府根据该面积签订了《拆迁安置补偿协议》，并计算了安置补偿费用。杜顺主张其拆迁房屋面积实为165.60平方米，但其提交的成都市市长热线回复打印件、淮口镇推进办查询的电脑登记数据照片等证据材料并不能充分证明。故对杜顺请求变更面积的诉讼请求不予支持。关于是否应当适用金堂府发〔2014〕12号《金堂县集体土地征收补偿安置实施办法》中的标准。一审法院认为，根据2014年12月28日成都市人民政府作出成府土〔2014〕633号《关于成都市2014年第138批（金堂县）城镇建设用地实施方案的批复》，2014年12月29日金堂县人民政府作出〔2014〕第12号《金堂县人民政府征收土地公告》，2015年1月12日金堂县国土资源局作出〔2014〕第12号《征收土地补偿安置方案公告》，及2015年1月28日金堂县人民政府作出《关于淮口镇五星村4组等征收土地补偿安置方案的批复》，杜顺被拆除的房屋位于金堂县淮口镇五星村5组，属于上述土地征收项目的征收范围。该土地征收项目于2014年12月28日经成都市人民政府批复后开始启动。淮口镇政府于2017年11月1日与原告签订《拆迁安置补偿协议》，此时应当适用金堂府发〔2014〕12号《金堂县集体土地征收补偿安置实施办法》中的标准对杜顺的征地拆迁安置补偿款进行计算。故对于杜顺请求变更适用金堂府发〔2014〕12号《金堂县集体土地征收补偿安置实施办法》中的标准对安置补偿费用进行计算的诉讼请求，予以支持。一审法院遂判决直接变更淮口镇政府于2017年11月1日与杜其建签订的《拆迁安置补偿协议》中征地拆迁安置补偿款的计算标准为适用金堂府发〔2014〕12号《金堂县集体土地征收补偿安置实施办法》中的标准，重新对征地拆迁安置补偿款进行计算；驳回杜顺的其他诉讼请求。

宣判后，淮口镇政府提起了上诉，淮口镇政府的理由是：本案系淮口镇政府与杜顺履行拆迁安置协议纠纷，不是行政处罚纠纷。一审法院适用《行政诉讼法》第七十七条直接变更协议属于法律适用错误。即使其存在适用标准错误也应当适用《行政诉讼法》第七十条的规定，判决淮口镇政府重新作出行政行为。本案虽然适用旧的补偿标准，但获得安置的人数较多，杜顺实际获得补偿高于按照新的补偿标准进行补偿。

【审判】

四川省成都市中级人民法院审理后认为，本案争议焦点在于一审直接判决变更《拆迁安置补偿协议》适用的安置补偿标准是否具有法律依据；本案作为行政协议诉讼应当如何选择适用适当的行政诉讼判决类型。

关于一审直接判决变更《拆迁安置补偿协议》适用的补偿安置标准是否有法律依据。《行政诉讼法》第七十七条规定了行政诉讼中的变更判决，行政处罚明显不当，或者其他行政行为涉及对款额的确定、认定确有错误的，人民法院可以判决变更，变更判决的适用条件一般包括：（1）被诉行政行为已经作出并有效；（2）被诉行政行为具有非专属于行政机关的裁量性；（3）法律法规规定法院可以判决变更；（4）原告的权益属于主观公权利。

从法律法规的规定来看，行政法相关法律法规未明确规定行政协议类案件可以适用变更判决。根据《行政诉讼法》第七十七条的规定，行政诉讼中的变更判决适用于“行政处罚明显不当”“行政行为对款额的确定、认定确有错误”；行政协议作为2015年《行政诉讼法》实施后纳入行政诉讼受案范围的新的诉讼类型，《行政诉讼法》第七十八条规定了行政协议案件判决形式：“被告不依法履行、未按照约定履行或者违法变更、解除本法第十二条第一款第十一项规定的协议的，人民法院判决被告承担继续履行、采取补救措施或者赔偿损失等责任。被告变更、解除本法第十二条第一款第十一项规定的协议合法，但未依法给予补偿的，人民法院判决给予补偿。”故从法律条文上来看，对于行政协议案件的判决方式，《行政诉讼法》并未规定人民法院可以直接判决变更。能否对《行政诉讼法》第七十七条的规定进行扩充解释，认为可以适用于行政协议这一兼具公私属性的特殊双方行政行为，法律、司法解释并未明确。同时本案中更为显著的是当下行政诉讼语境下的变更判决还应当严格限定于“数额的确定、认定”，本案所涉的补偿安置适用标准问题属于行政机关综合裁量适用的问题，不属于可以直接确定、认定数额的问题。故对于行政协议中非“数额”行政行为在裁判中直接判决变更协议条款明显缺乏法律依据。

从司法权与行政权的关系角度，安置补偿协议中补偿标准问题更多体现了行政管理中行政先行原则，法院不应在司法判决中直接认定应适用的补偿标准。司法权是指司法机关行使审判、监督法律的权力，本质为判断权，以追求案件的公平正义为己任，司法权更着重于对行政权的行使进行判断，以对人民权利进行捍卫，对法律进行守护；行政权是指行政机关执行法律规范、实施行政管理活动的权力，其本质为管理权，以实现更好地管理社会公共事务为目标。行政权为了更好、更快、更有效地实现其社会管理目标，需要更多的自由裁量权和更大的弹性空间，这也是现代国家的内在要求和行政权应对各种突发事件的必然要求。在集体土地征收补偿领域，《土地管理法实施条例》第二十五条第三款规定，对补偿标准有争议的，由县级以上地方人民政府协调；协调不成的，由批准征收土地的人民政府裁决。《最高人民法院关于审理涉及农村集体土地行政案件若干问题的规定》第十条规定，土地权利人对土地管理部门组织实施过程中确定的土地补偿有异议，直接向人民法院提起诉讼的，人民法院不予受理，但应当告知土地权利人先申请行政机关裁决。从法规、司法解释关于补偿标准救济程序的规定来看，土地征收补偿问题尤其是相关补偿具体问题明显体现了行政先行原则，法院通过对补偿个案某一点上的审查容易“一斑窥豹”，由此直接确定的补偿标准并不一定能够保障行政管理中的公私利益平衡，而行政机关先行处理对于提升行政管理效率，直接就地化解矛盾纠纷，节约司法资源，同时保障补偿过程中公共利益不受损更具有意义，故征收补偿标准问题的先行确定适用更多体现了行政机关的专属裁量。对于土地征收补偿问题，司法权应秉持谦抑原则，司法审查更多体现在后续对行政机关适用标准的合法性、是否明显不当进行判断、监督，对未经行政机关先行处理的争议，不宜在司法判决中径行代替行政机关确定应当予以适用的补偿标准。本案中，淮口镇政府所提上诉理由其中一项即认为本案应当判决责令重作，实质上也包含了认为补偿标准即使不当也应由其先行处理的内涵。

从有关民事法律规范的适用角度来看，本案中涉及的情形也不应直接判决变更。《合同法》第五十四条规定，因重大误解订立的或订立合同时显失公平的合同，当事人一方有权请求人民法院或者仲裁机构变更或者撤销；一方以欺诈、胁迫的手段或者乘人之危，使对方在违背真实意思的情况下订立的合同，受损害方有权请求人民法院或者仲裁机构变更或者撤销。根据该条规定，单方请求变更合同必须符合重大误解、显失公平、欺诈胁迫的情况。为保护交易稳定性，司法应当慎重认定协议中的重大误解、显失公平、欺诈胁迫。从双方一、二审诉辩意见来看，双方在一、二审中均未主张本案中存在重大误解或欺诈胁迫的情形；而对于民事诉讼中的显失公平，《最高人民法院关于贯彻执行〈中华人民共和国民法通则〉若干问题的意见》第七十二条规定，一方当事人利用优势或者利用对方没有经验，致使双方的权利义务明显违反公平、等价有偿原则的，可以认定为显失公平。《最高人民法院关于适用〈中华人民共和国合同法〉若干问题的解释（二）》第二十六条规定，合同成立以后客观情况发生了当事人在订立合同时无法预见的、非不可抗力造成的不属于商业风险的重大变化，继续履行合同对于一方当事人明显不公平或者不能实现合同目的，当事人请求人民法院变更或者解除合同的，人民法院应当根据公平原则，并结合案件的实际情况确定是否变更或者解除。本案中，杜顺是否依据订立的《拆迁补偿安置协议》获得公平、合理的补偿，淮口镇政府是否利用优势或者利用被征收方没有经验，损害被征收人杜顺的合法权益或是否因给予杜顺过高的补偿而损害公共利益，属于对补偿行为进行综合审查的系统性问题，不仅取决于适用补偿标准的问题，还涉及安置面积，安置人口等补偿中的具体问题。事实上，本案上诉中淮口镇政府亦自认订立协议可以适用金堂府发〔2014〕12号《金堂县集体土地征收补偿安置实施办法》中的标准，但认为如适用新的补偿标准，住房安置人口可能会发生变化，综合计算，杜顺获得的相关补偿可能低于订立的协议（被上诉人杜顺对淮口镇政府的此项上诉意见持反对意见）。故仅凭补偿标准适用不当，并不足以认定补偿本身明显不公平，更不能据此认定已经构成了合同法意义上的显失公平。且行政协议案件审理过程中应优先考量适用行政法律规范，根据如上分析补偿标准问题中应予坚持的行政先行原则，因补偿问题应由行政机关先行处理，映射到适用民事法律规范中，当事人所提的变更协议执行补偿标准的诉讼请求，实际上也因行政法律规范的限制而缺乏相应的民事请求权基础。

综上，二审认为，根据法律有关行政诉讼变更判决的规定和本案所涉征地补偿问题行政先行的属性乃至直接适用民事法律规范，一审法院在判决中直接确定行政机关应予适用的补偿标准法律依据不充分。

关于应予适用的行政诉讼判决类型问题。二审认为，基于我国行政诉讼类型化判决的制度构建，行政诉讼制度体现了更多客观诉讼的特征。而行政协议诉讼作为融合了公私法律关系，协商性特征明显的行政诉讼，体现了一定的主观诉讼特质，原告在此类行政诉讼中所提的诉讼请求不一定能够与诉讼法规定的判决类型一一对应，导致司法实践中的法律适用困难。本案所涉及的问题即当事人针对行政协议提起的诉讼请求不能够被直接支持时，人民法院应当选择怎样的诉讼类型。我国行政诉讼法的立法目的是实质性化解行政纠纷，监督行政机关依法行政，司法实践亦应立足于此立法目的针对前述法律适用上的困难作出妥善处理。如果当事人诉讼请求自始至终不能成立，行政协议并无不当，法院应当直接判决驳回诉讼请求；如果仅仅是诉请不能成立，但行政协议本身已经属于《行政诉讼法》规定的行政行为违法或明显不当，此时径行判决驳回诉请并不一定利于实质解决行政争议，即使允许原告变更诉请后再重新提起诉讼亦实质上增加了原告的讼累。本案中，一审法院对于行政机关适用错误补偿标准的评述并无不当，案件系因行政机关错误适用补偿标准而致使补偿标准明显不当引发的行政纠纷，人民法院应当审慎选择适用有利于化解行政纠纷的方式进行处理。

基于上述理由，二审法院首先充分考虑了行政协议的协商性，依据《行政诉讼法》第六十条第一款有关补偿问题可以调解的规定，组织双方进行调解，经调解不能后，就本案涉及的司法权与行政权界限问题向本案上诉人与被上诉人进行了充分释明，被上诉人杜顺经法院释明后亦认可本案如果判决变更不能也应当判决撤销行政行为。故本案仍应当回归行政诉讼客观诉讼的实质，选择《行政诉讼法》规定的裁判形式进行裁判。据此，依据《行政诉讼法》第七十条行政行为明显不当的，“人民法院判决撤销或者部分撤销，并可以判决被告重新作出行政行为”的规定，本案应判决撤销涉案行政协议，并责令淮口镇政府重新履行补偿安置职责。综上，二审法院遂依照《行政诉讼法》第八十九条第一款第二项、第七十条第六项之规定，判决：一、撤销四川省彭州市人民法院（2019）川0182行初4号行政判决；二、撤销杜其建代杜顺于2017年11月1日与金堂县淮口镇人民政府签订的《拆迁安置补偿协议》；三、责令金堂县淮口镇人民政府于本判决生效之日起60日内重新履行补偿安置职责；四、驳回杜顺的其他诉讼请求。

【评析】

相较于行政诉讼其他裁判类型，变更判决更多体现了司法对于行政权行使过程中行政机关裁量权的介入。《行政诉讼法》将“行政协议”纳入行政诉讼受案范围，2020年1月1日施行的行政协议司法解释并没有明确法院在行政协议案件中可以直接适用变更判决，在行政协议类案件中，变更判决的适用边界在哪里？在何种情形下法院可以适用变更判决，如果某些类型的行政协议不适宜由法院直接判决变更，而行政协议又存在明显违反行政法律规范规定的情形，法院应当如何选择？本案判决提供了一种解决思路。

一、准确适用行政法律规范和民事法律规范

行政协议司法解释规定审理行政协议应当适用行政诉讼法的规定。行政诉讼法没有规定的，参照适用民事诉讼法的规定。人民法院审理行政协议案件，可以参照适用民事法律规范关于民事合同的相关规定。司法解释明确了行政协议案件审理应当优先适用行政诉讼法的规定。本案判决说理遵循了这一法律“筛选”顺序。判决中首先结合当事人在本案中诉请，对行政诉讼中“变更判决”适用情形进行了剖析，得出本案不应当直接适用行政诉讼法中的变更判决。

行政协议司法解释规定了人民法院可以适用民事法律规范确认行政协议无效，能否适用民事法律规范变更行政判决，司法解释并未明确。判决观点认为，因审理行政协议可以适用合同法相关规定，如果争议情形触发合同法中应当判决变更情形时，是可以直接判决变更的，而法院在司法审查中应当对适合或不适合变更的情况进行主动审查并进行评判。

二、有效识别司法权和行政权行使的边界

新时期对行政机关依法行政提出了越来越高的要求，从合法性审查到合理性审查，司法对行政审查的广度和深度正不断扩展。诚然，司法权和行政权行使仍然是应当有边界的，对于如何准确把握边界，近年来人民法院在司法判决中对这些问题进行了一定的探索。如对于给付之诉，就有裁判指出提起请求金钱补偿的一般给付之诉，必须是请求金额或者补偿标准已经明获明确，如果行政机关在作出实际给付之前尚有优先判断或者裁量余地，则不能直接起诉。本案中比较明确的是讼争争议集中在补偿标准上，而在集体土地征收补偿领域，对于补偿标准的救济路径法规及司法解释均设置了起诉的前置条件。显然，在这一领域，司法权直接介入并不妥当。与之相反，是否存在更加适宜的由人民法院适用变更判决直接判决变更协议的行政管理领域，在司法实践中，可以结合相关法律法规规定作进一步的探索。

三、选择利于实质化解行政纠纷的判决形式

从化解行政纠纷的角度出发，本案判决最终选择的是重作判决。行政协议案件能否适用重作判决，实践中有否定性意见，主要理由在于任何行政协议的达成，都需基于协商，是否重新订立协议的判决无法得到执行。在征收领域，征收实施机关应当主动履行补偿职责，但征收实施机关在协议被撤销后是否主动积极及时履职，无论是重新协商还是直接作出补偿决定，均关乎着被征收主体的合法权益能否及时得到救济。基于行政诉讼法适用优先的原则，判决大胆突破了协议类诉讼中基于请求权而判决的限制直接判决了责令行政机关履职，体现了行政协议类诉讼的公法性。

（作者单位：四川省成都市中级人民法院）

集体土地征收案件审理中的几个常见问题

谭 红

【裁判要旨】

根据我国法律的规定，在对集体土地进行征收时，土地补偿费归农村集体经济组织所有，地上附着物及青苗补偿费归被征收农民所有。在征收部门将征地补偿款项支付给村集体后，意味着其已经履行了支付征地补偿款的义务。那么在被征收农民对征收部门提起履行土地补偿款的法定职责的诉讼中，其不具有向被征收农民履行该职责的义务，且村集体也不是该诉讼中的第三人。当然，征收部门仍应向被征收农民承担支付地上附着物及青苗补偿费的义务。

【案号】

一审：河北省廊坊市中级人民法院（2017）冀10行初15号。
二审：河北省高级人民法院（2018）冀行终228号。
再审：最高人民法院（2019）最高法行申13607号。

【案情】

再审申请人（一审原告、二审上诉人）：王凤宽等。

被申请人（一审被告、二审被上诉人）：河北省廊坊市广阳区人民政府。

王凤宽等16人诉称，2012年9月河北省廊坊市广阳区万庄镇政府（以下简称万庄镇政府）派人丈量土地，说是修密涿高速公路。该公路于2013年9月动工，正在施工中，原告没有看到征地公告，也没有签订征地安置补偿协议，于是，原告就到河北省廊坊市信访局、廊坊市广阳区国土资源局、廊坊市交通局要求支付征地补偿款，2014年5月万庄镇政府承认征地补偿款已到位，原告多次向各政府部门要求支付征地补偿款未果，无奈提起行政诉讼。

河北省廊坊市中级人民法院经一审查明，2013 年因修建密涿高速公路，征用王凤宽等 16 人的土地，王凤宽等 16 人所在的村委会与万庄镇政府签订了征地补偿协议。河北省廊坊市广阳区人民政府（以下简称广阳区政府）按照征地补偿协议已将补偿款项经万庄镇政府拨付至王凤宽等 16 人所在的廊坊市广阳区万庄镇李孙洼村村民委员会（以下简称李孙洼村委会）。另查明，该项目的地上物补偿款因双方未对补偿标准和数额达成一致意见，致使该笔款项至今在广阳区政府账户中未予给付。

【审判】

一审法院认为，广阳区政府已按照征地补偿协议将征地补偿款项支付给李孙洼村委会，已经履行了给付征地补偿款的义务。王凤宽等 16 人起诉要求广阳区政府支付征地补偿款项，没有法律依据，对王凤宽等 16 人的请求不予支持。此外，该项目的地上物补偿款仍在广阳区政府账户中，广阳区政府依法应负有给付义务。依照《行政诉讼法》第六十九条、第七十三条之规定，判决驳回王凤宽等 16 人给付征地补偿款的诉讼请求，责令广阳区政府履行给付地上物补偿款的义务。

王凤宽等 16 人不服一审判决，向河北省高级人民法院提起上诉，请求撤销一审判决，确认广阳区政府不履行行政征收土地的组织实施职责违法，并责令广阳区政府履行给付征地补偿款、地上物补偿款的义务。主要理由：1. 一审判决程序违法。未将李孙洼村委会列为第三人参加诉讼程序违法；王凤宽等 16 人请求确认广阳区政府不履行行政征收土地的组织实施法定职责违法，一审未对该诉讼请求进行审理，遗漏了诉讼请求；行政机关负责人未出庭应诉。2. 一审法院认定事实错误。一审法院无视王凤宽等 16 人未拿到征地补偿款基本事实，认定广阳区政府已经履行了给付征地补偿款的义务没有事实根据。

河北省高级人民法院二审认为，王凤宽等 16 人请求人民法院判决广阳区政府支付征地补偿款和地上物补偿款。关于征地补偿款的问题，从庭审中双方当事人表述的内容看，实际为《土地管理法》第四十七条中规定的土地补偿费。我国实行土地的社会主义公有制，即全民所有制和劳动群众所有制。

王凤宽等16人所在的李孙洼村的土地归该村全体村民集体所有。根据《土地管理法》第十条的规定，属于集体所有的土地由集体经济组织或者村委会经营管理。本案因建设需要，国家征收李孙洼村土地，应当将补偿费支付给李孙洼村委会，由李孙洼村委会管理。李孙洼村委会应当按照法律及相关规定分配该笔款项。从法律的角度看，广阳区政府没有将土地补偿款直接支付给包括王凤宽等16人在内的补偿征收村民的法定职责。王凤宽等16人请求判令广阳区政府向其支付土地补偿费的诉讼请求没有法律依据，一审判决驳回王凤宽等16人的该项诉讼请求并无不当。此外，从本案事实情况看，广阳区政府已将土地补偿款支付给李孙洼村委会，已履行了土地补偿的法定职责，王凤宽未得到补偿款与广阳区政府并无直接关系，王凤宽等16人可以依法向李孙洼村委会主张权利。需要说明的是，王凤宽等16人与李孙洼村委会的关系与本案审理的行政行为不是同一法律关系，李孙洼村委会不属于本案第三人范畴，原审未将李孙洼村委会列为第三人亦并无不当。关于地上附着物补偿款的问题，二审法院认为，在与被征收村民就该补偿事项未达成一致的情况下，广阳区政府应当及时作出补偿意见，对被征收的村民依法进行补偿。故原审判决广阳区政府履行给付补偿款义务并无不妥。

综上所述，一审判决认定事实清楚，适用法律正确，程序合法，应予维持。王凤宽等16人的上诉理由不能成立，对其上诉主张不予支持。依照《行政诉讼法》第八十九条第一款第一项的规定，判决驳回上诉，维持原判。

王凤宽等15人（张玉会未申请再审）仍不服，向最高人民法院申请再审，请求依法撤销一审、二审行政判决，确认被申请人不履行行政征收土地的组织实施法定职责违法，责令被申请人依法执行冀政（2011）141号、冀政（2008）132号、廊政办（2012）77号文件的规定，履行给付征地补偿款、地上物补偿款的义务。其申请再审的事实和理由为：1. 一审、二审认定事实的主要证据不足，再审申请人没有拿到征地安置补偿款。被申请人拒不提供银行转账单，不能有效地证明完成了支付征地补偿款的义务。2. 二审法院适用法律、法规确有错误。本案应适用冀政（2011）141号、冀政（2008）132号、廊政办（2012）77号文件的规定，履行给付征地补偿款、地上物补偿款的义务。3. 一、二审法院违反法律规定的诉讼程序，未通知李孙洼村委会作为第三人参加诉讼。4. 一审判决遗漏诉讼请求。再审申请人增加了确认被申请人不履行行政征收土地的组织实施法定职责违法的诉讼请求，一审法院未予审理。

最高人民法院经审查认为：本案的核心问题是被申请人是否已经履行了支付征地补偿款的义务。根据修改前的《土地管理法》第十条的规定，农民集体所有的土地依法属于村农民集体所有的，由村集体经济组织或者村民委员会经营、管理；已经分别属于村内两个以上农村集体经济组织的农民集体所有的，由村内各该农村集体经济组织或者村民小组经营、管理；已经属于乡（镇）农民集体所有的，由乡（镇）农村集体经济组织经营、管理。本案中，因修建密涿高速公路的需要，国家征收李孙洼村的集体土地，土地补偿款应当支付给李孙洼村委会，由李孙洼村委会管理。在案证据显示被申请人广阳区政府已经按照征地补偿协议将征地补偿款项支付给李孙洼村委会，已经履行了支付征地补偿款的义务。广阳区政府不具有向再审申请人王凤宽等15人在内的被征收村民直接支付土地补偿款的法定职责。对于集体土地的地上物补偿款，应当支付给被征收的村民。本案中，因被征收村民与广阳区政府就该补偿事项未达成一致，广阳区政府应当及时作出补偿决定，对被征收的村民依法进行补偿。王凤宽等15人提出的增加确认被申请人不履行行政征收土地的组织实施法定职责违法的诉讼请求不能成立。一审法院判决广阳区政府履行给付地上物补偿款的义务，二审法院予以认可，并无不妥。至于本案一审、二审法院未通知李孙洼村委会作为第三人参加诉讼是否违反诉讼程序的问题。根据《行政诉讼法》第二十九条第一款的规定，公民、法人或者其他组织同被诉行政行为有利害关系但没有提起诉讼，或者同案件处理结果有利害关系的，可以作为第三人申请参加诉讼，或者由人民法院通知参加诉讼。本案中，由于土地补偿款并非支付给王凤宽等15人，而是支付给其所在的李孙洼村委会，即其不具有向广阳区政府主张支付土地补偿款的请求权，该请求权只能由李孙洼村委会行使。对于李孙洼村委会收到土地补偿款之后如何分配和使用，应当按照法律及相关规定进行。若王凤宽等15人因此与李孙洼村委会发生争议，该争议亦与本案审理的行政争议并非同一法律关系，宜通过其他途径另行主张。故李孙洼村委会不属于本案第三人范畴，一审法院未将李孙洼村委会列为第三人，亦无不当。综上，王凤宽等15人的再审申请不符合《行政诉讼法》第九十一条规定的情形。依照《最高人民法院关于适用〈中华人民共和国行政诉讼法〉的解释》第一百一十六条第二款之规定，裁定驳回再审申请人王凤宽等15人的再审申请。

【评析】

本案主要涉及以下几个问题：一是集体土地的征地补偿款应当向谁支付；二是集体土地的地上物补偿款应当向谁支付；三是本案一审、二审法院未通知李孙洼村委会作为第三人参加诉讼是否违反诉讼程序；四是一审判决是否遗漏诉讼请求。

一、关于集体土地的征地补偿款应当向谁支付的问题

根据修改前的《土地管理法》第十条[①]的规定，农民集体所有的土地依法属于村农民集体所有的，由村集体经济组织或者村民委员会经营、管理；已经分别属于村内两个以上农村集体经济组织的农民集体所有的，由村内各该农村集体经济组织或者村民小组经营、管理；已经属于乡（镇）农民集体所有的，由乡（镇）农村集体经济组织经营、管理。《土地管理法实施条例》第二十六条第一款规定："土地补偿费归农村集体经济组织所有；地上附着物及青苗补偿费归地上附着物及青苗的所有者所有。"本案中，因修建密涿高速公路的需要，国家征收李孙洼村的集体土地，土地补偿款应当支付给李孙洼村委会，由李孙洼村委会管理。广阳区政府已按照征地补偿协议将征地补偿款项支付给李孙洼村委会，已经履行了支付征地补偿款的义务。广阳区政府不具有向王凤宽等 16 人在内的被征收村民直接支付土地补偿款的法定职责。故王凤宽等 16 人提出判令广阳区政府向其支付土地补偿费的诉讼请求没有法律依据。

需要注意的是，征收土地的安置补助费与土地补偿费并非同一项目，而是并列的项目。根据《土地管理法实施条例》第二十六条第二款的规定，安置补助费必须专款专用，不得挪作他用。具体分为三种情况：一是需要安置的人员由农村集体经济组织安置的，安置补助费支付给农村集体经济组织，由农村集体经济组织管理和使用；二是由其他单位安置的，安置补助费支付给安置单位；三是不需要统一安置的，安置补助费发放给被安置人员个人或者征得被安置人员同意后用于支付被安置人员的保险费用。

---

① 修改后的《土地管理法》在第十一条对此作了相同的规定。

二、关于集体土地的地上物补偿款应当向谁支付的问题

首先，在实体法上，根据前引《土地管理法实施条例》第二十六条第一款的规定，对于集体土地的地上物补偿款，[①] 应当支付给被征收的村民。《物权法》第四十二条第二款规定，征收集体所有的土地，应当依法足额支付土地补偿费、安置补助费、地上附着物和青苗的补偿费等费用，安排被征地农民的社会保障费用，保障被征地农民的生活，维护被征地农民的合法权益。其次，在程序法上，《行政诉讼法》第七十三条规定，人民法院经过审理，查明被告依法负有给付义务的，判决被告履行给付义务。《最高人民法院关于适用〈中华人民共和国行政诉讼法〉的解释》第九十二条规定，原告申请被告依法履行支付抚恤金、最低生活保障待遇或者社会保险待遇等给付义务的理由成立，被告依法负有给付义务而拒绝或者拖延履行义务的，人民法院可以根据《行政诉讼法》第七十三条的规定，判决被告在一定期限内履行相应的给付义务。本案中，因被征收村民与广阳区政府就该补偿事项未达成一致，该笔款项至今在广阳区政府账户中未予给付。广阳区政府应当及时作出补偿决定，对被征收的村民依法进行补偿。故一审法院判决广阳区政府履行给付补偿款义务、二审法院予以维持，适用法律正确，体现了对被征地村民合法权益的充分保护。

三、关于本案一审、二审法院未通知李孙洼村委会作为第三人参加诉讼是否违反诉讼程序的问题

《行政诉讼法》第二十九条第一款规定，公民、法人或者其他组织同被诉行政行为有利害关系但没有提起诉讼，或者同案件处理结果有利害关系的，可以作为第三人申请参加诉讼，或者由人民法院通知参加诉讼。其中的“利害关系”，是一个极其宽泛的概念：既有法律上的利害关系，又有事实上的利害关系；既有直接的利害关系，又有间接的利害关系；既有必然的利害关系，又有或然的利害关系；既有行政法上的利害关系，又有民法上的利害关系；既有涉及法律上明确保护的权利和值得法律保护的利益的利害关系，又有涉及反射利益的利害关系等。[②] 这里的利害关系，不仅指与被诉的行政行为有

---

① 修改后的《土地管理法》第四十八条对此作了更加明确的扩充性规定，即征收土地除了应当依法及时足额支付土地补偿费、安置补助费以外，还应当依法足额支付农村村民住宅、其他地上附着物和青苗等补偿费用，并安排被征地农民的社会保障费用。

② 黄先雄：《我国行政诉讼中必要参加诉讼第三人制度之构建》，载《法商研究》2018 年第 4 期。

法律上的直接的权利义务关系，即被诉的行政行为直接调整了第三人的权利义务，直接影响了第三人权利与义务的增减，也包括与被诉的行政行为有间接的利害关系，即被诉的行政行为并不直接调整第三人的权利义务，而是被诉行政行为存在与否的事实将间接影响第三人的权利义务。[①] 同案件处理结果有利害关系的第三人，实乃“法律上利益受判决影响的人”。[②] 甚至有人认为，间接利害关系包括与行政行为所确认的事实或与判决结果有事实上的利害关系以及与被诉行政主体的相对方有民事法律关系。即只要是与被诉行政行为有法律上关系或实质上受到影响的主体均可作为第三人参加诉讼。[③] 显然，该观点对第三人的界定过于宽泛。本案中，由于土地补偿款并非支付给王凤宽等 16 人，而是支付给其所在的李孙洼村委会，即其不具有向广阳区政府主张支付土地补偿款的请求权，该请求权只能由李孙洼村委会行使。对于李孙洼村委会收到土地补偿款之后如何分配和使用，当然应当按照法律及相关规定进行。例如，根据《村民委员会组织法》第二十四条第一款第七项及第二款的规定，对于涉及村民利益的事项，诸如征地补偿费的使用、分配方案，须经村民会议讨论决定或者村民会议授权村民代表会议讨论决定方可办理。因此，若王凤宽等 16 人因征地补偿费的使用、分配问题与李孙洼村委会发生争议，那是另一法律关系，与本案审理的行政行为不是同一法律关系。故李孙洼村委会不属于本案第三人范畴，一审未将李孙洼村委会列为第三人亦无不当。

四、关于一审判决是否遗漏诉讼请求的问题

本案中，对于王凤宽等 16 人提出的增加确认被申请人不履行行政征收土地的组织实施法定职责违法的诉讼请求，首先，本案被申请人不存在不履行支付土地补偿费的情形；其次，一审法院对本案经过实体审理，对于尚未向再审申请人支付的地上物补偿款，判决广阳区政府履行给付义务，有利于切实保护其合法权益，因此一审判决不存在遗漏诉讼请求的问题。

（作者单位：最高人民法院）

---

① 应松年主编：《行政诉讼法学》，中国政法大学出版社 1994 年版，第 130—131 页；马怀德：《行政法制度建构与判例研究》，中国政法大学出版社 2000 年版，第 142 页。

② 马生安：《行政诉讼第三人范围的科学界定——兼论我国行政诉讼第三人之立法缺陷及其完善》，载《行政法学研究》2001 年第 3 期。

③ 余冠鹏：《行政诉讼第三人原理探究》，载《广西政法管理干部学院学报》2004 年第 3 期。

不动产权利人查询、复制不动产登记资料的范围限于其本人当次登记相关的资料

夏文浩　邢　黎

【裁判要旨】

《不动产登记资料查询暂行办法》第十四条规定，“不动产登记簿上记载的权利人可以查询本不动产登记结果和本不动产登记原始资料”。如果该条款中的“本”修饰的是“不动产”，则权利人可以查询该不动产全部登记资料；如果修饰的是“登记”，查询范围应限于当次登记。在文义解释有所不足的情况下，应结合立法目的、立法技术、利益平衡等进行分析。该规定应理解为权利人有权查询与其有关的不动产登记所产生的不动产登记资料。除法律另有规定外，权利人申请查询、复制前手、后手形成的不动产登记资料，人民法院不予支持。

【案号】

一审：南京铁路运输法院（2018）苏8602行初1922号。

二审：江苏省南京市中级人民法院（2019）苏01行终339号。

【案情】

原告（上诉人）：何某某。

被告（被上诉人）：南京市规划和自然资源局（以下简称南京规资局）。

原告何某某诉称：原告于2008年6月自江浦县第二五交化公司（以下简称交化公司）购得位于南京市浦口区江浦街道南庄组200号的房屋，并于同年6月11日领取了房屋所有权证书。目前南庄组200号被纳入政府征收范围。为查明房屋用途性质等信息，原告于2018年8月8日至南京市国土局浦

口分局（以下简称浦口分局）不动产登记中心处提出查询申请，要求查询不动产申请书、申请人身份材料、不动产权属来源、登记原因、不动产权籍调查成果及不动产登记机构审核材料等不动产登记资料信息。但是工作人员均以原告仅能查询买受后的不动产信息为由拒绝向原告提供原始登记资料。2018 年 8 月 15 日，原告再次向浦口分局提交不动产登记资料查询申请书，申请南京市国土局提供南京市浦口区江浦街道南庄组 200 号的房屋不动产登记资料，但南京市国土局至今未予答复。根据《不动产登记资料查询暂行办法》第二条、第十条、第十四条等规定，南京市国土局有义务在法定期限内向原告提供不动产登记资料，但南京市国土局却拒绝履行。为维护自身合法权益，请求法院判决：1. 被告履行向原告提供南京市浦口区江浦街道南庄组 200 号房屋不动产登记资料复印件的法定职责，具体包括（1）不动产登记簿等不动产登记结果；（2）不动产申请书、申请人身份材料、不动产权属来源、登记原因、不动产权籍调查成果材料及不动产登记机构审核材料等不动产登记原始资料；（3）用地证明文件或者土地使用权证、建设用地规划许可证、建设工程规划许可证、施工许可证、房屋竣工验收资料以及其他有关的证明文件。2. 被告承担本案诉讼费用。

被告南京市国土局辩称：根据《不动产登记资料查询暂行办法》第七条的规定，原告以邮寄的形式申请不动产资料查询不符合法律规定。被告已经告知了原告应当按照规定进行查询，并解释了相关查询规定。请求驳回原告的诉讼请求。

经审理查明：2008 年 6 月，何某某通过买受取得位于南京市浦口区江浦街道南庄组 200 号房屋三处，幢号分别为 008、009 和 010，并于同年 6 月 11 日分别领取了三处房屋所有权证书，所有权人均为刘春芬。根据房屋所有权证书记载，幢号为 008 的房屋结构为砖木、建筑面积为 261.70 平方米、设计用途为仓库；幢号为 009 的房屋结构为砖木、建筑面积为 128.15 平方米、设计用途为仓库；幢号为 010 的房屋结构为砖木、建筑面积为 106.50 平方米、设计用途为其他。2018 年 8 月 8 日，何某某至浦口分局不动产登记中心处提出不动产登记资料查询申请并附幢号为 010 的房屋所有权证书、身份证等材料，要求查询和复制不动产登记资料。浦口分局工作人员于当日向何某某提供幢号为 010 的房屋于 2008 年 6 月交易的权属登记申请书、存量房买卖合同、销售不动产统一发票办证联、契税完税凭证等资料。何某某当场向浦口分局内设科室提出异议，浦口分局工作人员答复其仅能查询买受后的不动产登记资料。何某某于2018年8月15日向浦口分局寄递不动产登记资料查询申请书，浦口分局工作人员电话告知何某某应当按照规定进行查询，并解释了相关查询规定。2018年11月13日，何某某向本院提起本案行政诉讼。

案件审理过程中，双方当事人对于起诉条件、行政机关职权、行政程序、原告是涉案房屋权利人等无争议。新成立的南京市规划和自然资源局承继了原南京市国土局的不动产登记管理职责。

【审判】

法院经审理认为，原告请求判决被告履行向其提供南京市浦口区江浦街道南庄组200号房屋不动产登记资料复印件的法定职责，诉讼类型属于履行之诉。原告要求的是信息的给付，给付内容并非具备外部法律效力之行政处分，故本案诉讼类型属于履行之诉的子类一般给付之诉。一般给付之诉的诉讼请求能否获得人民法院支持，取决于其理由是否成立。

第一，《不动产登记资料查询暂行办法》第十四条规定："不动产登记簿上记载的权利人可以查询本不动产登记结果和本不动产登记原始资料。"该条中"本不动产登记"的"本"字若修饰"登记"，则权利人可以查询该次不动产登记的登记结果和登记原始资料；若修饰"不动产"，则权利人可以查询该不动产的所有登记结果和登记原始资料。在文义解释有所不足的情况下，有必要借助其他解释方法。

第二，不动产登记结果可能有若干个。《不动产登记资料查询暂行办法》第十六条第一款规定，不动产登记机构可以设置自助查询终端，为不动产权利人提供不动产登记结果查询服务。第十九条规定，符合条件的利害关系人可以申请查询有利害关系的不动产登记结果。以上所引两条中的"不动产登记结果"，均应指与权利人或利害关系人有关的个别登记结果，而非所有登记结果。基于同样的理由，第十四条中的"本不动产登记结果"，亦应指向个别登记结果，而非所有。"本不动产登记原始资料"与之对应。

第三，从立法技术角度，若《不动产登记资料查询暂行办法》第十四条中的本不动产登记结果和本不动产登记原始资料是指该不动产的所有登记结果和登记原始资料，可以简洁地表述为"可以查询本不动产登记结果和原始资料”，无需出现两次“本不动产”，甚至还可以进一步简化为“可以查询不动产登记资料”。至于不动产登记资料包括哪些内容，《不动产登记资料查询暂行办法》第二条已有明确规定。但是，该法条并未采取上述看似简洁的表述方式，而是强调“本不动产登记结果”和“本不动产登记原始资料”，有其功能上的考量。

第四，《不动产登记资料查询暂行办法》第十四条规定的主语是“不动产登记簿上记载的权利人”，第十五条规定“不动产权利人可以申请以下列索引信息查询不动产登记资料”，其主语为“不动产权利人”。立法上特意采用不同的表述方式，则两者显然有所区别。“不动产登记簿上记载的权利人”可能已不再是“不动产权利人”，而“不动产权利人”也有可能未记载在不动产登记簿上。《不动产登记暂行条例》第三条规定：“不动产首次登记、变更登记、转移登记、注销登记、更正登记、异议登记、预告登记、查封登记等，适用本条例。”南京市浦口区江浦街道南庄组 200 号房屋的“不动产登记簿上记载的权利人”显然不止何某某一人，若何某某有权查询该不动产的所有登记结果和登记原始资料，则该不动产的任意“不动产登记簿上记载的权利人”均有相同的权利。也就是说，只要曾经是某不动产的初始登记、抵押登记、变更登记、转移登记甚至异议登记、预告登记的“不动产登记簿上记载的权利人”，无论该不动产物权此后转过多少手，均有权查询复制所有后手的不动产登记资料。这一结论显然有违常理。

第五，虽然“不动产权利人”“不动产登记簿上记载的权利人”“利害关系人”均可以依法查询复制不动产登记资料，但根据《不动产登记资料查询暂行办法》第三章和第四章的规定，其申请条件、申请材料、查询范围等均有所不同，故该院对何某某关于利害关系人和不动产权利人查询权利举轻以明重的观点不予支持。

第六，《不动产登记暂行条例》第四条第二款规定，不动产登记遵循严格管理原则。第三十二条规定，泄露不动产登记资料、登记信息应当承担法律责任。《不动产登记资料查询暂行办法》第一条规定的立法目的为“规范不动产登记资料查询活动，加强不动产登记资料管理、保护和利用，维护不动产交易安全，保护不动产权利人的合法权益”。第三十条规定，泄露不动产登记资料、登记信息的应当承担法律责任。可见，不动产登记资料的查询和获取不同于一般的政府信息，不动产登记资料应当得到严格管理，以保护所有的不动产权利人。本案中，何某某对南京市浦口区江浦街道南庄组200号房屋的权利始于2008年6月，其要求查询此前的不动产登记资料不符合《不动产登记暂行条例》和《不动产登记资料查询暂行办法》的立法目的。

综上，何某某提起本案一般给付之诉的理由不能成立。南京铁路运输法院依照《行政诉讼法》第六十九条之规定，判决驳回原告何某某的诉讼请求。

何某某不服，提起上诉。

江苏省南京市中级人民法院于2019年8月23日作出（2019）苏01行终339号行政判决，驳回上诉，维持原判。

【评析】

不动产权利人可依法查询、复制不动产登记资料，当无疑义。实践中较有争议的是不动产权利人有权查询、复制哪些不动产登记资料，是否包括前手交易形成的不动产登记资料。

一、不动产权利人查询、复制不动产登记资料的范围应当限于本人当次登记

《物权法》和《不动产登记暂行条例》规定了权利人可以依法查询、复制不动产登记资料，但没有对查询范围作出明确规定。《不动产登记资料查询暂行办法》第十四条规定，不动产登记簿上记载的权利人可以查询本不动产登记结果和本不动产登记原始资料。据此，原告认为其可以查询“本不动产”的全部不动产登记资料，而被告认为查询范围应限于2018年6月登记相关的不动产登记资料。两种理解均在文义的合理射程之内，需要运用其他解释方法弥补文义解释的不足。

首先，对于“本不动产登记”中的“本”修饰的是“不动产”还是“登记”，可以结合立法技术探究立法者的本意。如果该规定是指权利人可以查询该不动产全部原始登记资料和登记结果，完全可以简化为“可以查询不动产登记资料”，至于何为不动产登记资料，《不动产登记资料查询暂行办法》第二条已有规定。此外，用“本”修饰不动产也缺乏实质意义，按照一般人的理解，不会认为自己的权利范围可以涵盖他人的不动产。《不动产登记资料查询暂行办法》第十四条放弃看似更简洁的表述，反而两次强调“本不动产登记”，是其功能上的考量，即强调原始登记资料和登记结果均限于个别登记。

其次，同一不动产可能存在多个权利人，权利范围有明显差异，查询范围应与权利范围相适应。不动产登记由于初始登记、抵押登记、变更登记、转移登记、异议登记、预告登记等，产生不同的权利人。同一种权利还可能发生多次变动，产生不同阶段的原始资料和登记结果。原告虽于2018年6月取得涉案房屋所有权，但对于此前的不动产交易而言，并非处于权利人地位。如果不考虑权利类型和权利存续期间，就会得出只要曾经是某不动产的初始登记、抵押登记、变更登记、转移登记甚至异议登记、预告登记的“不动产登记簿上记载的权利人”，均有权查询复制所有不动产登记资料的结论，显然有违常理。

最后，不动产登记资料查询应平衡物权公示与个人信息保护的关系。无论是《物权法》采取有限公开的立法立场，还是《不动产登记暂行条例》《不动产登记资料查询暂行办法》等规定泄露不动产登记资料应当承担法律责任，都体现了兼顾交易安全与个人信息保护的立法目的。具体而言，不动产登记结果是确定物权归属与内容的依据，是物权公示的主要载体，涉及个人隐私、商业秘密的内容较少；而原始资料中的身份材料、交易合同等，则主要涉及身份信息、交易信息等个人隐私、商业秘密，公示物权的功能较弱。允许权利人查询全部不动产登记资料，容易导致利益失衡。从域外立法来看，即使采取完全公开模式的国家，查询范围一般也排除原始资料。本案中，原被告的主要分歧就在于原告能否查询前手交易的原始资料，从《物权法》《不动产登记暂行条例》《不动产登记资料查询暂行办法》的立法目的考虑，原告主张难以得到支持。

二、一般给付之诉应当审查原告申请给付理由是否成立

本案原告诉讼请求为判令被告履行提供南京市浦口区江浦街道南庄组200号房屋不动产登记资料复印件的法定职责，目的是通过诉讼使其权利相较于诉前发生变化，故诉讼类型属于履行之诉。根据履行给付内容与法律保留原则联系的紧密程度，履行之诉又可分为课予义务之诉与一般给付之诉。《行政诉讼法》第十二条第一款第六项、第十项，第七十二条和第七十三条的内容，显然是有意识地区分履行法定职责与履行给付义务。而《行政诉讼法》第七十四条第二款第三项的确认违法判决只写法定职责，不写给付义务，显然也是经过充分论证的。课予义务之诉的给付内容为具备外部法律效力的行政行为，例如要求作出行政许可、行政确认；一般给付之诉的给付内容为金钱、物品、信息、不具备外部法律效力的行为等，例如要求支付社保金、公开信息、给付其他行为。本案中原告的诉讼请求虽然表述为要求被告履行“法定职责”，但其实质是要求被告履行提供不动产登记资料复印件的“法上一般给付义务”，属于信息、资料的给付，给付内容并非具备外部法律效力之行政处分，故本案诉讼类型属于履行之诉的子类一般给付之诉。严格区分法上特殊给付义务和一般给付义务无论对于行政实体法、行政程序法还是行政救济法而言都有重要意义。受法律保留原则拘束，行政主体履行法定职责的义务来源只能是法律、法规、规章；行政主体履行一般给付义务的义务来源则相当广泛，既可能由法律、法规、规章规定，也可能由其他规范性文件规定，还可能由双方或者单方法律行为产生，甚至有可能由事实行为、先行行为等其他原因产生。

《行政诉讼法》第六十九条规定：“行政行为证据确凿，适用法律、法规正确，符合法定程序的，或者原告申请被告履行法定职责或者给付义务理由不成立的，人民法院判决驳回原告的诉讼请求。”第七十三条规定：“人民法院经过审理，查明被告依法负有给付义务的，判决被告履行给付义务。”其中，第六十九条法条原文使用的逻辑连接词为“或者”，这正是满足其所连接的两种条件之一即产生逻辑结果。该条中“或者”所连接的三种要件，分别为撤销之诉、课予义务之诉和一般给付之诉的理由具备性要件。从这个角度说，行政诉讼法并不排斥诉讼类型化。对于一般给付之诉，法院审查的是原告要求给付的理由能否成立，而非被告拒绝给付的理由是否正确。唯有如此，才符合法条原文，才能实质性解决行政争议。就本案而言，应当审查原告要求查询全部不动产登记资料的理由能否成立，如成立则依照《行政诉讼法》第七十三条判决被告履行给付义务；如不成立，即使被告拒绝给付的理由存在瑕疵，仍应依照《行政诉讼法》第六十九条驳回原告诉讼请求，避免程序空转。

（作者单位：江苏省南京市江北新区人民法院）

调查研究

工商行政登记撤销之诉的审理困境与思考

——以 G 法院 167 件工商登记案件的审理为观察样本

李　燕　陶江嫄

【摘要】伴随公司注册资本认缴登记制度和公司经营场所承诺制的实施，公司登记管理条例的第二次修订，社会信用信息统一平台逐渐建成，工商行政登记撤销之诉“接踵而至”，亟待引起重视并予以解决。身份被冒用者看似有多条权利救济途径，实则徒劳无功，工商行政登记撤销之诉的司法审查亦显得多梳发乱。笔者以所在 G 法院 2016 年至 2019 年上半年审理的 167 件工商登记案件为观察样本，通过归纳工商行政登记撤销之诉的主要特点，检视工商行政登记撤销之诉的司法困境与成因，厘清了设立登记和变更登记的不同法律属性，并在此基础上“因地制宜”地确立了工商设立登记撤销之诉和工商变更登记撤销之诉的裁判思路，以期畅通工商行政登记争议的化解渠道。

【关键词】工商行政登记　登记撤销　争议化解

一、裁判聚焦：G 法院工商行政登记撤销之诉的实证考察

（一）G 法院工商行政登记撤销之诉的基本情况

2014 年 2 月 7 日，国务院以国发〔2014〕7 号印发《注册资本登记制度改革方案》，放松市场主体准入管制，实行公司注册资本认缴登记制度和公司经营场所承诺制，公司实收资本不再作为工商登记事项，登记机关无需到公司经

营场所进行实地查看。2014 年 2 月 19 日，《公司登记管理条例》进一步明确了登记机关对登记申请材料的形式审查义务，大大提高了市场主体准入效率，释放了市场活力。但同时，伴随商事制度改革的“宽进”，市场监管和社会信用体系等“严管”配套制度的不完善，导致股东、法定代表人以其身份证、签名等被冒用进行公司登记为由，诉请人民法院撤销工商行政登记行为的案件有加无已，已成为 G 法院行政诉讼案件新的增长点。

根据图 1 可以看出，2013 年至 2015 年，G 法院仅受理 1 件工商行政登记案件。2016 年至 2019 年 6 月，G 法院共受理 167 件工商行政登记案件，包含 2016 年 8 件，2017 年 54 件，2018 年 48 件，2019 年上半年 57 件，分别占 G 法院同期行政案件受理总数的 2%、10.5%、9.8% 和 16.3%。其中，2019 年上半年的受理案件数已分别超过 2017 年、2018 年全年的受理案件数。

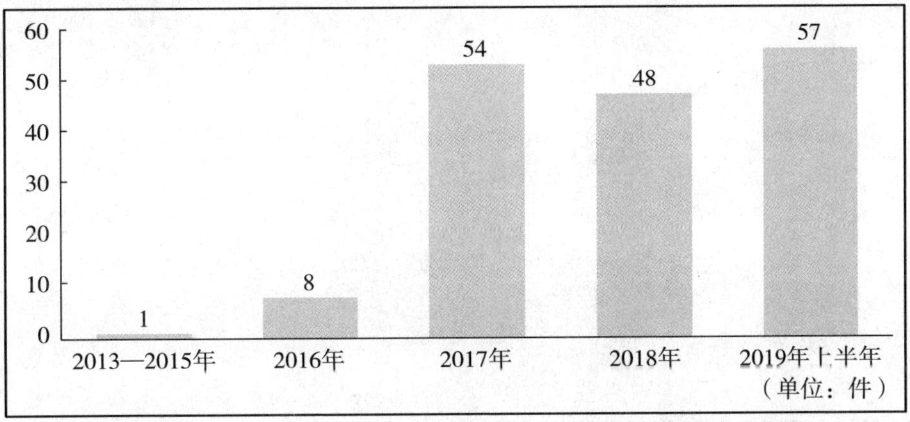

图 1　G 法院 2013 年至 2019 年 6 月工商行政登记撤销之诉受理情况

根据图 2、图 3 可以看出，从 2016 年至 2019 年 6 月的 167 件工商行政登记撤销之诉的审理对象来看，集中为以股东、法定代表人以其身份证、签名等被冒用为由，诉请撤销设立登记和变更登记两类，分别为 116 件和 51 件。2016 年的 8 件工商行政登记撤销之诉中设立登记为 6 件，变更登记为 2 件；2017 年的 54 件工商行政登记撤销之诉中 42 件为设立登记，12 件为变更登记；2018 年的 48 件工商行政登记撤销之诉中，含 34 件设立登记和 14 件变更登记；34 件设立登记和 23 件变更登记，构成了 2019 年上半年的 57 件工商行政登记撤销之诉。此中，变更登记撤销之诉呈逐年上升趋势，2019 年上半年的 23 件变更登记案件已临近 2016 年至 2018 年变更登记案件的总和。

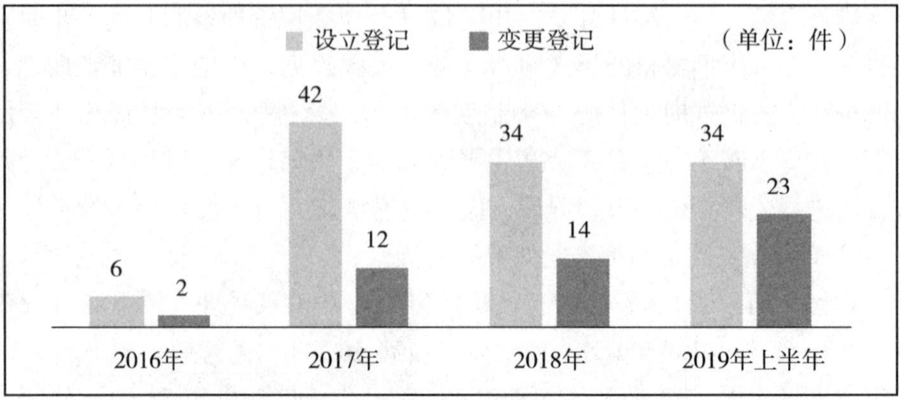

图 2　G 法院 2016 年至 2019 年 6 月设立登记和变更登记的受理情况

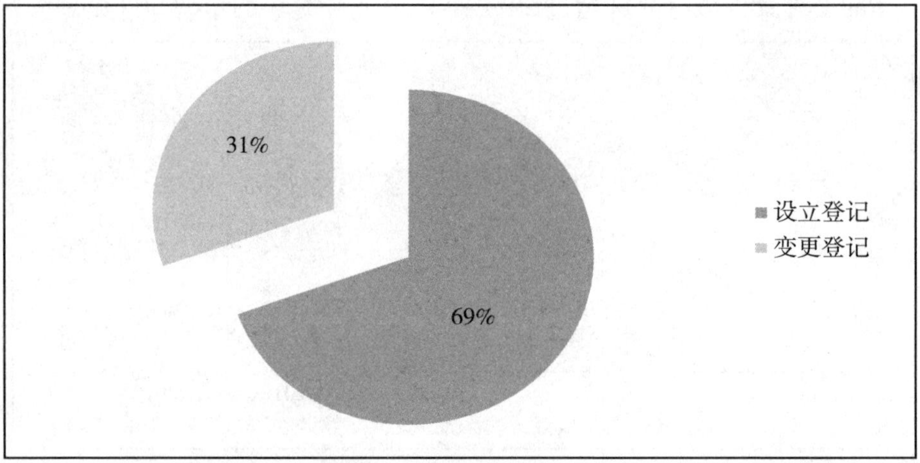

图 3　G 法院 2016 年至 2019 年 6 月设立登记和变更登记占比情况

从图 4 可以看出，G 法院已审结的 143 件诉请撤销工商行政登记的案件，裁判方式无一不备，准予原告撤回起诉和判决撤销工商行政登记行为两类裁判方式“名列前茅”。其中，准予原告撤回起诉 91 件，判决撤销工商行政登记行为 35 件，按撤诉处理 6 件，驳回起诉和驳回诉讼请求各 5 件，确认工商行政登记行为违法 1 件。

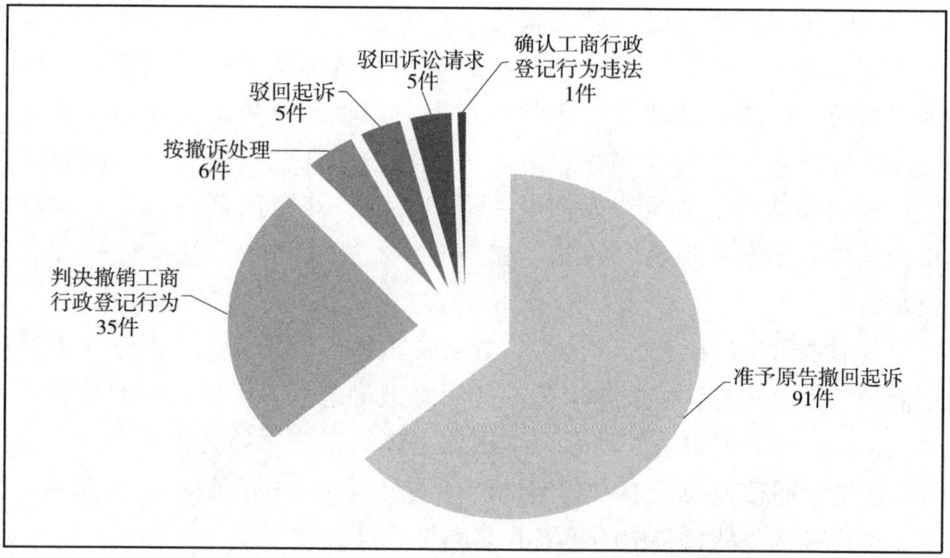

图4　G法院2016年至2019年6月工商行政登记撤销之诉裁判情况

（二）G法院工商行政登记撤销之诉的主要特点

纵观2016年以来受理和审理的情况，工商行政登记撤销之诉呈现以下主要特点：

1. 案件数量急剧增长，个案情况不胜枚举

工商行政登记撤销之诉在2016年“初露锋芒”，2017年则呈井喷式增长，2018年稍显“大地回春”之势，2019年上半年的受理案件已分别超过2017年、2018年全年的受理案件数。

工商行政登记撤销之诉涉及有限责任公司、一人有限责任公司、分公司和合伙企业等；股东提起工商行政登记撤销之诉多于法定代表人提起工商行政登记撤销之诉；设立登记撤销之诉多于变更登记撤销之诉；变更登记撤销之诉呈逐年上升趋势，2019年上半年的23件变更登记案件已临近2016年至2018年变更登记案件的总和。同时，就个案而言，有前手起诉，主张后手冒用其签名获得股权的；有后手起诉，主张其对法定代表人、股权等变更事项不知情的；还有设立登记时的股东历经多次变更登记后再次成为股东，而提起设立登记撤销之诉的。

2. 案件来源如出一辙，引发原因基本趋同

原告大多基于以下原因，发现其被登记为公司股东、法定代表人等：

申请成立公司，从事出国出境、乘坐飞机等高消费活动，或开展银行业务时，得知被纳入不良信用记录名单、失信企业名单或被限制高消费；进行税务申报时，被告知已纳入非正常纳税人，或收到税务机关作出的税务行政处罚决定；在工资劳动纠纷、金融欠款纠纷、合同纠纷等诉讼案件、执行案件中成为被告、被执行人；申请廉租房时，获悉因名下有公司而不符合申请条件；因公务员财产申报、银行员工行为排查等，被单位告知名下有公司等。

原告通常以身份证丢失、被盗，签名被伪造、冒用为由，提起工商行政登记撤销之诉，并出具司法鉴定机构证明登记申请材料中原告签名虚假的鉴定意见书。同时，因申请办理登记事项的主体均系公司委托他人办理，受托人无需提交证明授权委托书之真实性的证明材料，受托人基本无法联系，往往鉴定都可确认申请材料中的签名并非原告所写。

3. 营业地址子虚乌有，寻找利害关系人难如登天

G 法院自 2016 年受理工商行政登记撤销之诉以来，仅依据登记的地址找到 5 家处于实际经营状态的公司，绝大部分公司未在注册地开展过经营活动；营业地址子虚乌有，包括登记地通常为民宅、商铺、写字楼，经询问物业公司、商铺权利人等，发现该地址从未存在过此家公司，甚至营业地址根本不存在。同时，冒用他人身份信息登记的公司企业多数规模小，目的多为开具增值税发票，或规避特殊的行业法律责任。

G 法院依据《行政诉讼法》追加利害关系人亦难如登天。仅能依据申请材料中利害关系人的身份证证载住址送达诉讼文书，且利害关系人通常未居住于该地址，或证载地址已变更。部分非自然人独资公司，即便利害关系人能到庭参加诉讼，其也表示对公司设立、变更不知情，未参与公司的经营管理。

4. 争议化解机制初步达成，诉源治理效果较为明显

2016 年以来，G 法院与登记机关逐步建立良性互动机制，初步达成原则上设立登记由登记机关启动调查程序后自行撤销的争议化解机制。2016 年至 2019 年上半年，G 法院受理的工商行政登记撤销诉讼中，因被告撤销被诉行政行为，原告自愿申请撤回起诉的案件为 91 件，占受理案件总数的 54.5%。其中，2016 年撤诉 1 件，撤诉率 12.5%，2017 年撤诉 29 件，撤诉率 53.7%，2018 年撤诉 36 件，撤诉率 75%，2019 年上半年撤诉 25 件，撤诉率 75.8%。

撤诉率不断上升，与 G 法院针对工商行政登记撤销之诉积极开展诉源治理工作密不可分。

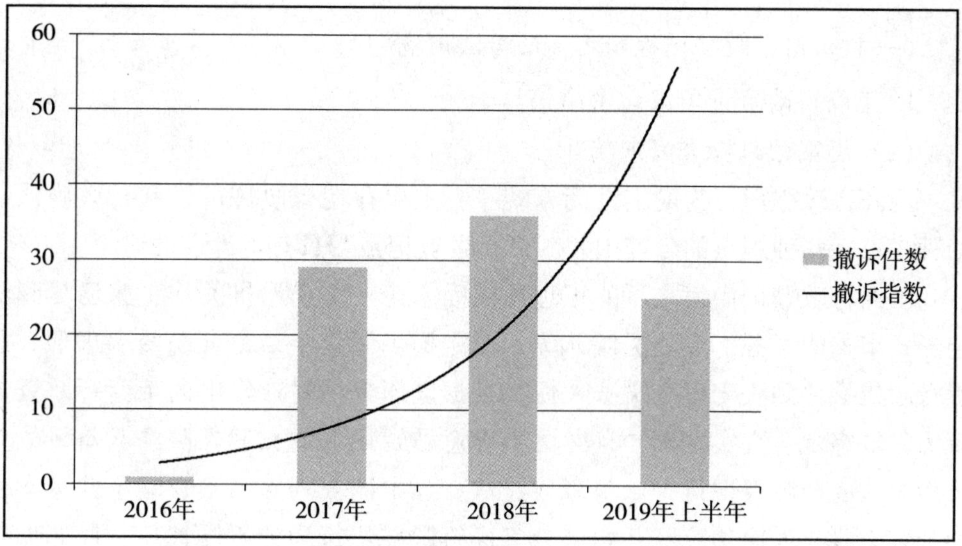

图 5　G 法院 2016 年至 2019 年 6 月原告撤回工商行政登记撤销之诉数量

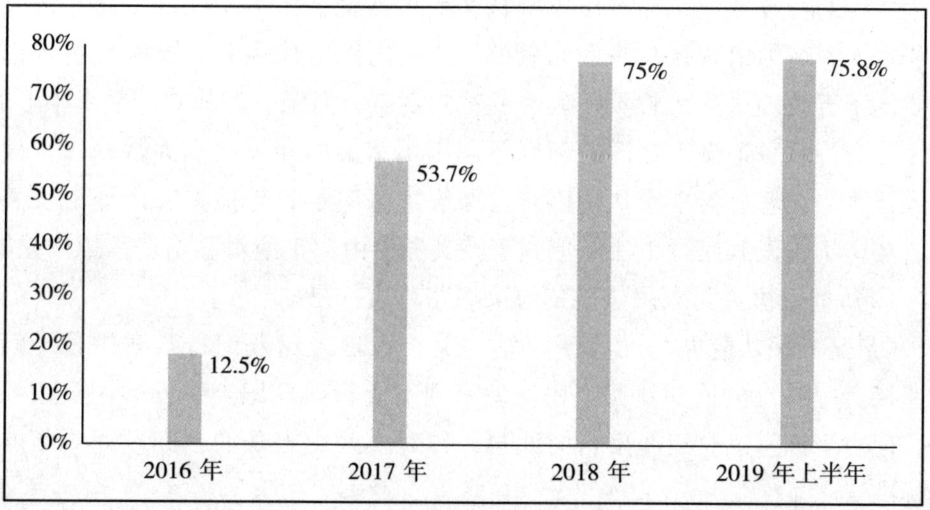

图 6　G 法院 2016 年至 2019 年 6 月原告撤回工商行政登记撤销之诉比例

二、问题检视：G 法院工商行政登记撤销之诉的司法困境与成因

（一）工商行政登记撤销之诉的司法困境

1. 工商行政登记争议化解事倍功半

（1）类案裁判标准尚未统一

工商行政登记行为的定性尚未统一，主要存在行政许可说和行政确认说两种观点，两种观点的分歧引发工商行政登记是否具有可诉性的讨论。

工商行政登记撤销之诉的审理思路尚未统一。登记机关均主张已尽到法定形式审查的义务，多数法院认为，原告提供了鉴定结论证明签字虚假，虽然行政机关尽到法定审查义务，但其根据虚假申请材料作出的工商行政登记行为欠缺客观、真实基础，且考虑到善意被冒用人的权利保障与救济，故判决撤销工商行政登记行为。笔者通过法信、中国裁判文书网查阅了此类案件的裁判方式，人民法院已开始区分工商行政登记行为的不同性质，而非撤销所有登记行为，如形成了“通过伪造他人的签名，或提交不实材料骗取登记机关进行的行政登记，经实质审查核实后可撤销”“不能仅以工商登记文件中非本人签名为由否认自身股东资格”“公司法定代表人、股东变更登记的性质属于行政确认”等较具代表性的裁判观点，但统一的裁判标准尚未形成。

工商行政登记撤销之诉的新问题层出不穷。如涉及股东人数众多，被冒用人是否存在恶意等事实认定困难，原告主张鉴定费等损失应由登记机关负担，登记机关以其履行了法定形式审查义务为由，拒绝对鉴定费承担责任等。

（2）登记机关与人民法院的解决思路莫衷一是

《最高人民法院办公厅关于印发〈关于审理公司登记行政案件若干问题的座谈会纪要〉的通知》是人民法院审理工商行政登记类案件的主要指导依据，但由于该座谈会纪要出台时间早，针对实践中出现的新问题尚无新的裁判标准。

司法机关认为，《公司登记管理条例》第六十四条[①]规定，对于以欺骗、

---

① 《公司登记管理条例》第六十四条规定：“提交虚假材料或者采取其他欺诈手段隐瞒重要事实，取得公司登记的，由公司登记机关责令改正，处以 5 万元以上 50 万元以下的罚款；情节严重的，撤销公司登记或者吊销营业执照。”

虚假方式骗取公司登记的情形，登记机关有权监督、纠错。G法院所在C市于2016年发布了撤销冒用他人身份证骗取企业设立登记程序有关事项的通知，明确规定了自行撤销设立登记的程序；所在G区于2018年出台了撤销登记暂行办法和撤销冒用他人身份证骗取企业登记的工作规范，并列举了经办机构不予撤销的九类情形；所在S省亦于2018年出台了撤销登记暂行办法，将设立登记、变更登记、注销登记均纳入撤销登记范围。但实践中，登记机关亦认为当事人是否故意提交虚假材料难以认定，对自行撤销公司登记心存顾虑。从目前审理情况看，绝大多数的原告在起诉前均向登记机关提出了撤销申请，但为规避错误撤销登记可能引发的风险，其通常引导申请人提起工商行政登记撤销之诉，宁可承担败诉风险，也不愿自行启动纠错程序。① 同时，登记机关启动"双随机"，加大对工商登记企业的监管，发现企业公示信息异常的会列入"异常名录"，或者针对已"吊销营业执照"的设立登记，登记机关不再自行撤销。

2. 原告提交身份、签名被冒用的证据之效力参差不齐

实践中，原告用以证明其身份被冒用的证据主要有四类：一是司法鉴定机构出具的证明登记申请材料中原告签名虚假的鉴定意见书，此为最普遍的证据，亦是证明力大小不统一的最突出的表现，关于鉴定对象，一部分鉴定的是《股东会决议》《股权转让协议》等能够体现意思表示的申请材料，一部分提交了《公司登记（备案）申请书》《指定代表或者共同委托代理人授权委托书》签名虚假的鉴定结论，证明其无申请公司设立登记、变更登记的意思表示，也有鉴定《企业登记颁证及归档记录表》，意在证明其未领取营业执照，对公司设立登记不知情的；二是证明身份证曾遗失、被盗的材料，如报纸上刊登的《身份证遗失证明》，向公安机关申领身份证的登记表、申领记录，公安机关出具的《受理登记表》，原告身份证存在遗失、补办事项，以及遗失、补办时间的证明等；三是证明利害关系人侵犯其姓名权的《民事判决书》；四是申请登记当日原告的考勤表，或不在本地、国内的证明材料等。

3. 撤销判决存在潜在风险

"行政行为一旦被撤销，不仅可能影响行政相对人，还可能波及其他权利义务主体。因此，关注原告权利救济途径的同时，法院也必须对登记行

---

① 霍颖、张东晨：《工商行政登记撤销之诉的现状、问题及对策》，载《审判研究》2019年第8期。

为可能的利害关系人加以考虑，而这也是法院对撤销公司登记行为顾虑重重的缘由。”[①] 工商行政登记被撤销，必然导致公司主体变更或消灭，但公司是否存在债权债务并不明晰，被诉工商行政登记行为潜在的利害关系人不明确。人民法院只能综合原告身份证是否丢失，是否参与公司经营管理，公司登记住所地是否实际存在，利害关系人是否能够取得联系等事实，最大限度判断原告是否故意提供虚假申请材料骗取公司登记后申请撤销。但法院有限的调查能力很难百分之百排除原告恶意的情形，撤销裁判无疑令法院存在潜在风险。

（二）工商行政登记撤销之诉的成因

1. “商事制度”改革带来的必然风险

“宽进式”的市场准入制度重点在“放”，“宽进”只是改革的突破口，在短时间内难以有效地“消化”大开闸门的“宽进”模式所带来的压力，释放市场活力的同时，良莠不齐的市场主体大量出现。违法成本低导致出现了规避监管、逃避责任、经营欺诈，登记机关与人民法院均面临撤销工商行政登记行为的风险，也是导致行政机关、司法机关不愿意撤销工商行政登记的主要因素。

2014 年 6 月 14 日，国务院印发《社会信用体系建设规划纲要（2014—2020 年）》，部署了社会信用体系建设有关工作。2016 年，工商登记、税收缴纳等信用信息统一平台逐渐建成，并逐步实现资源共享。自然人申请成立公司、办理税务登记过程中，得以知晓其身份被冒用的事实，进而提起诉讼，导致案件集中爆发。

2. 工商登记的形式审查原则导致委托手续的真实性无法核实

根据《公司登记管理条例》的规定，申请工商行政登记可以由股东指定的代表或者共同委托的代理人向登记机关申请。审判实践中，该委托手续几乎全为虚假，受托人“杳无音信”，即便申请工商行政登记的意思表示真实，也因格式模板填写烦琐等原因，交由中介机构代为办理，由中介人员代为签字，故形成了所有原告通过司法鉴定程序都能得出申请材料签名不是其本人书写的结论，并成为其提起工商行政登记撤销之诉主要，甚至是唯一的证据。

① 霍颖、张东晨：《工商行政登记撤销之诉的现状、问题及对策》，载《审判研究》2019 年第 8 期。

3. 人民法院工商行政登记撤销之诉的判决方式不利于工商类行政争议的化解

行政诉讼案件收费低，审理周期短，原告普遍反映行政诉讼是其维护权益性价比最高的方式。C 市两级人民法院本着有错必纠的原则，依据优势证据原则，考虑到善意被冒用人的权利保障与救济，多以撤销被诉工商登记行为为裁判方式，导致人民法院工商行政登记撤销之诉案件越来越多，人民法院审理此类案件的压力越来越大，行政争议化解力度越来越弱。

而且，公民对个人身份信息重视不够，对身份证丢失及被冒用的后果认识不足，风险意识不强，维权不及时；工商、税务等机关尚未与公安联网，公民即便挂失或取得新身份证，旧身份证在印制有效期内仍可在工商、税务领域使用；中介行业的监管尚待加强，为工商行政登记撤销之诉的增长提供了“滋生土壤”。①

三、路径探索：工商行政登记撤销之诉裁判思路的探寻

身份被冒用者看似有多条权利救济途径，但实则徒劳无益。其一，身份被冒用者向登记机关申请撤销登记，登记机关为规避错误撤销登记可能引发的风险，通常引导申请人向人民法院提起工商行政登记撤销之诉，不愿自行启动纠错程序。其二，身份被冒用者向公安机关报案，公安机关通常认为缺乏刑事立案条件。其三，被冒用者通过民事诉讼，请求冒用者承担民事责任，冒用者基本下落不明，即便胜诉也很难实现对权利的有效救济。其四，被冒用者可提起工商行政登记撤销之诉，但人民法院可能会基于行政机关已尽到法定审查义务，确认违法无法律依据等原因而判决驳回原告的诉讼请求。由此，身份被冒用者的维权之路将举步维艰。

笔者认为，立足工商行政登记撤销之诉，辨析工商行政登记行为的不同性质，探索建立工商行政登记撤销之诉的裁判规则，畅通争议化解渠道。

（一）行政许可和行政确认

行政许可是指行政机关根据公民、法人或者其他组织的申请，经依法审查准予其从事特定活动的行为。行政确认则指行政主体依法对行政相对人的

① 霍颖、张东晨：《工商行政登记撤销之诉的现状、问题及对策》，载《审判研究》2019 年第 8 期。

法律地位、法律关系或有关法律事实进行甄别，给予确定、认定、证明（或证伪）并予以宣告的具体行政行为。

行政许可与行政确认的区别主要有：

1. 行为对象不同。行政确认是对行政相对人既有法律地位、权利义务确定和认可，主要是身份、能力和事实的确认；行政许可是许可相对人获得从事某种行为的权利或资格。一般来说，前者是业已存在，后者是许可之前不得为之。

2. 法律效果不同。行政确认的法律效果具有前溯性，对今后仅是一种预决作用；行政许可的法律效果具有后及性，未经许可从事的行为将发生违法后果。

3. 所为的意思不同。行政确认中行政主体的态度是对某种状态、事件、物或行为予以法律上的承认、确定或否定；行政许可则是行政主体在对申请人的申请进行审查和判断的前提下，对申请是否予以准许或同意的行为。

4. 行为性质不同。行政确认属于确认性或宣示性行政行为，仅表明现有状态，不以法律关系的产生、变更或消灭为目的；行政许可则是建立、改变或者消灭具体的法律关系，是一种形成性行政行为。

5. 内容不同。行政确认的内容具有“中立性”，对当事人是有利还是不利，取决于确认时原已存在的法律状态或事实状态；行政许可行为是一种授益性行政行为，直接为申请人授益。

6. 方式不同。行政确认既有依申请的确认也有依职权的确认；而行政许可是只能依申请才能发生的行政行为。

（二）设立登记系行政许可，原告有证据证明申请材料虚假的，人民法院可判决撤销设立登记

企业设立登记是公司取得法人资格以及从事经营活动的资格的前提，登记赋予并公示了公司作为法律所拟制的“人”所具有的民事主体资格，当属行政许可行为，具有可诉性。

依据行政许可法的规定，原告主张其身份被冒用，并提交鉴定结论证明设立登记申请材料上签名虚假的，人民法院可以认定登记机关虽尽到法定审查义务，但其根据虚假申请材料作出的工商行政登记行为欠缺客观、真实基础，且考虑到善意被冒用人的权利保障与救济，判决撤销设立登记。

需要说明的是，依据国家赔偿法第五条第二项的规定，因提交虚假材料或者采取其他欺诈手段被撤销登记的，登记机关不承担赔偿责任。

（三）变更登记属行政确认，基础民事法律关系的效力不属于被告行政确认审查范围，亦不属于变更登记撤销之诉的审查范围

关于变更登记，根据公司登记管理规范性法律文件的规定，登记机关依公司申请对股权、法定代表人等事项作出的准予变更登记，是对变更事实的一种确认，不会导致法律关系的产生、变更或消灭。登记行为不过是以原有法律关系为基础的一个附加行为，加强了原有法律关系，故准予变更登记行为系证权性登记，属于行政确认。该行政确认行为依相对人申请而实施，登记机关负有形式审查的义务，即依据《公司登记管理条例》第二十七条、《企业登记程序规定》第九条等公司登记规范性法律文件的规定，审查申请人是否依法移交了全部申请材料，申请材料的内容之间是否一致，记载事项是否符合法定要求，文书格式是否符合规范申请等。申请登记的民事法律关系实质上是否真实、合法有效，不在登记机关行政确认的审查范围内。

不应基于工商行政管理机关形式审查是否真实、合法，而认定基础性民事行为是否是真实的、合法的。同时，依据《公司法》第二十二条、《最高人民法院办公厅关于印发〈关于审理公司登记行政案件若干问题的座谈会纪要〉的通知》等规定，基础民事关系的争议，应通过民事诉讼等其他途径予以救济。人民法院宣告变更决议、决定无效，或撤销变更决议、决定的《民事判决书》系认定民事法律关系真实性的证据，即申请撤销变更登记的依据。

表1　设立登记与变更登记对照

名称	设立登记	变更登记
性质	行政许可	行政确认
	许可相对人获得从事某种行为的权利或资格	确定和认可相对人既有的法律地位、权利义务；主要是身份、能力和事实的确认和认可
	建立、改变或者消灭具体的法律关系，是一种形成性行政行为	不导致法律关系的产生、变更或消灭，是一种宣示性行政行为。是加强了原有法律关系，例如使原有法律关系的变动得到国家认可，或具有相应公示公信力

续表

名称	设立登记	变更登记
依据	行政许可法第十二条、第三十一条、第六十九条 法办〔2012〕62号会议纪要 川工商发〔2018〕61号	《公司法》第二十二条、第三十二条第三款 《公司登记管理条例》第五章 《企业登记程序规定》第六条、第九条 川工商发〔2018〕61号
登记机关解决思路	部分设立登记，经协商可撤销；被吊销的公司，不予撤销	若股东会决议、股权转让协议等基础民事法律关系被生效法律文书撤销、确认无效或不成立，则予以撤销
人民法院审理思路	依据《行政许可法》、最高人民法院法办〔2012〕62号会议纪要的相关规定，若证明申请材料不是原告本人签字，即不真实，原则上判决撤销；若无证据证明申请材料不是原告本人签字，或有其他证据证明原告对设立登记知情等，则不予撤销	法办〔2012〕62号会议纪要未对工商登记种类作区分；工商部门的职责在于审查申请人是否依照规范性法律文件的要求移交了全部申请材料，是否符合法定时限，记载事项符合法定要求，申请材料的内容之间是否一致等。行政诉讼无法对基础民事法律关系进行判断，原则上驳回原告诉讼请求

（四）原告鉴定的申请材料应能够反映其是否具有成立公司的意思表示

笔者认为，设立登记撤销之诉中，原告提交鉴定意见以证明申请材料签名虚假时，鉴定检材应统一为《股东会决议》、公司章程等能够反映其不具有成立公司之意思表示的申请材料，而不是反映其不具有委托他人办理公司登记之意思表示的《公司登记（备案）申请书》《指定代表或者共同委托代理人授权委托书》等。

同时，为了从源头化解工商登记争议，促进市场经济秩序的健康、稳定发展，笔者尝试提出以下建议：

1. 积极构建工商登记争议化解良性沟通机制

充分发挥登记机关与人民法院化解工商行政争议的合力，回到法律规定的框架范围内重新审视撤销的风险；鼓励支持登记机关依法履行自我纠错的本职功能；引导申请人依法寻求维权的合理路径；发挥行政审判与民事审判的功能作用，切实维护申请人的合法权益。

2. 建立企业信用信息公示平台

以信用监管取代传统的监督检查，充分运用现代信息技术手段，以信用信息公示系统为基础，完善信用约束机制。以信用监管为特色的新型管理方式有利于加快政府职能转变，提高监管效能，提高市场监管的信息化、便利化、规范化，也提高企业自律水平和强化企业社会责任创造条件，更是扩大社会监督，促进社会多方共治、联动响应。

3. 完善协同监管机制形成合力

工商登记制度作为一个市场领域制度，紧密地联系着政府、市场以及社会。政府作为公共产品的主要提供者，理当重新构建合理的工商登记制度框架，各部门联合执法，形成整体监管合力，充分发挥行业自律和社会监督的作用。

四、结语

工商行政登记撤销之诉的有加无已，反映出司法审判、社会管理等多方面问题，但该类案件的治理亦非利用单一手段就可一蹴而就的。人民法院、登记机关、行业组织、社会团体等部门需通力合作、共同努力，积极构建“政府负责、部门协同、行业自律、公众监督”的市场监管新格局。同时，期待工商行政登记撤销之诉的认识和裁判标准早日统一，以促进工商行政登记争议的实质性化解。

（作者单位：四川省成都高新技术产业开发区人民法院）

行政诉讼证明标准的确定与选择

杨 芳 杨立志

【摘要】在行政诉讼中作为被告的行政机关对其作出的行政行为合法性负有举证责任，行政机关收集证据是一个逆向的过程，鉴于相对人违法行为具有复杂性、多样性的特点，在对行政机关作出的行政处罚进行司法审查时，可根据具体行政行为的种类、处罚的性质以及对相对人权益影响大小等因素，有选择性地采取优势证据证明标准、明显优势证明标准、排除合理怀疑的多元化证明标准，综合考虑证明目的及其他价值目标的需要，合理确定证明标准，在监督行政机关依法行政和保护相对人合法权益上进行利益衡量，提升行政执法质量和效率，推进法治社会建设。

【关键词】行政诉讼 行政处罚 证明标准 举证责任

诉讼中的证明标准是指司法证明必须达到的程度和水平，是衡量司法证明结果的准则，强调全案证据对案件事实的证明程度，或者司法人员根据证据对案件事实的认识程度。[①] 在行政诉讼中，行政主体对被诉行政行为的合法性负有举证责任，法院在审查时，综合案情确定当事人利用证据对有关事实加以证明所要达到的程度，直接决定当事人举证的深度与有权机关利用证据认定事实的密度，即当事人所提供证据的待证事实达到相应的可信程度，待证事实的真实性就被认为得到了证明，法官可以该事实作为裁判根据。

在刑事诉讼中，采取“排除合理怀疑”的证明标准，在民事诉讼中采取“优势证据”的证明标准，在行政诉讼中采取“主要证据充分确凿”的证明标准。[②]《行政诉讼法》第六十九条、第七十条规定，行政行为事实清楚、证据确凿，应判决驳回原告诉讼请求；如行政行为主要证据不足的，则应判决

① 何家弘：《司法证明方法与推定规则》，法律出版社 2018 年版，第 7 页。

② 胡建淼：《行政法学》，法律出版社 2015 年版，第 570 页。

予以撤销。现有法律规定没有对证明标准进行详细规定，考虑到现实中行政行为复杂性，行政处罚种类多样，对行政相对人权益影响轻重不一，法院在审理过程中需合理确定证明标准，随着行政处罚力度加重，行政机关的证明标准应当相应提升，根据欲证明事项的不同，引导行政机关做好调查收集证据工作，在依法行政同时确保较好的工作质效。

司法证明的目的是明确案件的客观真实，即用证据证明的案件事实即法律事实存在与否，对应于法律事实从不可能发生到必然发生之间的盖然性，可对证明标准作如下划分：

表 1　原告请求审查与法院处理情况

证明标准	没有证据证明	证据不足	优势证据	明确优势证据	排除合理怀疑
盖然性	非常不可能	不太可能	大致可能	非常可能	必然发生
数字量化	1%—24%	25%—49%	50%—69%	70%—84%	85%—100%

排除合理怀疑的证明规则来源于刑事诉讼证明标准，强调人权保障，即确实、充分，排除合理怀疑，如果公诉方的全部证据不能达到能够排除合理怀疑地证明指控的犯罪事实，即使该证据明显优势于辩护方所提交的证据，也不能认定案件已经达到证明标准。

优势证明规则主要运用于民事诉讼较多，《最高人民法院关于民事诉讼证据的若干规定》规定，双方当事人对同一事实分别举出相反的证据，但都没有足够的依据否定对方证据的，人民法院应当结合案件情况，判断一方提供证据的证明力是否明显大于另一方提供证据的证明力，并对证明力较大的证据予以确认。不同于刑事犯罪的法益侵犯性和民事诉讼的证明标准更强调经济价值观，一方的证据更可能证明案件的真实性，那么就能达到本案要求的证明程度。

行政诉讼对于合法的行政行为要求其证据确凿，证明标准要低于刑事诉讼而高于民事诉讼。在司法实践中，在当事人违法的主要事实清楚的前提下，并不要求行政机关在采取行政行为时对当事人违法行为的每一个相关方面的事实都确凿无疑，而因根据具体行政行为的种类、案件的性质以及对当事人权益影响大小等因素，可以有选择性地采取优势证据证明标准、明显优势证明标准（又称清楚而有说服力的标准）、排除合理怀疑标准等多元化的证明标准。行政机关作出的对行政相对人权益影响不大的即时性行政处罚、行政强制措施等行政行为，适用优势证明标准。对行政相对人人身、财产权利有重大影响的行政行为，或行政机关作出的涉及重大公共利益的行政行为，如拘留、责令停产停业、吊销营业执照等，不仅要求行政机关所认定的事实具有充分证据支持，还要排除合理怀疑。

案例一：2018 年 1 月 7 日 19 时许，姚某某驾驶一辆悬挂粤 A ××××× 号牌的二轮摩托车搭载两名未戴安全头盔的人员，沿广州市花都区新华街龙珠路由东往西方向行驶至美泰家私城路段时，被执勤民警拦截，并以简易程序对姚某某实施的"驾驶摩托车时驾驶人未按规定戴安全头盔的或者乘坐人员未按规定戴安全头盔的、驾驶载客汽车以外的其他机动车载人超过核定人数的"两项交通违法行为分别给予罚款 200 元并记 2 分的处罚，当日执法视频记录因故未能保存。姚某某认为自己没有实施相关交通违法行为，执勤民警未听取其陈述、申辩，花都交警大队提供伪造的执勤经过和工作情况说明，对其作出的行政处罚事实不清，应予撤销。法院经审理认为，被诉处罚决定中载明了姚某某违法行为的时间、地点、内容等事项，由执勤民警签注后当场注明了姚某某拒绝签名，姚某某认为花都交警大队对其进行处罚证据不足，但其并未提交更具优势的证据进行反证，也不能证明执勤民警对其存在个人的利害关系。且执勤民警出具了执勤经过及情况说明，并盖有单位公章，其形成的结果具有行政公信力，姚某某的诉讼请求不成立，一审、二审法院均予以驳回。在该案中，法院采用了优势证据判断标准，即为证明基于人为因素非自然生成的瞬间法律事实，行政机关和行政相对人提交的"一对一"证据，一方比另一方的证据更具有证明力和信任力。结合案例一的案情分析，姚某某认为自己没有违反交通规则行为，由于执法记录仪内容缺失，涉案行政主体提供的证据是被诉行政处罚决定及执勤民警的事后陈述。因执勤民警是依法执行公务的人员，其已对姚某某的违法行为作出详细陈述，在没有证据证明执勤民警与姚某某之间存在利害关系的情况下，执勤民警的陈述视为优势证据，证明力高于利害关系人的陈述。

《最高人民法院公报》2007 年第 1 期刊载的"廖宗荣诉重庆市公安局交通管理局第二支队道路交通管理行政处罚决定案"首次明确适用的"优势证据"标准引起了学界的广泛关注。优势证据的构成要件是：（1）身份要件。优势证据的主体一方必须是公权力主体，满足行政法中要求的公权力主体的要求，优势证据的另一方即违法主体。（2）真实要件。行政机关提供证据的真实性、客观性都得到证实。（3）关系要件。执法人员与行政相对人之间没有实质上的利害关系。

在“压线行驶”“违法鸣笛”“违章掉头”等瞬时交通违法行为，往往没有第三者在场，受制于违章行为的瞬时性，监控数量和技术的滞后性等客观条件的限制，行政机关收集的证据往往只有执法人员的个人陈述，形成双方“一对一”的证据。如果对行政机关要求证明度过高，势必造成行政机关在收集证据上花费过多的精力，增加了行政成本，不利于行政效率的提高。因此，对此类对行政相对人权益影响不大的即时性行政处罚、行政强制措施等行政行为行政案件，可适用优势证明标准。

案例二：2016 年 7 月 28 日，荔湾综合执法局工作人员对荔湾区桥中北一路前程八巷 1 号网吧进行检查，该店员工梅某萍全程陪同检查，因未能出示有效的《营业执照》《网络文化经营许可证》，依法查封扣押用于上网经营的电脑一批，并要求当事人李某代到该局接受询问调查。在之后的两次调查询问中，李某代均以口头和书面承认其是涉案网吧的经营者，并对该网吧开业时间、资产配备、营业收入等情况进行详细陈述。2016 年 10 月 31 日，荔湾综合执法局对李某代作出行政执法告知书，因无法与其联系，只得以登报公告方式送达，并于 2017 年 1 月 20 日作出被诉行政处罚决定书，对李某代上述违法行为作出没收涉案电脑若干套，没收违法所得并处罚款，共计 11.7 万元的行政处罚。

李某代不服，先后提出行政复议申请和行政诉讼，提供证据：（1）证人梅某红，其自称为梅某萍的侄女，原任网吧收银员，证明案涉网吧的老板为温某强，李某代受托办理无牌网吧相关事宜；（2）提供由网吧物业承租人温某强填写的网吧《非住宅物业租赁备案申请表》草稿。在复议审查阶段，荔湾区政府按照李某代提供的多种方式均没有与温某强取得联系。一审法院在前往现场调查中，自称物业出租方的何某水没有提供有关权属证明，其称涉案网吧是温某强开的，但双方未曾签订书面租赁合同。

一审法院认为，李某代经营涉案网吧事业清楚，但现有证据显示温某强具有与李某代共同经营案涉网吧的嫌疑，荔湾综合执法局和复议机关对此情况未予查清，因个人违法行为和共同违法行为，其法律后果不尽相同，故荔湾综合执法局作出被诉处罚决定，属事实不清，并可能对李某代的权利义务构成实质不利影响，遂判决撤销被诉行政处罚决定。二审法院对一审法院查明事实予以认定，在广州市荔湾区综合行政执法局查处该网吧进行多次询问时，李某代均口头和书面承认其是涉案网吧经营者，并详细陈述了网吧经营状况，李某代在知悉荔湾综合执法局对其作出处罚不利后果后，改称温某强才是网吧实际经营者，可信程度低于其在执法机关调查时的多次陈述及手写材料内容，李某代在复议程序中提供的证人证言及书证，缺少相应的其他证据予以佐证，无法形成证据链证明温某强是涉案网吧实际经营者，更不能推翻原已陈述的事实，荔湾综合执法局作出被诉行政处罚认定事实清楚，证据确凿，复议机关决定予以维持正确。一审判决认为荔湾综合执法局和复议机关对李某代、温某强是否存在共同违法经营涉案网吧的事实未予以查清，撤销被诉行政处罚决定，存在举证责任分配不当，处理结果错误，应予以纠正。遂撤销一审判决，判决驳回李某代的诉讼请求。一审、二审法院由于采取不同证明标准决定了判决结果的不同，一审采用较为严格的证明标准，即排除合理怀疑，要求行政机关查证温某强是否为经营者或合伙经营者的事实。二审采用的是明显优势证据证明标准，案件主要违法事实清楚，有相应证据予以证实，并结合生活常理判断接近真实情况，并不需要对违法行为每一个细节情况进行查实。

《行政处罚法》第三十六条规定，除可以当场作出的行政处罚决定外，行政机关发现行政管理相对人存在行政违法行为时，应当及时调查收集有关证据。行政机关在调查取证中应贯彻全面取证原则，只要是能反映案情的客观事实材料，都应尽量收集。既要收集涉嫌违法的当事人有违法行为、从重处罚情节的证据，也要收集当事人无违法行为以及有法定的免罚或从轻减轻处罚情节的证据，确保行政处罚公平公正。行政机关承担社会管理职责，在对违法行为作出纠正、制止、处罚处理过程中须坚持先取证再裁决的基本原则。行政机关对事实基本调查清楚并作出行政处罚决定后，相对人为趋利避害否定自己之前做出的不利陈述或自认，需提供充分证据并经查证属实，才能予以采纳。《民事诉讼法》第十三条规定的民事诉讼诚实信用原则和第六十五条规定的当事人及时提供证据义务，对于行政机关调查，当事人也需配合执法人员工作查清事实，如实陈述案情和提供证据，维护行政行为的稳定性、公定力，确定性。当事人在行政机关作出处罚后再出现前后矛盾的陈述时，如果不能对矛盾陈述作出合理解释，亦不能提供其他辅助证据以证明后次陈述内容具有更强的证明力，法院在审理案件中应采集当事人第一次陈述的内容，这也符合禁止反言原则。如果不区分处理类型，坚持以排除合理怀疑严格的为证明标准，对当事人所有主张均进行全面深入调查，会加大行政成本，造成行政行为混乱、低效。在案例二中，李某代在荔湾综合执法局对自己是涉案网吧经营者作出相矛盾的陈述，行政机关已尽到审慎调查义务，仍无法查证，李某代应承担举证不能责任。

法院在审理案件过程中，如果行政机关查处事实基本清楚，证据充分情况下，不能仅以行政机关对相对人辩解理由未经查实，不能排除合理怀疑为由，认定处罚违法事实不清，撤销并责令重作，此种处理损害了行政行为的稳定性和可预期性，影响行政效率，不利于社会管理。

案例三：越秀食药监局根据举报对梁某欣在淘宝店铺销售的10瓶价值1880元的樱花金箔酒进行违法行为查处，梁某欣承认该批酒一共20瓶，购入单价为1986.74元，是其托人从香港购买，带回国内在淘宝销售，已销售10瓶，自用9瓶，有1瓶被越秀食药监局封存。随后，越秀食药监局经对该批酒的日文标签内容委托公证处翻译，标识原材料含有金箔，违反《食品添加剂使用卫生标准》的规定，金箔不能作为食品原料。根据查明的事实，越秀食药监局对梁某欣作出行政处罚，没收违法所得886.63元，没收1瓶樱花金箔酒，并处罚款12.5万元。法院经审理认为，该批酒未经我国出入境主管机关的进口检验，对于瓶身所附标准是否为原装标签及该标签标注内容是否真实存疑，在未对该批酒成分进行检验情况下，不能仅依该标签标注直接推定该批酒内实际添加有金箔的事实成立，遂判决撤销越秀食药监局作出涉案行政处罚决定中并处罚款12.5万元的内容。法院在审理此案过程中，由于对梁某欣的销售非法食品处以巨额罚款，采取的是证据确凿标准，即行政机关所认定的事实不但要有充分证据支持，还要能排除合理怀疑。在对樱花金箔酒的成分含量未经检测情况下，不能排除涉案产品可能不含有金箔的合理怀疑，显属事实不清，主要证据不足。

行政诉讼由被告即行政机关对被诉行政行为承担举证责任，行政机关收集证据是一个逆向性的过程，在每一个具体案件中，司法证明的结果都只是相对真实，不是绝对真实。对于每个具体案件事实的认识都不是百分之百的“真实”，而只是不同程度上的相对“真实”。由于行政行为具体情形繁杂，千变万化，面对不同类型的行政行为，证明标准的确定随着行政处罚对当事人权益影响大小，对当事人一方所提供的证据证明所需达到“优势证据”的程度也相应提升。在审查诉讼双方证据的真实性和证明力基础上，评价双方证明结果的概率，概率占优势者即可胜诉或得到有利的裁决。[①] 证明标准用事实发生概率依次为 49%、51%、70%、85%，这些概率只是具体办案中在采用证明标准之间的区别，并非严格统计和结算的结果。法院在办理行政诉讼案件中，要秉承多元化证明标准，在确定司法证明的标准适用时，既要考虑证明目的的需要，如具体行政行为的种类、案件的性质以及对当事人权益影响大小等因素，也要考虑其他价值目标的需要，如加强权利保护，提高行政效率，降低行政成本等，合理选择确定证明标准，在监督行政机关依法行政和保护相对人合法权益间进行利益衡量，公平公正地审理好案件，提高行政执法效能，促进法治政府建设水平提高。

（作者单位：广州铁路运输中级法院）

---

① 何家弘：《司法证明方法与推定规则》，法律出版社 2018 年版，第 181 页。

关于安徽行政公益诉讼案件的调研报告

安徽省高级人民法院课题组*

一、引言

行政公益诉讼制度在2015年试点改革、2017年立法修订、2018年最高人民法院和最高人民检察院颁布司法解释之后，行政公益诉讼的审判实践如火如荼，案件不断增多，问题不断呈现。2018年3月最高人民法院、最高人民检察院颁布《关于检察公益诉讼案件适用法律若干问题的解释》（以下简称《检察公益诉讼解释》），对检察公益诉讼两年来的试点改革予以总结。尽管该解释充分吸收了《全国人民代表大会常务委员会关于授权最高人民检察院在部分地区开展公益诉讼试点工作的决定》《人民检察院提起公益诉讼试点工作实施办法》等规范性文件的相关规定，但是该解释对法律条文的设计仍过于原则，对程序启动、适用条件、具体路径等缺乏细致规定。

检察行政公益诉讼流程，表现出多阶段、多中心的审查重点不断挪移的特征。检察机关向法院提起行政公益诉讼的立案环节，法院应当按何种标准审查，既是审判实践中面临的现实困惑，也是行政公益诉讼亟须解决的理论空白。如在立案条件上公益诉讼应遵循何种基准？法院在审查公益诉讼案件时应建立何种立案审查标准，其进入诉讼程序的入口关应如何把握？除了遵循部分传统私益诉讼的立案审查规则外，是否还须特别考量建立公益诉讼独有的立案审查规范。审判实践中公益诉讼案件的立案，面临着受案范围界定不明、审理深度广度界限不清、被告确定缺少操作标准、诉讼请求不明等实践难题，亟须法官在审判实践中充分发挥司法智慧，利用审判经验去衡量和

---

* 本调研报告是安徽省高级人民法院党组副书记、副院长周榕同志主持的安徽省法学会2018年课题成果，2018年12月通过结项。课题组成员：周榕、周辉、陈默、张娟（安徽大学）、刁梦梦（安徽大学）。

判断，建构区别于私益诉讼的立案审查标准，以期为行政公益诉讼的实践开展提供可行的操作依循。

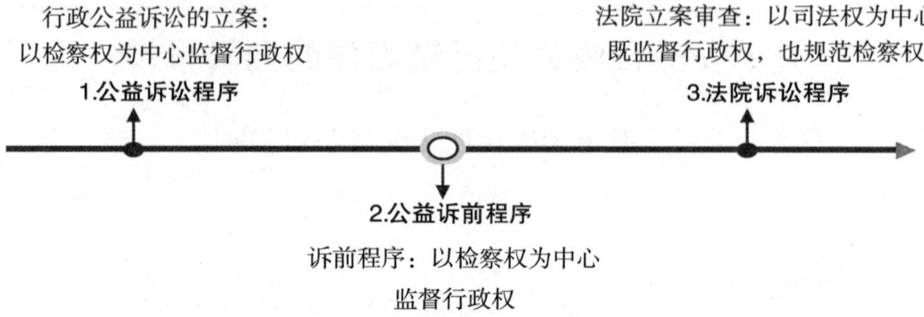

图 1　检察行政公益诉讼多阶段、多中心之审查重心挪移

本调研报告以检察机关向人民法院提起行政公益诉讼的立案环节为审查视角，以安徽省法院审理行政公益诉讼的实践案件为素材，从客观诉讼的本质回归和公益诉讼中检察监督权的本源出发，对我国行政公益诉讼的立案审查中的问题予以分析，主要包括受案范围、司法审查必要性、前置程序和启动等方面作相应探讨，以期为行政公益诉讼立案审查的有序开展和实践运作提供可以指导的基本遵循。

二、行政公益诉讼案件的立案与立案审查的实践探索

（一）行政公益诉讼案件的立案实践

自 2015 年 7 月 1 日起，全国人大授权开展检察机关公益诉讼试点，安徽省作为试点省份之一，为推进行政公益诉讼试点工作健康有序开展，安徽省法院三级联动，积极稳妥受理检察机关提起的行政公益诉讼案件，至 2018 年 7 月，各试点检察机关共发现公益诉讼案件线索 441 件，从图 2 可以看出，其中行政公益诉讼案件线索 377 件，以涉案领域划分，生态环境和资源保护领域 226 件、国有土地使用权出让领域 93 件、国有资产保护领域 55 件、食品药品安全领域 17 件。

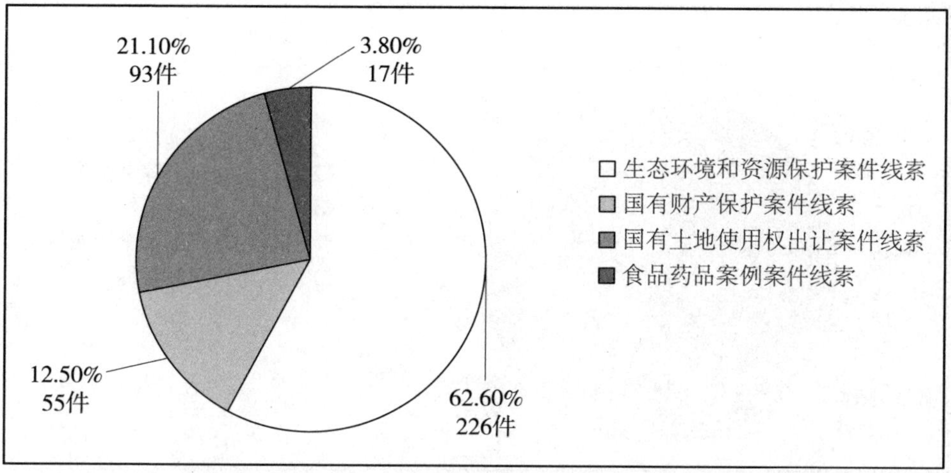

图2　2015 年 7 月至 2018 年 7 月安徽省行政公益诉讼案件线索

根据图 3，行政公益诉讼案件进入立案审查阶段的共 126 件，其中有 8 件属于请示和移送管辖类案件，涵盖安徽省所有地市（淮北市共 4 件指定其他法院审理）。根据图 4，在安徽省所立案审查的 118 件案件中，生态环境和资源保护领域 47 件、国有土地使用权出让领域 26 件、国有资产保护领域 31 件、食品药品安全领域 0 件，涉及环境保护、商粮、财政、土地、人民防空等众多行政主体。

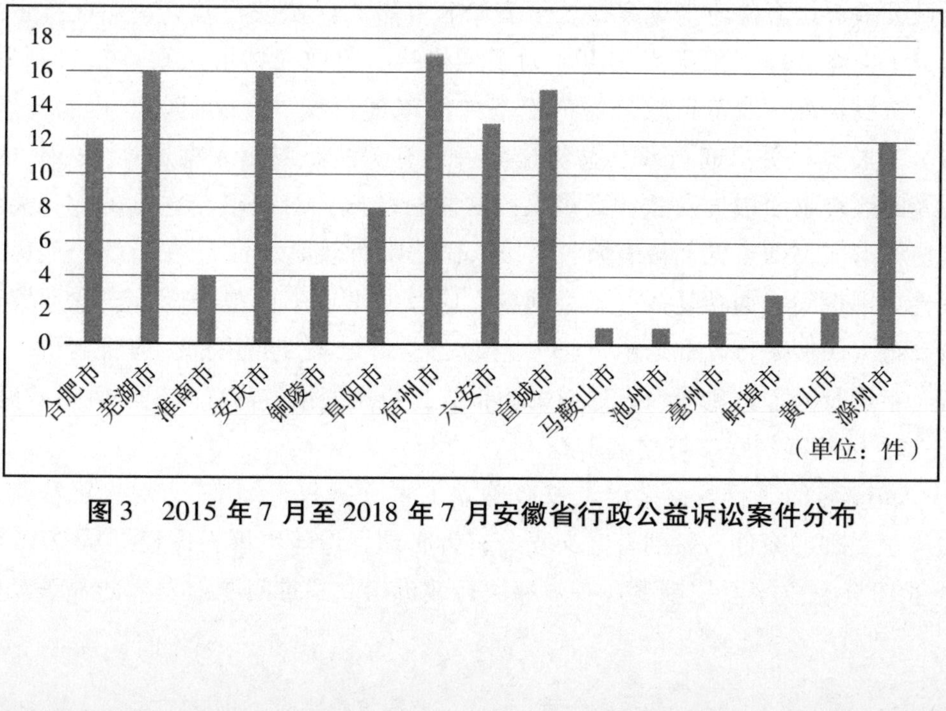

图3　2015 年 7 月至 2018 年 7 月安徽省行政公益诉讼案件分布

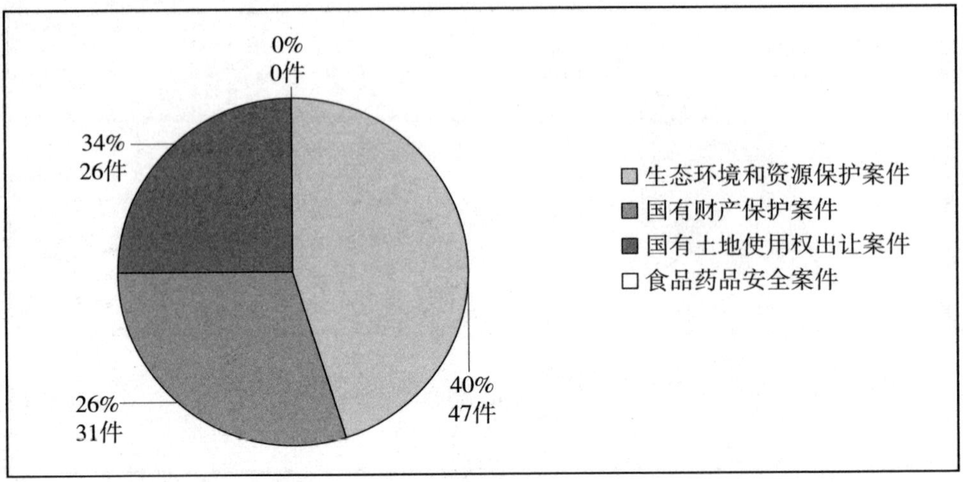

图4　2015 年 7 月至 2018 年 7 月安徽省行政公益诉讼受案审理分类

（二）行政公益诉讼案件立案审查的实践探索

1. 建立立案受理层报备案制度

在行政公益诉讼案件试点期间，安徽省高级人民法院与安徽省高级人民检察院共同召开座谈会，形成《关于办理人民检察院提起行政公益诉讼案件适用法律若干问题的会议纪要》（以下简称《会议纪要》），要求各法院审理行政公益诉讼案件应当逐案报告至安徽省高级人民法院行政庭，至此，正式建立了立案受理层报备案制度。为了严格执行行政公益诉讼案件报告制度，统一裁判标准，规范行政公益诉讼案件的审理，该《会议纪要》提出要求：（1）对检察机关提起行政公益诉讼案件，有关法院发出立案通知书三日内，应及时逐级书面报告安徽省高级人民法院行政庭；对拟不予立案的，有关法院应当形成书面意见上报安徽省高级人民法院行政庭。（2）在行政公益诉讼案件审理期间，遇到复杂、疑难问题，应及时形成书面报告或者携卷向安徽省高级人民法院行政庭请示。（3）行政公益诉讼案件判决前，应将起诉、答辩、审理及处理意见等内容形成书面报告，报送安徽省高级人民法院行政庭。

2. 行政审判庭参与立案审查

2015 年的《行政诉讼法》修改确立了“立案登记制度”，对人民法院依法应该受理的案件，做到有案必立、有诉必理，保障当事人诉权。从 2015 年至 2018 年，立案登记制度在有效解决行政诉讼立案难问题上发挥的显著功效不言而喻，行政诉讼案件大幅上升。不仅有利于充分保障当事人的行政诉权，提升司法公信力，而且有利于提升政府治理能力，促进社会治理法治化。但作为制度改革的产物，其也存在不可规避的问题，加之行政公益诉讼作为新生事物，制度体系仍不完善，并且因其自身的特殊性，检察机关这一国家机关作为原告，审判实践中公益诉讼案件的立案面临着受案范围界定不明、审理深度广度界限不清、被告确定缺少操作标准、诉讼请求不明等实践难题，亟须法官在审判实践中充分发挥司法智慧，利用审判经验去衡量和判断，建构区别于私益诉讼的立案审查标准。在安徽省已经建立的立案受理层报备案制度框架下，对于基层法院立案也提出一定要求，即立案庭与行政审判庭加强沟通，由行政审判庭参与立案审查，一定意义上是在原有的立案登记制度下根据实践需求进行的变通方式。

3. 复杂疑难案件与检察部门进行会商沟通

安徽省在行政公益诉讼试点期间，人民法院对于复杂疑难案件便积极与检察部门进行会同协商，大量案件在诉前程序中得以解决，对需要提前诉讼的案件共同引导进入诉讼程序，推动起诉案件依法及时审理。试点伊始，安徽省高级人民检察院与安徽省高级人民法院就公益诉讼案件的管辖、庭审程序、撤诉抗诉等问题达成共识，会签了《会议纪要》，下发指导全省试点。2017 年，安徽省高级人民法院又发文《关于严格执行行政公益诉讼案件报告制度的通知》，就行政公益诉讼案件的受理、管辖、审理等专门提出要求，进一步完善公益诉讼案件审理的实体、程序问题。在法检共同合作下，试点以来，受理了一批在全国具有影响力的案件，案件类型覆盖四大受案范围，且全省各市均有案件受理。

三、行政公益诉讼案件立案审查应注意把握的具体问题

（一）检察机关提起公益诉讼应否遵循检察监督的补足属性

案例：安徽省芜湖县检察院诉被告南陵县城管局其他行政管理行为违法案[①]。县城管局临时设建筑垃圾堆放点对环境造成恶劣影响，县环保局已向被告发函要求消除污染，随后县环保局、水务局发函要求被告立即制止非法

① 安徽省芜湖县人民法院（2017）皖 0221 行初 06 号行政判决书。

倾倒建筑垃圾的行为。县检察院在履行职责中发现，被告未按环保、水务部门要求采取整改和补救措施，向被告发出检察建议书，要求加强对建筑垃圾处置的管理并保障城市市容和环境卫生；依法规划建筑垃圾消纳、综合利用等设施的设置。被告未在法定期限书面回复检察机关。县检察院向法院提起公益诉讼，请求确认南陵县城管局设置建筑垃圾堆放点行为违法；判令县城管局立即停止倾倒垃圾并对环境污染采取补救措施。

问题：针对违法行为提出的确认之诉，应否考量在包含行政权监督、立法权监督、司法权监督、检察权监督等多维的对违法行政行为的监督体系中，是否确有必要由检察机关通过提起公益诉讼的方式维护公共利益，即有无其他更优监督方式从而无须在本案中启动行政公益诉讼的检察监督。

分析：提起行政公益诉讼的检察监督权应否启动，需要结合以下四个层面来考虑。第一，县城管局违法临时设置垃圾堆放点的行为，在已被环保局和水务局进行行政监督的过程中，检察机关是否有必要开启公益诉讼监督？第二，如果启动公益诉讼监督实属必要，则环保局对被告的行政权监督和检察院提起公益诉讼的检察监督，两种监督方式哪一个具有优先权？对这个问题的回答，涉及前述检察监督的定位问题，即其在整个行政监督体系中其监督的位序如何的问题。尤其是在行政监督已经开展的过程中，检察监督还有没有必要介入。根据行政公益诉讼原理，公益诉讼作为一种客观诉讼，检察监督应当作为一种例外监督、特别监督、补充监督的方式而存在，检察监督在整个对行政权的监督体系中应定位为补足性、后续性法律监督为宜。第三，行政权监督较检察权监督具有专业优势。考虑到行政权的监督因具有高度的专业性，其应当具有优先性，而检察监督因在开展过程中有些内容仍需得到行政机关的支持，如本案中县环保局所作的环保测量等成为检察院向法院提起诉讼的初步证据。第四，行政权监督能实现督促行政机关依法行政的监督目标，而检察监督因要依赖于行政机关的自我改错和证据的初步收集、法院是否受案及具体的审理和执行等，因而在监督体系中位序靠后为宜，即检察监督在与行政权监督同时开展的过程中，检察监督应处于补足地位。故此，本案公益诉讼的检察监督，发生在已经开展的行政监督过程中，其必要性值得推敲。建议只有当行政权监督未予启动或不能启动之时，提起公益诉讼的检察监督程序的启动才是必要的、有效的。

（二）行政机关未追缴罚款职责是否属于行政公益诉讼受案范围

案例：安徽省潜山县人民检察院诉被告潜山县安全生产监督管理局不履行追缴罚款职责系列案[①]。因涉案三单位在承揽工程时发生安全责任事故，被告对涉案三单位分别进行行政处罚，罚款20000元至30000元不等，涉案三单位分别缴纳小部分罚款，大部分罚款没有缴纳。潜山县人民检察院向人民法院分别提起行政公益诉讼，认为县安监局怠于履行法定职责，导致国有资产流失。

问题：就本案而言，安庆市中级人民法院与潜山县人民法院对于是否属于行政公益诉讼的受案范围均存在争议。一种观点认为，如果将行政机关不履行追缴罚款职责的行为均纳入公益诉讼受案范围，其后果是检察机关所监督的范围实际上延伸到了行政管理的各个领域，所有具有行政处罚权的行政机关都将可能成为公益诉讼的被告，那么公益诉讼受案范围的规定将失去意义。另一种观点认为，尚未执行到位的行政处罚款依然属于国有财产范畴，应当纳入行政公益诉讼的受案范围。

分析：正如上述争议所言，无限扩大行政公益诉讼的受案范围可能导致检察机关的监督范围延伸到行政管理的各个领域，过分干预行政，如何科学合理地确定行政公益诉讼的受案范围已经成为当前亟待解决的问题。而关于行政公益诉讼的受案范围，其界限确定必然离不开公共利益的范围，公共利益范围变宽，行政公益诉讼受案范围必然扩大。“公共利益”内涵和外延的模糊性决定了对行政公益诉讼受案范围界定的难度较大。目前《行政诉讼法》第二十五条第四款对行政公益诉讼的受案范围作出规定，包括生态环境和资源保护、食品药品安全、国有财产保护、国有土地使用权出让等领域。从目前实践来看，国有财产保护领域的案件是否予以受理，在实践中存在较大争议。对于行政机关未追缴罚款职责的行为，建议仍应根据履行之诉的基本要件判断其是否满足受理条件，即应结合法律、法规之规定，具体看行政机关是否具有执行行政罚款的法定职责。同时，鉴于行政公益诉讼的开展尚

---

① 安徽省潜山县人民法院（2017）皖0824行初48号、50号、51号。另可参见：鸠江区人民检察院因认为被告芜湖市国土资源局怠于履行保护耕地的监督管理职责案，安徽省潜山县人民法院（2016）皖0207行初63号。

处于起步阶段，理论支撑尚属薄弱，故建议应审慎考虑对此类案件的受案问题。[①]

（三）对违法行为人刑事处罚后对其违法行为未予行政处罚应否提起公益诉讼

案例：安徽省寿县人民检察院诉被告寿县林业局不履行林业行政管理法定职责案[②]。孙某某在未办理林木采伐许可的情况下，擅自采伐人工林木482棵，寿县林业局在处理该案中，认为孙某某的行为已构成刑事犯罪，遂按规定移交有关部门处理。后，孙某某被判处有期徒刑一年。寿县人民检察院认为寿县林业局未对孙某某滥伐林木的行为进行行政处罚并责令其补种树木、恢复森林植被等，是怠于履行森林资源保护监管职责行为。向寿县人民法院提起公益诉讼，请求判令寿县立业局依法履行森林资源保护监管职责，对孙某某滥伐林木的行为进行行政处罚，并责令孙某某补种树木、恢复森林植被等。寿县林业局认为，其按照法律规定已将案件移送有关部门处理，孙某某已因滥伐林木被追究刑事责任，其对孙某某滥伐林木的行为不再具有行政处罚权，检察机关提起的诉讼请求事项于法无据。

问题：本案争议的焦点是，孙某某因滥伐林木行为构成犯罪被依法追究刑事责任后，寿县林业局能否再对其滥伐林木行为作出行政处罚？寿县林业局没有按照《森立法》第三十九条的规定对孙某某进行处罚，检察机关可否提起公益诉讼？本案在立案阶段便引发讨论，对于同一违法行为刑法处罚与行政处罚能否并处主要有三种观点：1. 替代主义。认为同一个行为既违反法定行政管理秩序又构成犯罪的，不能既要求承担行政责任又同时承担刑事责任，即对行为人同时实施行政处罚和刑事处罚，而应该在两者中选择其中之一，并且在选择时原则上追究刑事责任。2. 合并适用。认为对既违反法定行政管理秩序又构成犯罪的同一个行为，在行政机关追究行政法律责任的同时，司法机关还可以追究其刑事责任。3. 附条件并科。认为对既违反法定行政管理秩序又构成犯罪的同一个行为，行政处罚与刑罚可以并科，但任何一个执行后，认为没有必要再执行另外一个时，可以免除执行。

---

① 对此，有学者也表达了相似的观点。参见林仪明：《我国行政公益诉讼立法难题与司法应对》，载《东方法学》2018年第2期。

② 安徽省寿县人民法院（2018）皖0422行初2号行政判决书。

分析：根据《森林法》第三十九条两款规定来看，从该法条的结构上，针对滥伐林木行为违法程度的不同，法律分别规定了相应追究违法行为责任的方式，即当违法者滥伐林木的行为尚未构成犯罪时，由林业行政主管部门依法给予行政处罚，包括补种树木和罚款；而当违法者的滥伐行为构成犯罪时，则由司法机关依法追究其刑事责任，判处刑罚。两种责任形式之间存在递进关系，应当根据行为人违法行为的不同程度，分别适用不同的法律规定作出责任追究。同时，根据《国家林业局关于森林公安机关办理林业行政案件有关问题的通知》中规定，林业违法案件达到刑事案件立案标准的，森林公安机关必须立为刑事案件，不得以行政处罚代替刑事处罚。森林公安机关立案侦查的刑事案件经批准撤销案件、人民检察院作出不起诉决定、人民法院作出无罪判决的，需要给予林业行政处罚的，应当依法作出处罚决定。故此，县林业局在违法行为人被确定刑事责任后实质上已无行政处罚职责。林业部门对本案不再具有管辖权，在没有法律、法规明文规定下，林业部门再要求第三人孙某某承担行政法律责任缺乏法律依据。①

总体上，能否对违法行为人刑事处罚后对其违法行为未予行政处罚提起公益诉讼，其关键在于被追究刑事责任后行政机关是否还具有对其违法行为行政处罚的法定职责。对这一问题的把握，需要注意以下两个方面：第一，违法行为人刑事处罚后，行政机关是否具有当然的行政处罚职责？其判断基准何在？第二，检察机关对行政机关未作处罚行为提起公益诉讼，并不以第三人孙某某是否予以刑事制裁为前提条件，孙某某是否承担相应的刑事责任与行政机关对其违法行为进行处罚并无因果关系。故对本案提起的公益诉讼案件，法院应不予以立案受理。

---

① 追究刑事责任后能否再追究行政责任不能一概而论。即能否并处必须要有法律的明文规定，法律明文规定行政处罚后，还应当追究刑事责任的，或者追究刑事责任后还应当给以追究行政责任的，才能使用并处，如《药品管理法》第七十二条、第七十三条、第七十四条等，关于追究行政责任后，对构成犯罪的依法追究刑事责任的规定；《道路交通安全法》第九十一条第二款至第五款，关于醉酒驾驶追究刑事责任后，若干年内不得重新取得机动车驾驶证、不得驾驶营运机动车等规定。而对于法律没有明文规定追究刑事责任可以再追究行政责任的，原则上不能并处。本案第三人孙某某滥伐树木已经构成刑事犯罪，按照森林法和处罚法等规定，林业部门必须把案件移送公安（司法）部门处理，也就是说林业部门对本案不再具有管辖权，假设林业部门再追究第三人孙某某的行政责任，会带来多重问题：首先，林业部门如何启动程序，是自查还是由法院移交？其次，如果第三人已经判处实刑，是否能够在监狱里承担行政责任，如何承担？行政处罚后，第三人不服有何种救济渠道？最后，如果毁坏林木较多，补栽树木已经超出其承受能力范围，如何执行？以及补栽树木需要的土地，第三人如何解决等。

（四）刑事判决追缴赃物、非法所得，是否属于行政公益诉讼的受案范围

案例：合肥市庐阳区检察院诉庐阳区大杨镇人民政府不履行法定职责案①。2004 年至 2013 年，合肥城市森林公园、明发商业广场建设项目由大杨镇政府负责组织实施征地拆迁补偿安置工作。为此，中共庐阳区大杨镇委员会、大杨镇政府成立大杨镇征地拆迁安置工作指挥部。施新法在担任该指挥部主任期间滥用职权，违法行使职权，为不符合安置条件的张凤等六户办理安置房屋面积 570 平方米，骗取安置补偿 594360 元。大杨镇政府未采取有效措施将上述国有资产追回，存在怠于履行职责的情形。本案所涉及的刑事案件，法院已经在刑事判决中对施新法违规将不符合安置条件的住户获得补偿的事实予以确认，但未对涉案的房屋及补偿款予以追回作出明确规定。庐阳区人民检察院对大杨镇政府未能追回违规安置房及补偿款的不作为提起公益诉讼，要求确认被告行为违法。

问题：在实务中，人民检察院根据已生效的刑事判决中确认的违法事实，以刑事判决中的赃物、非法所得等违法内容提起行政公益诉讼。对于该类案件，人民法院能否予以立案，无相关规定出台，当前人民法院是依据具体的案情，结合行政公益诉讼的受案范围，进行个案分析。

分析：在本案中，县检察院仅根据刑事判决确认的事实，确认行政机关应具有履行法定追缴赃物和非法所得的做法值得思虑。第一，行政机关的法定职责并非由刑事判决而是由法律、法规的明确规定而确定。虽然刑事判决具有既判力，但仅限于判决结果的既判力。对于判决所确认的事实并未能直接创设行政权力，此与“无法律即无行政”的行政法理明显相悖。第二，对于本案中，如果检察机关出于公益维护而欲提起行政公益诉讼，可以直接根据法律、法规规定的拥有追缴赃物和非法所得的行政机关来确定，通过找到法律根据和其他不履行法定职责的证据，而非刑事判决书向法院提起公益诉讼。第三，对于刑事判决书中的判项，比如追缴非法所得、罚款等财产刑，检察机关不能够提起行政公益诉讼，按照法律规定刑事判决书中的财产刑的执行，应交由人民法院执行庭予以执行，而不是由有关行政机关予以追回。

---

① 安徽省合肥市庐阳区人民法院（2017）皖 0103 行初 77 号行政判决书。另可参见：人民检察院诉合肥市瑶海区铜陵路街道办事处不履行国有资产监管职责案，安徽省合肥市庐阳区人民法院（2016）皖 0102 行初 81 号。

（五）对行政机关适当履行能否提出行政公益诉讼

案例一：安徽省无为县人民检察院诉被告安徽省芜湖市住房和城乡建设委员会不履行行政管理法定职责案[①]。芜湖市住建委所属的市政工程管理处负责陶沟排涝泵站的管理，在汛期或者暴雨天气，超过截流泵站截流量的雨污合流污水就通过排涝泵站的排水口排入长江。2017年2月23日，芜湖市镜湖区人民检察院向芜湖市住建委发出检察建议，建议芜湖市住建委依法履行市政管理职能，及时采取措施，防止城市污水向长江排放。芜湖市住建委一直致力于雨污分流改造，在检察机关起诉前组织召开了陶沟泵站排污整治方案论证会并报芜湖市人民政府同意陶沟排涝泵站迁移扩建项目立项建设，有利于彻底解决污水的安全问题。法院认为，被告已经适当履行，但由于未完全解决，判决确认被告芜湖市住建委没有完全履行职责违法。

案例二：芜湖市鸠江区人民检察院诉被告芜湖市国土资源局怠于履行保护耕地的监督管理职责案[②]。毕某某非法占用鸠江区沈巷镇民安村委会大毕自然村部分村民的耕地25097平方米，并在耕地上非法挖掘取土出售获利。芜湖市国土局在接到举报后，对毕某某立案查处，因涉嫌构成犯罪，移送公安机关处理，毕某某判处有期徒刑一年并处罚金50000元。公益诉讼人发出检察建议后，被告责令毕某某在60日内完成复垦。公益诉讼人提起公益诉讼，认为在检察建议期间（30日），毕某某毁坏的土地复垦工作未取得实质性进展，被告怠于履行职责违法。法院认为，由于土地复垦工作需要合理的期限，相关法律、法规也未对复垦的期限作出明确规定，现被告责令毕某某在60日内完成复垦属于行政裁量，应予尊重，在复垦限期尚未届满的情况下，公益诉讼人起诉被告怠于履行监督职责证据不足，依法应当驳回诉讼请求（本案释明后，检察机关主动撤回起诉）。

问题：在司法实践中，人民法院在审查部门行政公益诉讼案件时，发现负有监管职责的行政机关在自己的职责范围内已经进行了“适当履行”，但鉴于未能在检察机关向行政机关发出检察建议的履职期限内（二个月）修复侵害状态，此时检察机关仍以其不履行法定职责予以起诉，该类案件是否符合行政公益诉讼的立案条件需要进一步明确。

---

① 安徽省无为县人民法院（2017）皖0225行初34号行政判决书。

② 安徽省芜湖市鸠江区人民法院（2016）皖0207行初63号行政裁定书。

分析：无论是公益诉讼还是私益诉讼，其诉讼目的皆在于监督依法行政、维护私益或公益。故而，公益诉讼作为客观之诉，其诉讼目的和私益诉讼一样，皆在于监督行政权的合法性而非合理性。比如：案例一中，由于污水治理、排放等，涉及政府中心或重点工作，并非被告凭借一己的财力、物力、人力能够完全解决，在被告已尽可能履职情况下，即使没有达到完全治理目标，亦不宜提起公益诉讼。案例二中，国土部门已经全面履职，由于土地复垦需要一定合理期限，可能会超过检察建议的两个月时间，检察机关不能以两个月内未达到复垦要求提起公益诉讼（其实本案能否提起诉讼也有待商榷，在本文“对违法行为人刑事处罚后对其违法行为未予行政处罚应否提起公益诉讼”中，笔者已进行论述）。故对于行政机关适当履行、合理履行等涉及行政权合理适用问题，能否提起行政公益诉讼，亟待予以明确。

（六）涉及多行政机关职权，检察机关提起行政公益诉讼请求不明问题

案例：舒城县人民检察院诉舒城县林业局不履行林业行政管理法定职责案[①]。2014 年 6 月，舒城县人民政府成立“舒城县打击非法开采矿产资源办公室”，公安、水利、林业、国土、市场监管为组成单位，统一治理非法采矿违法行为。2016 年 9 月，县国土资源局认定魏某某非法开采矿产资源 6318.18 平方米，价值 1113635 元，对魏某某依法进行处理。检察院认为林业局未能依法全面履行其法定职责，被毁林地没有得到治理恢复，国家和社会公共利益仍处于受侵害状态。遂提起行政公益诉讼，请求判令确认林业局怠于履行森林资源保护行政职责违法并继续全面履行森林资源保护行政职责。

问题：本案非法采矿毁林虽仅为一个行为，但涉及多个行政部门监管，如国土资源局对毁坏土地的行政监管、林业局对毁坏林木的监管等，检察机关在起诉时是否应当区分各监管部门的职责划分，对不同部门分别提起公益诉讼？

林业部门的监管范围较为广泛，检察机关向法院提起行政公益诉讼，能否不加区分，笼统地提出“怠于履行监管保护职责”“未全面履行法定职责”诉讼请求？在存在诉讼请求不明确情况下，法院是否应向检察机关释明，要求其明确具体诉讼请求？如果检察机关在期限内仍未明确诉讼请求，人民法

---

① 安徽省舒城县人民法院（2017）皖 1523 行初 1 号行政判决书。

院可否按照《行政诉讼法》第四十九条第三项、第五十一条和《最高人民法院关于适用〈中华人民共和国行政诉讼法〉的解释》第五十五条规定，裁定不予立案？

分析：根据《行政诉讼法》以及《检察公益诉讼解释》的相关规定，人民检察院对于生态环境和资源保护、食品药品安全、国有财产保护、国有土地使用权出让等领域负有监督管理职责的行政机关违法行使职权或者不作为，在作出检察建议后，仍不履行职责的，依法提起行政公益诉讼。而关于该规定的"监督管理职责"的范围是否是完全依照既往法律规定的职权，目前仍没有具体的法律法规解释。有学者分析多起案件后指出，检察机关认定"是否履职"的依据并不局限于法律规定，还要求行政机关依据法律原则和精神从实现行政任务角度积极履行职责、纠正其怠于执法的行为。[①] 但无论按照何种标准认定职责范围，检察机关在向人民法院提起诉讼时均应区分不同行政机关职责分别进行起诉，并且应明确所诉行政机关的职责内容，以及违法或者怠于履职的具体表现，以便于司法机关对案件能够进行准确判断。对于诉讼请求不明，人民法院予以释明后，拒绝变更的，人民法院可以根据法律规定裁定不予立案。

（七）检察机关请求人民法院司法权代替行政权问题

案例：金寨县人民检察院诉金寨县国土资源局怠于履行土地出让收入征收案[②]。2011 年 3 月 28 日，金鹏公司竞得金寨县 JZZB - GT - 2011　001 号地块国有建设用地使用权，建筑容积率不高于 1.8，后经修改规划许可，调整容积率为 3.4053；至检察院发出建议前，金鹏公司增加容积率部分建设开发的房屋已竣工并交付使用，但仍欠部分土地出让金未予缴纳。接到检察建议后，被告提起民事诉讼向金鹏公司追缴土地出让金，被裁定驳回起诉。检察院认为案涉土地出让金未依法足额缴纳，国家利益仍处于受侵害状态。请法院确认金寨县国土局怠于履行土地出让收入征收职责违法；判令金寨县国土局依法征收金鹏公司欠缴的土地使用权出让金 3582715.20 元。

问题：检察院提起公益诉讼，能否就应由行政机关依据职权作出的行政行为，请求法院直接作出判决？具体到本案，即法院能否支持检察机关的诉

① 刘艺：《构建行政公益诉讼的客观诉讼机制》，载《法学研究》2018 年第 3 期。

② 安徽省金寨县人民法院（2018）皖 1524 行初 11 号行政判决书。

讼请求的第二项直接判令金寨县国土局依法征收金鹏公司欠缴的土地使用权出让金3582715.20元？

分析：行政诉讼制度实质上是司法权在特定情形下介入行政权行使领域的法律依据，是司法权监督行政权的体现。但是，无论司法权如何审查行政权之行使，有一点是必须明确的，即司法权对行政权的审查，其目的在于监督和制约行政权，而不是代替行政权。根据《检察公益诉讼解释》第二十五条规定，人民法院可以作出以下判决，包括确认违法或者确认无效、限期履行、采取补救措施、重新作出行政行为、明显不当的或有款额错误的予以变更。而对于上述案件检察机关提出司法权代替行政权，直接判令金寨县国土局依法征收金鹏公司欠缴的土地使用权出让金3582715.20元，显然有所不妥。人民法院只能判决金寨县国土局依法征收职责，但不能代替行政权直接作出具体征收数额，否则，司法权混同于行政权，不仅有违行政权和司法权的基本制度设计，实践中也不利于相对人的救济。

（八）检察机关遗漏共同诉讼被告问题

案例：庐江县人民检察院诉庐江县农业机械管理局不履行保护国有资产法定职责提起行政公益诉讼案[①]。庐江县财政局和庐江县农业机械管理局共同负责庐江县农机购置补贴工作，财政局主要职责是落实补贴资金预算，对是否符合补贴条件进行审核及对资金的分配使用进行监督检查等。庐江县检察院认为，庐江县农机局在组织农机购置补贴活动中存在违法履行职责行为，致使不符合补贴条件的56台农机通过审核，造成国家损失204.16万元，以庐江县农机局为被告提起行政公益诉讼，请求法院判令被告没有依法履职违法并追回非法农机补贴。

问题：在案件受理过程中，庐江县人民法院认为财政局和农机局共同履职，造成农机补贴违规发放，建议检察机关将财政局列为共同被告，检察机关拒不采纳法院建议，无奈人民法院依职权将财政局列为第三人。检察院代表国家提起行政公益诉讼，能否放弃或拒绝监督有关行政机关履行职责？

分析：在上述案例中，违规发放农机补贴问题，明显是多个行政部门共同行政的结果，检察机关有权对负有监管职责的行政机关提起行政公益诉讼，

---

① 安徽省庐江县人民法院（2017）皖0124行初22号行政判决书。

对于这类案件检察机关对被告进行选择性起诉，既不利于案件事实的查清，也不利于行政机关履职的监督，人为放纵对有关机关的监督，违反了行政法上的公平、公正原则。笔者认为，在人民法院释明后，其仍然拒绝追加共同被告，人民法院并不必须按照《最高人民法院关于适用〈中华人民共和国行政诉讼法〉的解释》第二十六条第二款规定的，通知有关单位以第三人的身份参加诉讼处理。因为，检察机关不是普通的起诉人，提起行政诉讼是履行职务的行为，没有权力放弃或拒绝国家赋予的职权，否则构成渎职或者滥用职权。如果检察机关放弃或拒绝追加共同被告，人民法院可以拒绝接受案件或者裁定不予立案[①]。

（九）应否追加必要第三人问题

案例：合肥市庐阳区人民检察院诉合肥市庐阳区大杨镇政府不履行法定职责案件[②]。由于拆迁负责人滥用职权不正确履责，帮助张凤等六户不符合安置条件的居民非法获取安置房屋及相关费用，造成国有资产严重流失。大杨镇政府作为负责拆迁户安置工作的行政主体，截至人民检察院起诉时仍未将被骗取的国有资产追回。关于此案，庐阳区人民法院在审查时，认为张某某等人与本案审理结果有利害关系，依职权主动追加了张某某等六人为本案第三人。而与本案案情相似的合肥市瑶海区人民检察院诉合肥市瑶海区铜陵路街道办事处不履行国有资产监管职责案[③]，铜陵路街道在使用补偿安置资金实施双窑洞改造项目过程中，对补偿安置未尽监督检查职责，导致单某某等41户非法获得安置房屋面积和各类补偿款等，造成国有资产流失。但在此案中，人民法院却未将单某某等41户列为案件第三人。

问题：检察机关提起行政公益诉讼，要求行政机关对案外人进行行政处罚，涉及案外人的权利保护及救济途径，是否要将案外人作为第三人参加诉讼？

分析：对于上述两案件，两审理法院对不符合安置条件的住户是否追加必要第三人做法不一。笔者较为同意庐阳区人民法院依职权的追加行为，原

---

① 对于该类案件，基层法院反响激烈，检察机关从部门利益出发，不敢或不愿得罪的地方强势部门，逼着法院做“恶人”，希望最高人民法院能够出台相关解释予以解决。

② 安徽省合肥市庐阳区人民法院（2017）皖0103行初77号行政判决书。

③ 安徽省合肥市瑶海区人民法院（2016）皖0102行初81号行政判决书。

因如下：我国《行政诉讼法》第二十九条规定，与被诉行政行为有利害关系的公民、法人或者其他组织可以作为第三人申请参加诉讼，或者由人民法院通知参加诉讼。人民法院判决第三人承担义务或者减损第三人利益的，第三人有权提起上诉。人民检察院起诉行政机关请求其依法履行职责、追缴国有资产，对维护公共利益发挥重要作用，但不容置否，行政机关的追缴行为直接作用于已经获得安置补偿的住户，即使其取得补偿的方式被认定违规，依然不能否定其是与案件有利害关系的第三人，因此，当行政机关的追缴行为损害其既得利益时，将其纳为原审案件的必要第三人，为其提供法律救济途径，赋予其上诉的权利，是合法合理的。

（十）行政公益诉讼和民事公益诉讼性质不分问题

案例：阜南县人民检察院诉阜南县住房和城乡建设局违法行使职权案①。阜南县人民检察院诉称，被告阜南县住建局在未经法定程序的情况下，将没有任何污染防治设施的涉案场地选作生活垃圾填埋场，组织辖区内生活垃圾在此倾倒、堆放，给周边生态环境造成严重污染，且在检察院发出检察建议后，被告依然未对填埋场造成的环境污染采取实质性防护治理措施，垃圾渗滤液仍通过排涝渠流入谷河继续造成污染，周边环境状况没有得到有效改善，国家和社会公共利益仍处于受侵害状态。遂以阜南县住建局为被告提起行政公益诉讼。

问题：《检察公益诉讼解释》中就民事公益诉讼和行政公益诉讼的多方面内容作出了相关规定，两类公益诉讼均可以对破坏“生态环境和资源保护”及“食品药品安全”类的案件提起诉讼。这一规定必然导致两类公益诉讼存在交叉，而如何在此类交叉案件中准确定位案件性质以及两类诉讼的启动顺序呢？

分析：本案在立案阶段便存在较大争议，即本案性质是民事公益诉讼还是行政公益诉讼，涉及阜南县城建局作为本案行政诉讼被告是否适格问题。对于本案的诉求第二项，“判令被告停止组织垃圾向该生活垃圾填埋场倾倒堆

---

① 安徽省阜南县人民法院（2016）皖1225行初37号行政判决书。本案是安徽行政公益诉讼第一案，被最高人民检察院列为十大典型案例。由于本案系安徽检察机关提起公益诉讼开始试点的第一例，需要考量社会效果等多种因素，虽然当时按照行政案件立案进行审理，但现在看来还是定性为民事公益诉讼案件更为恰当。

放，对填埋场内存量垃圾进行无害化处理”。由于被告阜南县住建局租用涉案场地作为阜南县生活垃圾填埋场，实际上，其是生活垃圾填埋场的使用者，违法倾倒垃圾的实施者，而不是负有监督管理职责的行政机关，其行为也不是法律法规规章授权的组织违法行使职权或不履行法定职责，将其作为行政公益诉讼的被告不符合《行政诉讼法》第二十五条第四款的规定。同时仔细分析该项诉求，不难发现，作为案件的直接当事人，其更加适合于作为民事公益诉讼的被告，结合《行政诉讼法》的规定，行政公益诉讼的被告只能是负有监督管理职责的行政机关，本案中具有监管职责的行政机关应当是环境保护部门，环境保护部门才是本案更为合适的行政诉讼被告。据此，笔者认为，行政诉讼和民事诉讼目的具有明显的区别，民事公益诉讼是监督环境的损害者对损害的环境进行恢复，行政公益诉讼的目的是监督具有环境职权的行政机关依法行使行政监督职权，故并非与案件有关的行政机关均是行政公益诉讼案件的适格被告，人民法院在立案登记进行初步审查时，不能仅按照检察机关提起的诉求进行登记，必须审查被诉行政机关的行政职权，客观分析其在案件中的法律地位，严格遵守相关规定，并对公益诉讼的类型进行选择，以便解决上述案件中出现案件定性的原则问题。

四、进一步补强行政公益诉讼案件立案审查的配套制度

（一）强化类案指导制度

在我国，行政公益诉讼是一个新生事物，由于经验不足造成立法不完备实属正常。在司法实践中，部分法院对同一类型的案件操作不一致，如在诉讼中是否追加必要第三人。面对实践中出现的困惑与冲突问题，一方面，需要继续推动行政公益诉讼相关立法及司法解释的出台。另一方面，不可忽视类案指导的作用，通过类案指导消弭分歧，为进一步深化行政公益诉讼实践提供依据。

加强类案指导，既要注重从具体个案中总结出类案的审判规律，又需要对法律问题的专项调研和指导，尤其注意研究中、基层法院审判实践中碰到的困难和问题。此外，对具有典型和普遍意义的问题要及时开展专项调研，尽快制定出规范性的指导意见。要加强指导性案例的编报工作。各级法院审委会和审判业务部门要高度重视，善于从日常审判工作中发现有典型意义的

案例，建立审委会对指导性案例的审核机制，建立案例编报的激励机制，发挥审判人员积极性和主动性。以潜山县人民检察院诉潜山县安全生产监督管理局不履行追缴罚款职责案为例，该案在审理过程中就“行政机关不履行追缴罚款职责”是否属于行政公益诉讼的受案范围请示安徽省高级人民法院，后请示至最高人民法院，产生了较大争议。而在司法实践中，争议案件远不止这一类型，为了解决实践中的困难，各级各法院，特别是最高人民法院、各省高级人民法院必须积极应对，进行类案指导。

（二）建立法院和检察院联动互动机制

法院和检察院作为行政公益诉讼启动和审判的两个重要主体，二者之间建立联动互动机制，对于行政公益诉讼的发展和完善是必不可少的。就试点阶段而言，最高人民法院和最高人民检察院在行政公益诉讼制度的理解上是存在分歧的，由于对于相关问题没有形成一致见解，在制定《公益诉讼工作实施办法》时都是分别进行的，各自下发的办法中多有冲突之处。直至2018年颁布了新司法解释，并且在工作中进一步加强沟通协调，共同引导案件进入诉讼程序，推动起诉案件起诉依法及时审理，但不应止步于此，还需要继续重点完善协作配合机制，以联席会议、会签文件、案件双向咨询、协助调查等方式加强沟通。以安徽省为例，在行政公益诉讼试点伊始，省检察院就与省法院就公益诉讼案件的管辖、庭审程序、撤诉抗诉等问题达成共识，共同签发《会议纪要》，并取得了一致好评。行政公益诉讼本质上虽属于行政诉讼的范畴，但区别于传统的私益诉讼，其是以维护公共利益为目的的。因此，当代表公共利益的检察机关将案件起诉至人民法院时，即在具体案件审理过程中，也应当进一步加强法院与检察院的沟通，畅通交流途径，以便实现行政公益诉讼的最终目的。

（三）最高人民法院应及时总结发现代表性类问题并加大培训力度

行政公益诉讼作为行政诉讼中的新形式，其在现阶段仍存在诸多问题，法律及司法解释的过于原则化导致基层法院在审理案件过程中有较多疑惑。面对司法实践中的新问题，最高人民法院应当发挥自身作用，对此类案件应当加强调研、及时发现代表性问题，以便统一法律适用。司法案例直接来源于实践，其中所形成的裁判规则是对抽象法律规定的个案具体化，能够克服成文法抽象、滞后等问题，增强对法律适用的指引，协调法院之间、法院内部审判机构之间和审判组织之间对法律的理解和适用，确保相同或类似情形案件作出基本相同的裁判，促进法律适用统一。可以通过此种方式，提供裁判规则、为法律的制定和修改提供实证基础。在案例指导制度语境下，通过纠纷解决形成裁判规则，通过个案裁判汇集纠纷样态、总结司法经验、提出立法建议，为法律条款赋予生命力，保证法律制定和修改的实证基础。

同时，在发现代表性案例的基础上，还要加大对行政公益诉讼培训的力度，让全系统工作人员都能够掌握行政公益诉讼制度的核心要求，在案件的立案、审理以及裁判的过程中，能够准确把握。

（四）进一步优化细化行政公益诉讼司法解释

检察机关提起行政公益诉讼，不仅进一步有效发挥了检察机关作为国家法律监督机关的职能，而且大大释放了行政诉讼制度的能量，积极拓展了对行政机关违法行为司法监督的空间，开拓了司法维护国家利益和公共利益的领域，开辟了司法维护国家利益和社会公共利益的中国式道路。从试点到行政诉讼法的修改，并不意味着检察机关提起行政公益诉讼的制度已经完善，《行政诉讼法》第二次修正案对行政公益诉讼只作了原则性的规定。2018 年初出台的《检察公益诉讼解释》主要在以下三个方面作出了针对性的新规定：首先，第四条确定了检察机关在行政公益诉讼中的特殊地位，即“公益诉讼起诉人”。其次，在法律框架内就诉前程序、起诉条件、诉讼请求释明、行政机关依法履行职责的撤诉、具体裁判方式、上级检察机关派员参加二审庭审等作出专门规定，对于统一诉讼程序，保障案件审理顺利推进具有重要的推动意义。最后，还提出人民法院的职权作用，对依法进行证据保全、案件移送执行、诉讼请求释明、诉讼结果的告知等作出规定。这一司法解释的出台为完善中国特色检察公益诉讼制度，构建公益诉讼的法律框架起到了积极的推动作用。

但目前以《行政诉讼法》和试点方案为基础的行政公益诉讼基本制度，在立案受理、诉讼管辖、诉讼程序、举证规则、判决方式等方面仍然有待进一步完善。与此相关，受案范围的“等”字如何理解、如何认定行政不作为、如何定位诉前程序等更为基本的问题也有待进一步探讨。目的是全部法律的创造者。每条法律规则的产生都源于一种目的，即一种实际的动机[①]。

---

① ［美］博登海默：《法理学：法律哲学与法律方法》，邓正来译，中国政法大学出版社 1999 年版，第 109 页。

要真正实现行政公益诉讼制度最初设计的目的，发挥检察机关的监督职能，落实党的十八届四中全会提出的探索建立检察权对行政权进行监督制约的具体举措，必须要出台更加翔实具体的司法解释。

五、结语

“真正成熟的司法体制改革需要有更为充分的理论准备。面对这一轮司法改革仓促而行的顶层设计，法学界有识之士应当对其作出独立的理论评价，并针对改革推行中出现的问题，及时地进行经验总结和教训整理工作，争取在对司法改革进行跟踪观察的同时，提出一种具有解释力和预测力的司法改革理论。”①

检察行政公益诉讼，作为司法体制改革中的重要内容之组成，其涉及检察权和司法权的职能新定位、检察权司法权行政权三权的监督与被监督、合作与制约的新型关系，从细微处见深远，改革既要锐意突围更要谨慎稳健。经历了试点修法司法解释日渐精进的三步曲后，行政公益诉讼实践日益丰富，改革后检察权与行政权、检察权与司法权、检察权司法权与行政权之间的冲突张力与对峙合作经由真实案例日益勃发。我们需要从经验或事实中，尽可能发现和揭示制度背后的制约因素，探寻摸索既定的内在规律。在这一波澜壮阔的改革历程中，在全面推行行政公益诉讼的实践中，无论是检察机关还是人民法院，都既要摆脱好大喜功式的盲目跃进，也要避免闭门造车不敢越雷池一步的固步自封。作为公益诉讼推展的检察机关和人民法院的重要制度主体，需要在实践中，既俯身前行细密推进行政公益诉讼机制，更需抬头思索行政公益诉讼的源头原理，审慎探索制度实施的标尺和依循。如此，行政公益诉讼制度才能在我国细水长流、行稳致远、长足发展。

（作者单位：安徽省高级人民法院）

---

① 陈瑞华：《司法体制改革导论》，法律出版社 2018 年版，前言。

司法文件

最高人民法院关于行政机关申请人民法院强制执行前催告当事人履行义务的时间问题的答复

（2019）最高法行他48号

北京市高级人民法院：

你院《关于行政机关申请人民法院强制执行前催告当事人履行义务的时间问题的请示》（京高法〔2019〕137号）收悉。经研究，同意你院第一种意见，即当事人在行政决定所确定的履行期限届满后仍未履行义务的，行政机关即可催告当事人履行义务。行政机关既可以在行政复议和行政诉讼期限届满后实施催告，也可以在行政复议和行政诉讼期限届满之前实施催告。

此复

最高人民法院行政审判庭

二〇一九年六月十七日

最高人民法院关于违反土地管理法的建筑物、其他设施强制拆除实施主体问题的答复

（2018）最高法行他822号

山西省高级人民法院：

你院《关于违反土地管理法的建筑物、其他设施强制拆除实施主体问题的请示》（晋高法函〔2018〕42号）收悉。经研究，答复如下：

原则同意你院第一种意见。理由如下：

2012年4月，最高人民法院针对国有土地上房屋征收补偿决定非诉执行案件制定了《最高人民法院关于办理申请人民法院强制执行国有土地上房屋征收补偿决定案件若干问题的规定》，其中第九条明确规定："人民法院裁定准予执行的，一般由作出征收补偿决定的市、县级人民政府组织实施，也可以由人民法院执行。"该规定是从现实可行性出发，经有关国家机关反复协商后形成的共识，符合"裁执分离"的司法改革基本方向。其中，由"市、县级人民政府组织实施"是总的原则，"也可以由人民法院执行"是个别例外情形。

2014年7月，最高人民法院下发《关于在征收拆迁案件中进一步严格规范司法行为积极推进"裁执分离"的通知》（法〔2014〕191号），进一步明确"要积极拓宽'裁执分离'适用范围"，并指出"浙江省高级人民法院在省委、省政府的大力支持下出台相关规定，明确将'裁执分离'扩大至征收集体土地中的房屋拆迁、建筑物非法占地强制拆除等非诉案件和诉讼案件，该做法值得推广和借鉴"。

因此，我们认为，对于违反土地管理法的建筑物、其他设施的强制拆除，也可以参照《最高人民法院关于办理申请人民法院强制执行国有土地上房屋

征收补偿决定案件若干问题的规定》第九条的规定，朝着“裁执分离”的方向作出探索和改进。

此复

最高人民法院行政审判庭

二〇一九年七月三十一日

最高人民法院关于因第三人侵权而死亡者亲属在获得民事赔偿后是否还可以获得工伤保险补偿的答复

（2017）最高法行他100号

吉林省高级人民法院：

你院《关于因第三人侵权而死亡者亲属在获得高于工伤保险待遇的民事赔偿后是否还可以获得工伤保险补偿，以及具体能够获得哪些项目的补偿问题的请示》收悉。经研究，答复如下：

因第三人侵权死亡且属于工伤情形的，死者亲属在获得民事赔偿后，仍可以根据《工伤保险条例》《关于审理工伤保险行政案件干问题的规定》等规定主张工伤保险待遇。民事赔偿已经支付医疗费用的，不得主张工伤医疗费用。

此复

最高人民法院

二〇一九年七月九日

最高人民法院行政法官专业会议纪要（五）

（集体土地补偿领域）

1. **诉讼请求的释明引导与诉讼类型选择**

被征收人对适用2019年8月26日修改前的《中华人民共和国土地管理法》实施的农村集体土地征收引发的补偿安置提起诉讼的，人民法院在立案或一审审理期间应当根据《最高人民法院关于适用〈中华人民共和国行政诉讼法〉的解释》第五十五条等规定，给予指导和释明，并结合补偿安置具体情况、补偿安置分歧原因、被征收人实质诉求等情况，引导被征收人正确选择被诉行政行为、适格被告及有利于补偿安置争议实质化解的诉讼请求：

（1）签订补偿安置协议后，认为补偿安置协议违法或遗漏法定补偿安置内容的，引导起诉补偿安置协议；

（2）对补偿安置义务主体作出的补偿决定不服，认为补偿决定违法或者遗漏法定补偿安置内容的，引导起诉补偿决定；

（3）无补偿安置协议或补偿决定且尚未被强制交出土地的，引导提起履行补偿安置职责诉讼或请求作出补偿决定诉讼；

（4）无补偿安置协议或补偿决定且已被强制交出土地，被征收人对补偿安置不服的，引导提起履行补偿安置职责诉讼或请求作出补偿决定诉讼；对强制拆除行为不服的，引导提起确认强制拆除行为违法并赔偿动产、不动产等损失诉讼。

被征收人对补偿标准、补偿安置方案、被征收房屋和土地的地类与面积认定、地上附着物与青苗补偿费计算等有异议的，可以在提起上述相关类型诉讼时一并提出；人民法院应当全面审查上述行为的合法性。

2. **起诉期限确定与统一告知**

被征收人对补偿、强制拆除等行为不服，应当在法定期限内提起行政诉讼。行政机关未依法告知公民、法人或者其他组织起诉期限的，起诉期限从公民、法人或者其他组织知道或者应当知道起诉期限之日起计算，但从知道或者应当知道行政行为内容之日起最长不得超过一年。

《征收土地公告》《征地补偿安置方案公告》等已经明确告知被征收人对补偿、强制拆除等行为不服可以在六个月内提起行政诉讼的，视为已经正确告知起诉期限。未明确告知起诉期限的，参考原国务院法制办公室《关于认定被征地农民“知道”征收土地决定有关问题的意见》（国法〔2014〕40号）确定相应的期限。

3. 补偿安置义务主体的确定

地方性法规、规章未明确规定市、县人民政府为补偿安置义务主体，市、县人民政府也未依法组建具有独立承担法律责任能力的征收管理机构（以下简称征收管理机构）并赋予该机构补偿安置行政管理职能的，人民法院一般可根据《征收土地公告办法》第十一条有关“征地补偿、安置方案经批准后，由有关市、县人民政府土地行政主管部门组织实施”的规定，确定市、县人民政府土地行政主管部门是补偿安置义务主体。规范性文件规定或者《征地补偿安置方案公告》规定由其他主体代表市、县人民政府土地行政主管部门签订补偿安置协议或者作出补偿决定的，可视为市、县人民政府土地行政主管部门委托实施，法律、法规、规章等另有规定的除外。

4. 强制拆除行为适格被告的确定

被征收人位于《征地补偿安置方案公告》范围内的合法房屋等被强制拆除后引发诉讼的，人民法院应当根据《中华人民共和国行政诉讼法》第二十六条第一款“作出行政行为的行政机关是被告”的规定与职权法定原则，结合案情确定适格被告：

（1）被征收人提供的证据能够证明市、县人民政府或其成立的临时机构等组织实施强制拆除的，以市、县人民政府为被告；

（2）被征收人提供的证据能够证明市、县人民政府土地行政主管部门或征收管理机构组织实施强制拆除的，以市、县人民政府土地行政主管部门或征收管理机构为被告；

（3）非行政主体自认实施强制拆除，但被征收人提供的证据能够初步证明该强制拆除行为系行政主体基于征收职权组织的，推定市、县人民政府土地行政主管部门或征收管理机构为被告，有相反证据足以推翻的除外；

（4）有证据证明乡（镇）人民政府、街道办事处、村民委员会、居民委员会、建设单位等主体实施的强制拆除行为是受行政机关委托实施的，以委托的行政机关为被告，具体实施的乡（镇）人民政府、街道办事处、村民委员会、居民委员会、建设单位等主体，可作为共同被告或第三人，依法承担相应责任；

（5）合法房屋被强制拆除时无补偿安置协议或补偿决定，又无主体自认实施，人民法院根据原告提供的证据无法确定或推定适格被告，强制拆除行为涉嫌构成犯罪的，依法移送有关部门处理。

无征地批复、征地公告、征地补偿安置方案公告等，乡（镇）人民政府、街道办事处等主体未经市、县人民政府、土地行政主管部门或者征收管理机构委托、部署等，擅自以自己名义实施强制拆除的，以具体实施的单位为被告。

5. 当事人多列、错列被告的处理

原告所起诉的被告不适格，人民法院应根据《最高人民法院关于适用〈中华人民共和国行政诉讼法〉的解释》第二十六条规定告知原告变更被告；原告不同意变更的，裁定驳回起诉。应当追加被告而原告不同意追加的，人民法院应当通知应追加的被告以第三人的身份参加诉讼，行政复议机关作共同被告的除外。

当事人多列、错列被告，或者诉讼请求明显不属于行政诉讼受案范围，或者虽属于行政诉讼受案范围但不符合一并审理条件的，人民法院应当先行释明。当事人拒绝按照释明内容修改起诉状的，人民法院可根据案情分别援引《中华人民共和国行政诉讼法》第四十九条、第五十一条、《最高人民法院关于适用〈中华人民共和国行政诉讼法〉的解释》第二十六条、第五十五条第二款等规定处理。

6. 公平合理补偿安置的判断依据

人民法院对补偿安置内容的审查，应当根据当时有效的《中华人民共和国土地管理法》《中华人民共和国土地管理法实施条例》《征收土地公告办法》等所确定的补偿标准和计算方法依法进行。确定土地补偿费、安置补助费、地上附着物与青苗补偿费、社会保障等补偿内容应当公平合理。规范性文件和补偿安置方案结合当地实际确定的补偿标准、支付对象和支付方式等，不违反法律、法规、规章等上位法规定的，可以作为人民法院的裁判依据。

7. 宅基地上房屋补偿安置原则和方式

宅基地上的合法房屋或者虽未取得合法权证但符合“一户一宅”建设标

准房屋的补偿安置，应当坚持居住水平不降低原则。被征收人对房屋的补偿安置有异议的，人民法院应当引导双方通过协商方式解决。无补偿安置协议又无法协商一致的，人民法院可以根据案情并结合补偿安置方案，判决责令补偿安置义务主体采取重置价格补偿加异地安排重建、产权调换或者货币补偿等方式给予公平合理补偿。

8. 补偿安置协议的效力

人民法院应当尊重依法订立的补偿安置协议的效力。补偿安置协议个别约定需要明确和调整的，当事人应当按照诚实信用原则协商解决；协商不成的，应当按照法律规定的程序解决补偿安置争议。

被征收人已签订补偿安置协议、领取相应补偿费用且交出土地后，又起诉征收行为的，人民法院不予立案；但补偿安置协议明确约定保留提起诉讼权利，或者协议存在以欺诈、胁迫的手段订立，损害国家利益等无效情形的除外。

9. 诉请补偿安置案件的裁判方式

已取得国务院、省级人民政府征地批复的农村集体土地征收项目，市、县人民政府批准征地补偿安置方案后，市、县人民政府土地行政主管部门、征收管理机构及其委托的其他主体，应当在征地补偿安置方案规定的期限内与被征收人协商签订补偿安置协议。

未能在法定期限内签订补偿安置协议，也未依法解决补偿安置问题，被征收人诉请市、县人民政府土地行政主管部门、征收管理机构履行补偿安置职责的，人民法院应判决责令被告依法履行补偿安置职责；被征收人诉请作出补偿决定的，人民法院应判决责令被告依法作出补偿决定；确定补偿项目与补偿内容的事实、证据和依据均已明确的，人民法院可以直接作出包括具体补偿项目与补偿内容的判决。

10. 违法强制拆除的赔偿内容与赔偿标准

被征收人位于《征地补偿安置方案公告》范围内的房屋未通过补偿安置协议或者补偿决定得到补偿安置即被强制拆除的，被征收人请求确认强制拆除行为违法时，可一并请求赔偿动产、不动产等损失。

人民法院审理后认为确定赔偿内容的事实、证据和依据均已明确，可以直接判决被告赔偿相应的损失；认为相关事实、证据和依据尚不明确或者需要行政主体先行作出行政判断的，可以在明确相关赔偿内容、标准或计算方法后，判决被告在一定期限内作出赔偿决定。

确定赔偿方式和赔偿金额应当公平合理，不应低于被征收人依据补偿安置方案可以获得的征收补偿。确定赔偿项目和赔偿金额应结合违法行为的类型与违法情节的轻重，准确适用《中华人民共和国国家赔偿法》规定的赔偿方式、赔偿项目、赔偿标准，并参照补偿安置方案规定的补偿方式、补偿项目、补偿标准。赔偿金额应包括被征收房屋的价值、违法强制拆除造成的物品损失等。被征收人按照补偿安置方案应当获得的搬迁费、临时安置费、停产停业损失等，可以视为《中华人民共和国国家赔偿法》第三十六条第八项规定的“直接损失”。

11. 未批先用、少批多用土地案件的裁判方式

市、县人民政府组织实施土地征收时未取得征地批复，但已参照法定标准制定补偿安置方案并实施补偿安置，且在人民法院一审辩论终结前已取得征地批复的，视为市、县人民政府已采取补救措施。

市、县人民政府未取得征地批复，但已参照法定标准制定补偿安置方案并公告实施的，人民法院应先行保障被征收人按照补偿安置方案应当获得的补偿安置利益，不得以尚未取得征地批复无法确定补偿安置标准为由拒绝对补偿安置内容作出裁判。

市、县人民政府组织实施土地征收时未取得征地批复，一审辩论终结前仍未取得的，人民法院应当判决确认违法并责令返还土地、恢复原状；征地项目确属公共利益需要且无法返还土地、恢复原状的，人民法院可以判决确认违法，并可以根据《中华人民共和国行政诉讼法》第七十四条、第七十六条的规定，判决责令被告采取补救措施；给原告造成损失的，依法判决被告承担赔偿责任。

最高人民法院行政法官专业会议纪要（六）

（投诉领域）

1. 投诉与举报的区分标准

公民、法人或者其他组织认为第三人实施的违法行为侵犯自身合法权益，请求行政机关依法查处的，属于《最高人民法院关于适用〈中华人民共和国行政诉讼法〉的解释》第十二条第五项规定的投诉。投诉人与行政机关对其投诉作出或者未作出处理的行为有法律上的利害关系。

公民、法人或者其他组织认为第三人实施的违法行为侵犯他人合法权益或者国家利益、社会公共利益，请求行政机关依法查处的，属于举报。举报人与行政机关对其举报作出或者未作出处理的行为无法律上的利害关系。

2. 不履行查处职责案件的适格被告

人民法院应当根据法律、法规、规章有关事务、地域、级别管辖的规定，综合判断行政机关是否具有查处投诉的职责并确定适格被告。

不违反上位法管辖规定的规范性文件，可以作为人民法院判断管辖的依据。法律、法规、规章和合法有效的规范性文件对上、下级行政机关受理投诉职责规定不明确，下级行政机关按照行政惯例行使管辖权的，人民法院可予尊重。

3. 处理投诉与提起诉讼的期限

公民、法人或者其他组织认为第三人实施的违法行为侵犯自身合法权益，请求行政机关查处，行政机关应当在法律、法规、规章或合法有效的规范性文件规定的查处期限内依法处理。行政机关未依法作出处理的，当事人可以在法定期限届满之日起六个月内依法提起行政诉讼。

法律、法规、规章或合法有效的规范性文件对行政机关查处期限未作具体规定的，人民法院可以根据《中华人民共和国行政诉讼法》第四十七条的规定确定相应期限。即行政机关在接到查处申请之日起两个月内不履行查处义务的，当事人可以在两个月期限届满之日起六个月内依法提起行政诉讼。

4. 起诉明显无查处职责行政机关案件的处理

当事人起诉有下列情形之一的，人民法院可以根据《最高人民法院关于适用〈中华人民共和国行政诉讼法〉的解释》第五十五条第二款之规定，退回诉状并记录在册；坚持起诉的，不予立案并载明不予立案的理由：

（1）被诉行政机关明显不具有对投诉事项的事务、地域或级别管辖职责的；

（2）被诉行政机关依法将投诉事项转交有管辖职责的下级行政机关查处的；

（3）当事人对下级行政机关作出的查处或不予查处行为不服，请求上级行政机关履行层级监督职责，上级行政机关不予答复或作出不改变下级行政机关处理决定的答复等，当事人以上级行政机关为被告提起诉讼的。

最高人民法院行政法官专业会议纪要（七）

（工伤保险领域）

1. 违法发包、转包、分包或者挂靠情形下的工伤认定

生效裁判或者仲裁裁决确认违法发包、转包、分包或者挂靠情形下的工伤职工与具备用工主体资格的单位之间不存在劳动关系，但工伤职工具有《最高人民法院关于审理工伤保险行政案件若干问题的规定》第三条规定的情形，且其工伤认定申请符合《工伤保险条例》有关工伤认定条件的，人民法院应予支持。

2. 职工在工作时间和工作岗位突发疾病视同工伤的认定

职工在工作时间和工作岗位突发疾病，因正当理由未及时送医疗机构抢救，但在离开工作岗位48小时内死亡，或者送医后因医疗机构误诊在离开医疗机构48小时内死亡，有证据证明职工死亡确属上述突发疾病所致，工伤认定申请人请求依据《工伤保险条例》第十五条第一项规定认定视同工伤，社会保险行政部门予以认定的，人民法院应予支持。

3. 公安交管部门未出具交通事故责任认定书或者交通事故责任认定书内容不明确时的工伤认定

公安交管部门未出具交通事故责任认定书或者交通事故责任认定书内容不明确，社会保险行政部门调查核实后，可根据是否存在交通事故、是否依法报案以及交通事故证明书内容等综合判断职工是否对交通事故负主要责任。经前述程序仍无法判断，工伤认定申请人请求社会保险行政部门结合《工伤保险条例》第十九条第二款，并依据该条例第十四条第六项规定认定职工所受交通事故伤害为工伤的，人民法院应予支持。

4. 职业病诊断鉴定结论所列明的单位对其承担工伤保险责任有异议的工伤认定

职业病诊断鉴定结论所列明的单位对其承担工伤保险责任有异议，但社会保险行政部门依据职业病诊断鉴定结论先行认定职工的职业病为工伤的，人民法院应予支持。职业病诊断鉴定结论所列明的单位或工伤保险基金承担相应工伤保险责任后，有权机关否定相关单位为工伤责任单位的，相关单位或工伤保险基金可以向实际致害单位依法另行主张权利。

5. 第三人民事侵权赔偿与工伤保险待遇的关系

根据《中华人民共和国社会保险法》第四十二条、《最高人民法院关于审理工伤保险行政案件若干问题的规定》第八条、《最高人民法院关于因第三人造成工伤的职工或其亲属在获得民事赔偿后是否还可以获得工伤保险补偿问题的答复》（〔2006〕行他字第12号）等规定，因第三人造成工伤的职工或其近亲属，从第三人处获得民事赔偿后，又依据《工伤保险条例》的有关规定，向工伤保险基金申请工伤保险待遇的，人民法院应予支持，但第三人已经支付的工伤医疗费用除外。工伤保险基金依法支付工伤保险待遇后，向第三人代位追偿其已经向职工或其近亲属支付的工伤医疗费用的，人民法院应予支持。

6. 企业补缴社会保险费2年查处时效的适用

劳动保障行政部门依据《劳动保障监察条例》第二十条规定，以企业未依法缴纳社会保险费行为在2年内未被发现，也未被举报、投诉为由不再查处的，人民法院不予支持；当事人请求履行上述查处职责，且能够提供相应材料初步证明企业存在未依法缴纳社会保险费行为的，人民法院应当判决责令有关劳动保障行政部门履行相应职责。

最高人民法院行政法官专业会议纪要（八）

（复议诉讼衔接领域）

1. 复议机关对不属于行政诉讼受案范围的行政行为作出复议决定后的处理

复议机关对不属于行政诉讼受案范围的行政行为作出复议决定，当事人对复议决定不服提起诉讼的，人民法院应当裁定不予立案；已经立案的，裁定驳回起诉。

复议机关依法应当受理公民、法人或者其他组织提出的行政复议申请而不受理，当事人起诉复议机关不履行法定职责的，人民法院应予受理。

2. 复议机关或其上一级行政机关对复议决定监督行为的处理

当事人对复议决定不服，向复议机关或其上一级行政机关反映，复议机关或其上一级行政机关不予答复或者作出不改变原复议决定内容的处理决定，当事人仍不服提起诉讼的，不属于行政诉讼受案范围，人民法院可以根据《最高人民法院关于适用〈中华人民共和国行政诉讼法〉的解释》第五十五条第二款之规定，退回诉状并记录在册；坚持起诉的，不予立案并载明不予立案的理由。但复议机关或其上一级行政机关作出撤销或改变原复议决定内容的处理决定的除外。

3. 未告知复议申请期限的处理

行政机关作出原行政行为时未告知公民、法人或者其他组织申请复议期限的，申请期限参照《最高人民法院关于适用〈中华人民共和国行政诉讼法〉的解释》第六十四条之规定，从公民、法人或者其他组织知道或者应当知道复议期限之日起计算，但从知道或者应当知道行政行为内容之日起最长不得超过一年。

4. 未通知第三人参加复议程序案件的裁判

复议机关未通知原行政行为涉及的第三人参加复议程序，复议决定要求第三人承担义务或者减损其权益，第三人主张行政复议程序违法的，人民法院应予支持，但复议决定未对第三人权益造成不利影响的除外。

5. 复议机关不予受理决定或程序性驳回复议申请决定的可诉性

法律法规规定复议前置的，当事人对复议机关不予受理决定或程序性驳回复议申请决定不服提起诉讼的，人民法院应当受理。

非法定复议前置的，当事人可以起诉复议机关作出的不予受理决定或驳回复议申请决定，也可以起诉原行政行为。当事人既起诉复议决定又起诉原行政行为的，人民法院应当审理先立案的案件，后立案的案件可裁定终结诉讼。当事人同时起诉复议决定和原行政行为的，受诉人民法院应当引导当事人起诉原行政行为；坚持起诉复议决定的，裁定不予立案；已经立案的，裁定驳回起诉。

6. 不予受理决定或程序性驳回复议申请决定的裁判方式

当事人对复议机关作出的不予受理决定或程序性驳回复议申请决定提起诉讼，人民法院认为被诉行为证据确凿、适用法律法规正确、符合法定程序的，应当判决驳回原告的诉讼请求。

人民法院认为申请复议的事项明显不符合行政复议受理条件，或者复议机关不予受理决定或程序性驳回复议申请决定是对复议申请人申诉信访事项重复处理的，可以根据《最高人民法院关于适用〈中华人民共和国行政诉讼法〉的解释》第五十五条第二款之规定，退回诉状并记录在册；坚持起诉的，不予立案并载明不予立案的理由。

7. 诉讼程序中原告申请撤诉的处理

复议决定维持原行政行为，当事人提起诉讼的，作出原行政行为的行政机关经复议机关同意，在人民法院宣告判决或者裁定前撤销或改变原行政行为，原告申请撤诉且不损害国家利益、社会公共利益和他人合法权益的，人民法院应予准许，但作出原行政行为的行政机关撤销或改变原行政行为未经复议机关同意或认可的除外。

征稿启事

《行政执法与行政审判》是最高人民法院针对行政审判工作出版发行的唯一的综合指导性图书。丛书自出版以来，深受全国各地法院行政审判法官、行政执法人员和专家学者的普遍欢迎和好评。对各级法院行政审判工作具有权威的指导作用，对各级各部门行政机关依法行政和行政法、行政管理专业的专家学者具有较强的参考作用。

本丛书及时刊登行政法的最新司法解释、司法文件、司法政策及解读，具有典型和指导意义的审判案例及分析，行政执法和行政审判的调研信息及成果等内容，设有“大法官论坛”“理论探索”“案例分析”“实务争鸣”“调查研究”“司法文件”等栏目。现编委会竭诚向全国的行政执法和行政审判理论和实务工作者征稿。来稿要求：

一、稿件应属未公开发表的作品。请勿一稿两投。

二、优先发表在本书所涉领域有创见的、高水平的文章，来稿采用与否以理论和实务价值为标准。

三、稿件引文应当注明出处，注释体例参见本书“写作体例说明”。

四、稿件最好为附打印稿的 word 文件电子版。

五、稿件一经发表，文责自负，但编者保留对来稿进行技术性加工处理的权利。文章一经采用，由本编辑部统一付给稿酬。

六、来稿请按以下联系方式寄送：

地址：北京市东城区东交民巷 27 号

最高人民法院行政审判庭　梁凤云

邮编：100745

请在信封正面注明“《行政执法与行政审判》来稿”字样。

E - mail：zgfyxzt@ sohu. com

《行政执法与行政审判》编委会

写作体例说明

一、交付稿件要求

（一）总体要求

齐（不缺页、不缺件）、清（稿面清楚）、定（已定稿的稿件）。提供稿件电子版，并附打印清样，出版社视清样为最终定稿。

（二）具体要求

纸样用 A4 纸，单面打印。

电子版内容一定要与提供的清样内容相同。

二、编辑体例

正文编码顺序按：一、（一）1.（1）①第一，其一，等来编排。

三、技术规范

数字用法：

统计数字、时间、物理量等均用阿拉伯数字（如：100kg　45.8 万元　11 个月　4.9 万册　12.4 亿人）；法条号尊重原文，即原文是汉字的用汉字，原文是阿拉伯数字的用阿拉伯数字。

注释方法：

1. 一般原则

（1）注释采取页下注，注释号每页重新起算；

（2）引注作品的，注释应完整；

（3）作者为三人或三人以上的，首次引用时应显示全部作者，重复出现时可在第一作者之后加“等”字样。

2. 著作引文注释范例

一般格式：作者/书名/出版社/出版年代/页码

如：×××/×××编著/×××主编：《×××》，××出版社××年版，第××页。

3. 文章引文注释范例

一般格式：作者/文章题目/引自何种出版物/出版时间/页码

（1）著作中文章

××：《文章名》，载××主编：《书名》，××出版社××年版，第××页。

（2）期刊中的文章

××：《文章名》，载《期刊名》××年第×期。

（3）报纸上的文章

××：《文章名》，载《报纸名》××年××月××日，第×版。

图书在版编目（CIP）数据

行政执法与行政审判. 总第80集 / 中华人民共和国最高人民法院行政审判庭编. —北京：中国法制出版社，2020.12

ISBN 978-7-5216-1482-4

Ⅰ. ①行… Ⅱ. ①中… Ⅲ. ①行政执法-中国-丛刊②行政诉讼-审判-中国-丛刊 Ⅳ. ①D922.11-55②D925.318.2-55

中国版本图书馆CIP数据核字（2020）第235573号

责任编辑　周琼妮　陆紫薇　　封面设计　杨鑫宇

行政执法与行政审判（总第80集）

XINGZHENG ZHIFA YU XINGZHENG SHENPAN（ZONG DI-80 JI）

编者/中华人民共和国最高人民法院行政审判庭

经销/新华书店

印刷/三河市紫恒印装有限公司

开本/710毫米×1000毫米　16开　　印张/16.5　字数/228千

版次/2020年12月第1版　　2020年12月第1次印刷

中国法制出版社出版

书号 ISBN 978-7-5216-1482-4　　定价：68.00元

北京西单横二条2号

邮政编码 100031　　传真：010-66031119

网址：http：//www.zgfzs.com　　**编辑部电话：010-66067023**

市场营销部电话：010-66033393　　**邮购部电话：010-66033288**

（如有印装质量问题，请与本社印务部联系调换。电话：010-66032926）